电子商务类专业
创新型人才培养系列教材

第2版

电子商务
客户关系管理

张煌强 苏波 / 主编　蔡欢欢 刘婷 蓝俏嫒 / 副主编

人民邮电出版社
北京

图书在版编目（CIP）数据

电子商务客户关系管理 / 张煌强，苏波主编. -- 2版. -- 北京 : 人民邮电出版社，2022.8
电子商务类专业创新型人才培养系列教材
ISBN 978-7-115-59158-6

Ⅰ. ①电… Ⅱ. ①张… ②苏… Ⅲ. ①电子商务－供销管理－高等学校－教材 Ⅳ. ①F713.365

中国版本图书馆CIP数据核字(2022)第062698号

内容提要

当前我国电子商务行业已经进入买方市场时期，要让客户持续不断地信任电商企业并购买其商品，靠的是客户在每次购物过程中享受的独特体验和客户对电商企业所提供商品或服务的认同，而这些都源于电商企业成功的客户关系管理运营。好的客户关系管理体系能够帮助电商企业留住客户，并且提高客户质量，使其成为电商企业的核心资产。

本书从认识客户关系管理的相关理论开始，详细介绍了客户关系管理的各个环节及实施策略，包括客户分析、客户信息管理、客户满意度管理、客户忠诚度管理、CRM营销、智能客服、客户服务管理、数据分析及部门组建的方法与策略，通过理论结合案例的形式，向读者展示一个完整的客户关系管理实践链条；最后以两个具有代表性的品牌为例，为读者介绍该品牌的客户关系管理实施策略，以期让读者学会充分挖掘客户价值，提高销售利润。

本书可以作为高等职业院校及应用型本科院校电子商务、市场营销、企业管理等专业相关课程的教材，也可以作为从事客户关系管理相关工作人员的参考书。

◆ 主　编　张煌强　苏　波
副 主 编　蔡欢欢　刘　婷　蓝俏媛
责任编辑　白　雨
责任印制　王　郁　彭志环
◆ 人民邮电出版社出版发行　北京市丰台区成寿寺路11号
邮编　100164　电子邮件　315@ptpress.com.cn
网址　https://www.ptpress.com.cn
固安县铭成印刷有限公司印刷
◆ 开本：787×1092　1/16
印张：14.25　2022年8月第2版
字数：380千字　2025年6月河北第7次印刷

定价：46.00元

读者服务热线：(010)81055256　印装质量热线：(010)81055316
反盗版热线：(010)81055315

FOREWORD 前言

党的二十大报告指出："加快发展数字经济，促进数字经济和实体经济深度融合，打造具有国际竞争力的数字产业集群。"表明未来经济中网络经济、数字经济、电子商务新业态的重要地位和作用。近年来，电子商务行业持续保持迅猛发展的态势，单店销售额纪录不断被电商企业刷新。伴随着各种电商奇迹的诞生，越来越多的电商企业感受到运营的压力。流量越来越难获取，广告引流、低价促销的营销方式也难以发挥明显的效用，虽然电商企业的销售量每年都呈自然增长状态，利润的增长速度却呈下降趋势……面对这种情况，越来越多的电商企业开始感到困惑：现在的电商企业究竟应该怎样运营？

据不完全统计分析，大多数成功电商企业的每日成交额中，老客户的成交额占据 60% 以上，有的电商企业甚至超过了 80%，由此可见，老客户对增加电商企业利润额的重要性，这就要求电商企业重点做好客户的维护工作，即实施有效的客户关系管理（Customer Relationship Management，CRM）。

CRM 是一种以客户为中心的新型商业模式，也是一种经营战略，还是一种一对一的营销策略，其目的是留住客户，提高客户的忠诚度，提升电商企业的核心竞争力。作为电商企业，应该充分利用店铺的客户资源，让客户为店铺创造更多的价值。

本书以策划并实施 CRM 为主线，全面、系统地阐述了客户关系管理的相关概念、客户分析、客户信息管理、客户满意度管理、客户忠诚度管理、CRM 营销、智能客服、客户服务管理、数据分析及部门组建等内容，并以两个成功品牌为例，梳理了 CRM 策略的实施方法，有助于读者学习并掌握 CRM 的思想、理论与实施方法，力求在完整地介绍 CRM 的知识体系外，为读者实践 CRM 提供清晰且有价值的指导。

本书在第 1 版的基础上进行了升级，内容更加新颖，案例更加丰富，并结合人工智能训练师国家职业技能标准，新增智能客服等内容，与时俱进，更加符合当下电子商务客户关系管理的新需求。此外，本书在每章设置了"案例导入""案例分析"板块，旨在培养读者的思考能力，帮助读者学会独立分析 CRM 的相关问题，提高自身的 CRM 运营能力。同时，本书改版全面贯彻党的二十大精神，将二十大精神与电子商务客户关系管理的实际工作结合起来立足岗位需求，以社会主义核心价值观为引领，传承中华优秀传统文化，注重立德树人，培养读者自信自强、守正创新、踔厉奋发、勇毅前行的精神，强化读者的社会责任意识和奉献意识，从而全面提高人才自主培养质量，着力造就拔尖创新人才。

微课云课堂

本书体系完善，内容全面，注重理论与实践的结合，突出实用性和可操作性，强调学、做一体化，让读者在学中做、在做中学，带领读者掌握实施电子商务客户关系管理的策略和方法。

本书配套精品微课视频，读者扫描右侧二维码进入微课云课堂平台免费观看微课视频。本书还提供了丰富的教学资源，包括 PPT、课程标准、教案、大纲等。读者可以登录人邮教育社区（www.ryjiaoyu.com）获取相关资源。

本书由广西工商职业技术学院张煌强、苏波担任主编，由蔡欢欢、刘婷、蓝俏媛担任副主编。由于编者水平有限，书中难免存在疏漏之处，敬请广大读者批评指正。

编　者

2023 年 1 月

CONTENTS 目录

目录 CONTENTS

CONTENTS 目录

目 录 CONTENTS

第1章

客户关系管理：电子商务运营概述

学习目标

- 了解客户关系管理的内涵。
- 掌握电子商务中客户的消费心理特征。
- 了解电子商务中客户关系管理的特点。
- 掌握实现电子商务客户关系管理的有效途径。
- 了解电子商务 CRM 的目标。
- 了解社会化客户关系管理的特点。
- 了解企业实现 SCRM 的途径。

随着互联网的出现及迅速发展，世界经济已经进入以信息化为主要特征的电子商务时代。经济发展的市场战略目标由“以生产为中心、以销售为目的”逐渐转变为“以客户为中心、以服务为目的”。企业要在市场竞争中脱颖而出，依靠的不仅是商品质量，更重要的是能够满足客户日益复杂的需求的能力。

在电子商务时代，由商品生产企业、商品销售商家及客户组成的价值链体系成为商家之间竞争的核心，实施以客户为中心的客户关系管理（Customer Relationship Management，CRM）是商家在竞争中取胜的关键。

案例导入

茵曼：千城万店，让粉丝变身门店店主

茵曼（INMAN）创立于 2008 年，凭借以“棉麻艺术家”为定位的原创设计享誉互联网，是成长速度很快、极具代表性的女装品牌。

2015 年，茵曼品牌方提出“茵曼 + 千城万店”计划并积极实施，茵曼也由此成为第一批从线上走向线下的女装品牌。“茵曼 + 千城万店”计划通过粉丝创业来重构传统商业零售模式，并结合店铺、电商、社群等方式，打造线上线下融合的粉丝社群商业圈。

具体来说，就是该计划的加盟商候选人从茵曼的粉丝中产生，线下门店都由当地茵曼的粉丝开设经营。粉丝们大都很喜欢茵曼和棉麻服饰，对茵曼有一定的了解。基于粉丝身份的背书，茵曼线下的门店店主能够更好地理解品牌和商品，茵曼也能有效、持续地进行粉丝运营。

同时，线下门店采取收益分成的模式。只要买家在线下体验店初次扫码购买商品，茵曼的后台系统就会将其绑定为该店铺的粉丝。未来该“粉丝”无论是到线下体验店购物，还是在线上购物，其产生的销量都会被算入初次“引流”的绑定店铺，茵曼会按一定比例向该店铺分成，以服务费的形式来鼓励店主进行粉丝运营。这样做有效地提高了店主对品牌的忠诚度，而对品牌高度认可的店主可以参与公司的决策，为商品改进提出建设性意见，还可以利用自身所掌握的社交资源强化公司的营销推广，帮助公司吸引更多的新买家。

作为茵曼社群运营的据点，线下体验店主要用于加强品牌与粉丝的联系。在茵曼的线下体验店里，空间场景的设置极具特色。除了统一的品牌形象调性，茵曼把社群理念落地到全国各地的线下体验店中，各店店主可以自主发挥创意，举办各种社群活动。

“茵曼 + 千城万店”计划实现了零库存和线上线下同价、同款、同步上新。茵曼的这种运营模式真正将粉丝视为“自己人”，直击粉丝的痛点，从源头重新构筑、强化粉丝对品牌的黏性。同时，茵曼通过社群营销的方式倡导“慢生活”文化，将品牌调性与生活理念自然地融入消费场景，进而逐步将商品品类由单一的服装拓展至鞋包饰品、家具等符合品牌调性的时尚生活用品。

1.1 什么是客户关系管理

客户关系管理是一种新的管理理念，它不再以商品为中心，而是以客户为中心，追求客户满意和客户忠诚，在以客户为中心的销售、营销和服务的基础上，提高客户对商品及企业的满意度和忠诚度，从而为企业带来长久的利益。

1.1.1 客户关系管理的概念

关于客户关系管理的概念，不同的学者及研究机构对其有不同的表述，其中具有代表性的描述有以下几种。

1. Gartner Group 的定义

信息技术研究和分析公司 Gartner Group 作为全球比较权威的研究组织，最早对客户关系管理做出了定义。它认为客户关系管理就是为企业提供全方位的管理视角，赋予企业更强的客户交流能力，

最大化客户的收益率的方法。

因此，客户关系管理是企业的一项商业策略，它按照客户的分割情况有效地组织企业资源，培养以客户为中心的经营行为，实施以客户为中心的业务流程，并以此为手段来提升企业的获利能力、收入及客户满意度。

2. Hurwitz Group 的定义

国际著名网络安全研究公司 Hurwitz Group 认为，客户关系管理的焦点是自动化并改善与销售、市场营销、客户服务和支持等领域的客户关系有关的商业流程。

客户关系管理既是一套原则制度，也是一套软件和技术。它的目的是缩短销售周期和降低销售成本，增加收入，寻找扩展业务所需的新的市场和渠道，以及提升客户的价值、满意度、营利性和忠诚度。客户关系管理在整个客户生命周期中都以客户为中心，这意味着客户关系管理应用软件将客户当作企业运作的核心。

客户关系管理应用软件简化、协调了各类业务功能（如销售、市场营销、客户服务和支持）的实现过程，并将其注意力集中于满足客户的需求。客户关系管理应用软件还将多种与客户交流的渠道，如面对面、电话接洽及 Web 访问协调为一体，这样企业就可以依据客户的喜好通过合适的渠道与之交流。

3. IBM 的定义

国际商业机器公司（International Business Machines Corporation，IBM）认为客户关系管理包括企业识别、挑选、获取、发展和保持客户的整个商业过程。IBM 将客户管理分为 3 类，即关系管理、流程管理和接入管理，它们包括以下两个层面的内容。

一是企业的商务目标。企业实施客户关系管理的目的是通过一系列的技术手段，了解客户目前的需求和潜在客户的需求。

二是企业通过整合各方面的信息，使自身掌握的每一位客户的信息是完整、准确的。企业对分布于不同部门，存在于所有接触点的信息进行分析和挖掘，分析客户的所有行为，预测客户下一步对产品和服务的需求，并将分析的结果反馈给企业内的相关部门，相关部门再根据客户的需求为其提供一对一的个性化服务。

4. Carlson Marketing Group 的定义

卡尔松营销集团（Carlson Marketing Group）将客户关系管理定义为培养企业的每一个员工，使经销商或客户对该企业产生更积极的偏爱或偏好，从而留住他们，并以此提高企业业绩的一种营销策略。

Carlson Marketing Group 给出的定义将经销商、客户与企业内部员工同时涵盖，从营销角度保证他们对企业的满意度，从而维持企业的长期利润和不断发展。

上述每个客户关系管理的定义均有不同的侧重点，但也存在共性，即它们都认为客户关系是企业与客户建立的一种相互有益的互动关系，并由此将客户关系管理上升到企业战略的高度，同时都认为技术在客户关系管理中起着重要的驱动作用。

无论如何定义客户关系管理，"以客户为中心"都是客户关系管理的核心所在。客户关系管理通过满足客户个性化的需求，提高客户忠诚度，使企业缩短销售周期、降低销售成本、增加收入、扩展业务，全面提升企业的赢利能力和竞争能力。任何企业实施客户关系管理的初衷都是为客户创造更多的价值，即实现客户与企业的双赢。

通过总结以上定义，本书对客户关系管理做出以下定义：客户关系管理是指借助数据库和其他信息技术来获取客户数据，分析客户的需求特征和行为偏好，积累和共享客户知识，有针对性地为客户提供产品和服务；同时，通过观察和分析客户的行为、企业的收益情况，企业找出其中的联系，优化企业和客户的关系，发展与管理客户关系，提高客户的满意度和忠诚度，提升企业的核心竞争力，使企业和客户实现共赢。

1.1.2 客户关系管理的内涵

客户关系管理包含 3 个层面，即管理理念、商务模式与技术系统，三者相辅相成，如图 1-1 所示。其中，管理理念是客户关系管理实施应用的基础，是客户关系管理成功的关键；商务模式是检验客户关系管理成功与否、效果如何的直接因素；技术系统是客户关系管理成功实施的手段和方法。

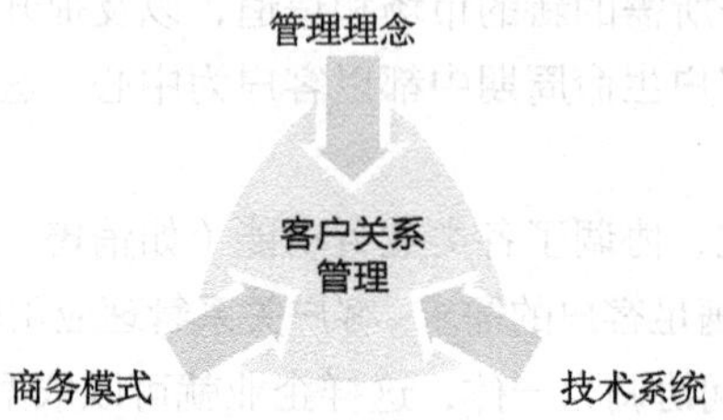

图 1-1 客户关系管理的 3 个层面

1. 客户关系管理的内涵之一：管理理念

客户关系管理是一种管理理念，其核心思想是将企业的客户（包括企业的分销商、合作伙伴和最终客户）当作企业最重要的资源，通过深入的客户分析和完善的服务来满足客户的需求，实现客户的终身价值。

作为企业的经营指导思想，客户关系管理的核心理念体现在 4 个方面，即客户价值的理念、市场经营的理念、业务运作的理念，以及技术应用的理念。

（1）客户价值的理念

客户关系管理是对客户进行选择和管理的经营思想和业务战略，以实现客户长期价值的最大化为最终目的。客户关系管理的理念促使企业树立全新的客户观念，重新认识客户关系和客户的价值；要求企业在营销、销售和服务过程中始终坚持“以客户为中心”的理念，将关注的焦点从内部运作转移到客户关系上，通过与客户深入交流，对客户的需求进行全面了解，不断改进产品和优化服务，以满足客户不断变化的需求，完成将注意力集中于客户的商业模式的转变。

客户关系管理的理念不仅要体现在公司高层的管理中，还要体现在每位员工的所有可能与客户发生关系的环节中，让他们能够更好地与客户沟通，围绕客户关系展开工作。从更广的范围上讲，客户关系管理能够促使企业与客户展开良好的交流，同时为企业与合作伙伴共享资源、共同协作提供基础。在帮助企业真正做到以客户为中心的过程中，客户关系管理形成了完整的 CRM 系统。该系统能够与不同的客户建立不同的联系，根据客户的特点为其提供个性化服务，这充分体现了客户关系管理的核心思想和理念内涵。

（2）市场经营的理念

客户关系管理要求企业在经营中，包括在市场定位、市场细分和价值实现的各个环节，都做到以客户为中心。客户是企业最重要的一种资产，客户满意度会直接影响企业的利润。因此，企业要想在市场上获得更多的利润，就需要做好对现有客户的管理，以及对潜在客户的挖掘和培养。面对日益激烈的竞争，满足客户的个性化需求是企业为提高资产回报率所做的必然选择。

（3）业务运作的理念

客户关系管理要求企业做到以客户为中心，这体现在具体的业务活动中就要求企业广泛地搜集、整理和分析每一个客户的信息，针对客户的不同需求为其提供个性化服务，力争将客户想要的产品和服务送到他们手中，并观察和分析客户行为对企业收益产生的影响，从而优化企业与客户的关系，提升企业的赢利能力。

（4）技术应用的理念

客户关系管理的理念要求企业在做到以客户为中心的同时，还要使商业运作过程实现自动化，并依靠先进的技术平台支撑和改进业务流程。首先，在实践中，需要有一个技术方案来实现企业新的商业策略，让客户关系管理的理念在全企业范围内实现协调、信息传达和责任承担；其次，考虑到业务流程整合和满足客户期待的需求，还要在这些进程中重视对信息技术的支持和应用；最后，当前信息技术领域的进步最终都会汇集到改进业务流程这一焦点上，使客户关系管理的重要性和时效性不断得到加强。

2. 客户关系管理的内涵之二：商务模式

作为一种以改善企业与客户的关系为目的的新的管理机制，客户关系管理与传统的生产、销售的静态商业模式有着根本区别。它可以应用于企业所有与客户有关的业务领域，包括企业的市场营销、销售实现、客户服务和决策分析等环节。建立了CRM系统，就意味着企业在市场营销、销售实现和客户服务等环节形成了全新的、动态协调的关系实体和持久的竞争优势，从而可以在企业客户资源方面实现最优化的管理。

（1）市场营销

对传统市场营销行为与流程的优化和自动化是客户关系管理中市场营销的重要内容。客户关系管理的市场营销实施的是个性化和一对一的营销，电话、微信、QQ、E-mail、网站、微博和社群等实时营销方式的运用，让客户能够以自己喜欢的方式在方便的时间获得自己想要的信息，为客户创造更好的体验。

（2）销售实现

客户关系管理使销售的概念得以扩展，销售人员的不连续活动，以及涉及企业各职能部门和员工的连续进程都被涵盖在销售实现中。在具体流程中，销售预测、过程管理、客户信息管理、建议产生及反馈和业务经验分析等都属于销售实现。

（3）客户服务

在客户关系管理模式中，客户服务是最关键的业务内容，是企业获得的利润而非成本来源。与传统平台相比，企业所能提供的客户服务更加丰富，因为只有为客户提供优质的服务，才能吸引和保持更多的客户。所谓优质的客户服务，就是能积极、主动地处理客户提出的信息咨询、订单请求、订单执行情况反馈等问题，以及为客户提供高质量的现场服务。

（4）决策分析

客户关系管理具备挖掘客户价值的分析和决策能力，这主要表现在两个方面。

首先，通过全面分析客户数据，规范客户信息，分析客户需求，为企业提供潜在消费的优先级定位，衡量客户的满意度，评估客户为企业带来的价值，提供管理报告以及完善对各个环节业务的分析。

其次，以统一的客户数据为基础，将所有业务应用系统融入分析环境中进行智能化分析，不仅能提供标准报告，还能提供既定量又定性的即时分析，向企业管理层和职能部门提供分析结果，让企业领导者全面权衡信息，做出及时、准确的商业决策。

3. 客户关系管理的内涵之三：技术系统

客户关系管理也是企业在不断改进与客户关系相关的全部业务流程，整合企业资源，实时响应客户，最终实现电子化、自动化运营目标的过程中所创造并使用的先进的信息技术、软硬件和优化的管理方法、解决方案的总和，这主要是从企业管理中的信息技术、软件及应用解决方案的层面对客户关系管理进行的界定。

（1）应用软件系统

我们可以将CRM系统理解为企业运用信息技术实现客户业务流程的自动化软件系统，涉及销售、市场营销、客户服务和支持等方面的软件。

（2）方法和手段

客户关系管理也可以是它所体现的方法论的统称，是指用于帮助企业管理客户关系的一系列信息技术或手段。例如，建立能对客户关系进行精确描绘的数据库，打造能实现客户信息的集成、综合各类客户接触点的电话中心或联络中心等。

1.1.3 CRM系统软件的类型

CRM运营离不开CRM系统软件，好的软件可以让CRM运营事半功倍，既能降低CRM专员的工作强度，又能大幅提升CRM系统的投入产出比。通常CRM系统软件有以下几类。

1. 根据系统功能进行划分

最初，所有的CRM都被称为运营型CRM，但随着CRM产品供应商的不断增多，产品功能也有不同的侧重，美国著名的IT分析公司麦塔公司（Meta Group）首次提出将CRM分为运营型CRM、分析型CRM和协作型CRM。

（1）运营型CRM

运营型CRM，又称操作型CRM，包括销售自动化、营销自动化与服务自动化，其主要功能有客户服务管理、订购管理、发票和账单管理、销售和营销自动化管理等，让系统本身可以为客户提供相对简单的服务，同时确保客服人员能够通过多种渠道收集客户的各类信息，并建立数据文档，将其存储到数据库中，以便在后期需要的时候随时共享和调用。

运营型CRM可以借助信息技术提高运营商的运作效率，降低运作成本。运营型CRM有助于企业建立一套以客户为中心的运作流程和管理制度，培养员工的服务意识。

（2）分析型CRM

分析型CRM侧重对企业数据的综合分析，利用数据技术和数据建模技术来发现客户数据的变化趋势和关系，进而判断客户的需求和行动。

分析型CRM是一种决策支持工具，企业可以通过它对客户数据进行捕捉、存储、提取、处理与分析，从中找出重点客户、销售波动周期、畅销产品及客户需求等，让管理者在客户做出决策之前就为他们提供符合要求的产品和服务，更好地满足客户，真正地抓住客户、抓住市场，挽回客户，和客户保持良好的关系。

（3）协作型CRM

协作型CRM是一种CRM网络化互动管理，指企业通过建立客户服务中心，将电话、微信、QQ、E-mail、网站、微博和社群等能与客户发生接触的所有渠道整合在一起，并与企业的网络系统连接起来，实现资源共享，让企业内部的各个部门都能迅速获得有关客户咨询、投诉及订单等方面的信息，让客户享受一站式服务。

2. 根据目标客户群进行划分

因为不同的企业可能会采取不同的CRM策略，同一企业的不同部门或地区机构也可能会因为有不同的商务需要而实施不同的CRM策略，所以根据客户的行业特征和企业规模来对目标客户群进行划分，再根据目标客户群对CRM进行划分是一种基本的分类方式。根据目标客户群的不同，CRM

可以分为以全球企业或大型企业为目标客户的企业级CRM，以200人以上、跨地区经营的企业为目标客户的中端CRM，以及以200人以下的企业为目标客户的中小企业CRM。

在CRM系统的具体应用中，大型企业与中小型企业存在很大的区别。

其一，大型企业有着非常明确的业务分工，各个业务系统有着自己跨地区的垂直机构，企业内部形成了庞大复杂、纵横交错的组织体系，因此不同部门、不同业务、不同地区之间不易实现信息的交流与共享。同时，大型企业的业务规模比中小企业的大，导致其信息量也更加巨大。

其二，在业务运作上，大型企业强调严格的流程管理，而中小企业的组织机构相对简单，虽然可能没有明确的业务分工，但在运作上更具弹性。因此，相较于中小型企业，大型企业采用的CRM系统更加复杂。

而与大型企业相比，中端企业的业务分工、业务运作相对简单，但与中小型企业相比又更加复杂。因此，在CRM系统的具体应用中，中端企业采用的CRM系统比大型企业的简单，但比中小型企业的复杂。

3. 根据应用集成度进行划分

CRM覆盖整个客户生命周期，涉及销售、市场营销、服务支持及订单管理等多个业务环节。在整个客户生命周期中，CRM不仅要完成单一业务的处理，还要实现不同业务间的协同。同时，CRM系统软件作为企业应用的一个组成部分，还要充分考虑与企业财务、库存、企业资源计划（Enterprise Resource Planning，ERP）和软件配置管理（Software Configuration Management，SCM）等应用的集成应用。但是，不同的企业或企业在不同的发展阶段，对CRM整合应用和企业集成应用的要求会有所不同。因此，我们可以根据应用集成度的不同对CRM进行划分。

（1）CRM专项应用

在核心能力上，以店面交易为主的企业与以销售人员为主的企业是有所不同的。在以销售人员为主的企业中，CRM应用的关键是销售能力自动化（Sales Force Automation，SFA）；而在以店面交易为主的企业中，CRM应用的关键是客户分析与数据库营销。

此外，呼叫中心也是专项应用的一类。20世纪80年代，随着客户对服务的要求的不断提高和企业服务规模的扩大，呼叫中心迅速发展，与SFA和数据库营销共同成为CRM的早期应用。现阶段，这些应用拥有广阔的市场，并处于不断发展中。

对企业来说，尤其是中小型企业，应该根据自身的销售特点及服务特点选择不同的CRM专项应用。企业在启动专项应用时，还应对其后续发展，尤其是业务组件的扩展和基础信息的共享等方面做出设想，以选择最优的解决方案。

（2）CRM整合应用

由于CRM贯穿整个客户生命周期，会涉及企业的多种业务，所以对企业来说，尤其是规模较大的企业，必须要实现多渠道、多部门、多业务的整合与协调，实现信息同步与共享，即所谓的CRM整合。衡量CRM整合应用能力的关键标准是CRM业务的完整性与软件产品的组件化和可扩展性。

（3）CRM企业集成应用

有些企业的信息化程度比较高，所以很有必要实现CRM与财务、ERP、SCM，以及Exchange/MS-Outlook和Lotus Notes等群件产品的集成应用。

1.1.4　实施客户关系管理的作用

在当今社会，一个企业既面临着来自行业内部其他企业的竞争，也面临着来自行业外部潜在进入者的竞争。企业要想在激烈的竞争中生存，建立与保持企业独有的核心竞争力将是最有效的手段之一。客户就是企业在市场竞争中的重要砝码，掌握客户关系有利于企业拓展市场，提高经济效益。客户是企业的重要资产，对企业的发展至关重要。在市场竞争激烈的今天，对客户关系进行有效管理是提升企业核心竞争力的重要渠道。

1. 与客户建立战略合作关系

企业通过与客户建立战略合作关系，可以有效降低内外部环境变化给企业带来的风险。很多企业开始转变以往营销理念中与客户的交易关系，利用CRM构建与客户的战略合作关系，实现从对短期性资源优化配置能力的关注，延伸到对长期性资源优化配置能力的提升上。企业将价值链环节延伸到客户，将客户纳入企业价值链之中，与之形成稳定的战略合作关系。企业可以依赖这种战略合作关系，在内外部环境发生变化时对各个方面进行快速调整，以适应市场需求和竞争等的变化。

对客户来说，CRM的建立能够为其提供更全面的信息，更优质的产品和服务；而企业通过CRM可以随时了解客户的构成及需求变化情况，并由此研判企业的营销方向。因此，建立战略合作关系对企业和客户而言是一种能实现双赢的选择。

2. 优化业务流程，提高效率，降低相应的成本

实施CRM能够帮助企业分析客户行为对企业收益的影响，对企业和客户的关系及企业的业务流程进行优化，即CRM能够使企业跨越系统功能和不同的业务范围，把销售、营销、客户服务活动的执行、评估、调整等与相关的客户满意度、忠诚度和客户收益等紧密联系起来，提高企业的整体营销效率。同时，CRM可以采用新技术，如信息技术等，提高业务流程的自动化程度，实现企业范围内的信息共享，对客户信息、数据进行有效分析，为企业的决策提供依据支持，从整体上保障企业能够进行恰当的资源配置。

以前，企业进行业务活动多是为了满足企业的内部需要，而不是客户的需要，不以客户为中心的业务活动会降低企业的效率，从而增加营销成本。现在，企业采用CRM策略，通过维系现有客户，以及挖掘终身价值较高的客户等措施促进销售的增长，节约了销售、营销费用，并降低了与客户沟通、内部沟通的成本。另外，采用CRM策略还可以帮助企业大大减少人为差错，降低营销费用。

3. 提高客户满意度和忠诚度

很多商家期望通过促销、赠券、折现和返利等方式提高客户的回头率和忠诚度，但往往事与愿违。随着市场环境的变化，客户的期望值逐渐提高，他们需要的是一种特别的对待和服务。企业如果能够为客户提供超乎他们期望的可靠服务，客户就会感到满足和喜悦，进而重复购买。因此，企业如果能将争取到的客户转变为长期客户，就可以实现客户的长期价值。

另外，通过建立CRM系统，竞争对手不易模仿企业的营销模式，企业将客户的相关信息都掌握在自己手中，这样竞争对手要想挖走客户，则需要付出更长的时间、更多的优惠条件和更高的成本。因此，只要CRM能充分有效地为客户提供个性化服务，客户的忠诚度就会大大提高。

4. 利用CRM开拓市场，发现有价值的潜在客户

在传统的交易营销中，企业在开拓市场、寻找客户的活动中往往带有一定的盲目性。而在关系营销中，企业利用CRM能够有效地采集和管理客户信息——利用这些信息，企业可以找到有价值的潜在客户，而不必因处理大量非潜在客户而耗费资源。同时，由对企业满意的客户向其他客户进行推荐，能够帮助企业有效地将潜在客户发展为实际客户。

利用CRM分析也更有利于维系客户，提高客户对企业的终身价值，降低客户流失率。企业的竞争实质上就是争夺客户资源，企业保持高价值的客户资本，有利于牢固地建立自身的核心竞争力，并使之成为促进企业长期发展的优势。

1.2 电子商务的客户关系管理

电子商务模式为商家和客户提供了一种新的交流方式，但电子商务给传统企业带来的冲击是革命性的，它要求管理者以全新的思维来看待客户、竞争对手及未来的技术工具。单纯地将现有的商业流程实现数据化管理并不意味着可以在电子商务时代获得成功，电子商务需要的是与之匹配的管理思维。

1.2.1 电子商务中客户的消费心理特征

在传统商务活动中，客户扮演的是商品和劳务购买者的角色，对商务活动整个流通过程的影响只在最后的阶段才显现出来，且影响范围较小。在电子商务活动中，客户在商品服务渠道和沟通等方面的选择余地更大，转移成本更低。在商家的价值链网络中，客户已经成为关键的组成部分。

在整个商务活动中，客户同时扮演着个人购买者和社会客户的角色，引导着社会消费的方向。因此，电子商务活动中客户的消费行为是一种同时体现个人消费和社会消费的行为。具体来说，电子商务中客户的消费心理主要具有以下特征。

1. 在消费中更具主动性

在传统的商务活动中，客户往往处于被动，他们一般只能被动地接受商家提供的有限的商品、服务的信息。在购买日常生活用品的过程中，虽然部分客户并不具备足够的专业知识以对商品进行鉴别，但他们对获得有关商品的信息和知识有强烈的心理需求。

随着客户在消费活动中维权意识的不断增强，他们会主动借助各种有效途径搜集商品的相关信息并进行鉴别。虽然这些分析可能不够全面，缺乏专业性和准确性，但客户能够从中得到某种心理上的保障，增加对商品的信任感，降低购买后产生的后悔感和风险感，提升心理上的满足感。

而在电子商务中，商务活动以更加开放和资源高度共享的互联网作为商务媒体，客户能够借助互联网了解更多关于商品的信息，包括生产商品使用的技术信息和生产企业信息等。由于这些信息是客户主动获取的，因此客户会认为它们值得相信。有了这些可信度较高的信息的指导，客户在购买活动中的选择能力就会得到提升，在选择商家和商品时就会更具主动性和积极性。互联网为客户提供了一种便利的学习途径，让客户能够在浏览商务网页的过程中获得更加有效的信息，开阔视野，从而让客户的消费需求更加透明，消费活动更具主动性。

2. 在消费中同时追求购物的便利和乐趣

一些工作压力较大、追求效率的客户，为了节省时间和精力，在购物过程中更加看重便利性。由于劳动生产率的提高，人们可支配的自由时间增加，一些家庭主妇或自由职业者喜欢通过购物来消遣，与外界产生沟通，以减少心理上的孤独感，找到生活的乐趣。因此，他们愿意在购物中花费时间和精力，满足自己的心理需求。在未来较长的一段时间里，这两种完全相反的心理将长期并存。

3. 更加追求个性化消费

随着人们知识水平的提高和收入的增加，越来越多的客户开始追求个性化消费，而电子商务能很好地满足客户的这种需求。借助互联网，追求个性化消费的客户可以享受定制化的商品或服务，他们可以直接向商品供应商表达自己的个性化需求，参与产品的设计及生产过程。

从客户的消费心理上来看，客户在购买商品时追求的不仅仅是商品的使用价值，还包含商品的品种、外观造型、规格、包装等“延伸物”，这些“延伸物”及其组合各不相同。因此从理论上来说，每一个客户的消费心理都是不同的，可以说每一个客户都是一个细分的消费市场。心理上的认同感是客户做出购买决策的先决条件，个性化消费将成为消费的主流。

4. 消费行为更理性

以互联网为依托，客户在电子商务中拥有更加广泛的选择，客户的消费行为也更加理性和成熟。

电子商务以互联网为依托，客户在商务活动中面对的是电子商务系统，直接接触的是计算机屏幕，很少受到嘈杂环境和其他因素的影响，选择商品的范围也较少受到地域和时间的限制，所以客户在电子商务中的选择更加广泛，消费行为也更加理性和成熟，这体现为做出更加理智的价格选择以及主动表达对商品和服务的需求。

（1）做出更加理智的价格选择

在电子商务中，客户很少没完没了地讨价还价，而会借助互联网对商品的价格进行计算，并进行横向综合比较，最后决定是否购买。购买量较大的采购人员会通过预先设计好的计算程序对货物的价格、运费、折扣、运输时间等进行综合比较，从而选择最有利的进货渠道。因此，在电子商务活动中，人们能够充分利用各种定量分析模型做出更加理智的购买决策。

（2）主动表达对商品或服务的需求

在电子商务环境中，客户会根据自己的需求主动在网络上寻找合适的商品或服务。如果客户自己无法找到，可以通过互联网向商家或厂家直接表达自己对某种商品或服务的需求，由此直接影响甚至参与相关的经营活动。

5. 忠诚度较低

在现在的消费活动中，客户对自我需求的认知更加深入、详细，借助互联网，客户可以获得更加详细的商品信息和更多的选择机会。因此，在电子商务中，客户在选择商品时会变得更加现实，如更加关注商品的效用价值，更加追求新时尚、新商品。同时，互联网的使用成本较低，客户的转换成本也就会比较低，进而导致客户的忠诚度降低。

1.2.2 电子商务中客户关系管理的作用

在电子商务的快速发展中，保护品牌和客户资源以谋求长期发展是尤其重要的。电商企业在经营过程中如果能够处理好与客户的关系，有利于获得长期的发展。CRM 运营得好的企业能够在与客户的博弈中占据主导地位，CRM 运营得不好的企业只能被客户牵着鼻子走。CRM 在电子商务运营中发挥着重要作用，主要体现在以下两个方面。

1. 重塑企业的营销能力

在电子商务中，企业所处的竞争环境发生了结构性变化，即正在由一个大量市场，商品和服务标准化、寿命长、信息含量低，在一次性交易中交换的竞争环境向新的全球性竞争环境转变。在这种全新的竞争环境中，企业经营从以产品为核心变为以客户为核心，因此重塑企业的营销能力就显得尤为重要。此时，CRM 就成为众多电商企业的必然选择。

CRM 能够运用现代技术手段，将品牌、竞争与客户三要素协调运作，并实现整体优化，能够迅速抓住客户机会并掌握客户需求，为企业重塑一个信息通畅、行动协调、反应灵活的新营销体系。

2. 提高客户关系管理的水平

CRM 并非一个孤立的解决方案，它是企业管理的重要组成部分。在电子商务中，企业从大量生产体系转向灵捷竞争体系，CRM 可以帮助企业丰富客户价值，通过合作提升竞争力，充分利用人员与信息的杠杆作用来提高客户关系管理的水平，为企业创造一个稳定获利的经营基础。

首先，CRM 能充分利用客户资源，通过与客户交流，建立客户档案，与客户形成合作关系等，从而获取更多具体的、具有较强针对性的涉及产品特性和性能、销售渠道、需求变动、潜在用户等方面的市场信息，以指导企业做出正确的经营决策；其次，从企业的长远利益来看，CRM可以保持并发展与客户的长期关系，为企业节约交易成本和时间成本，提高客户的满意度、回头率和忠诚度。

1.2.3 电子商务中客户关系管理的特点

在电子商务发展初期，各大电商运营平台为了吸引中小商家进驻，为商家提供了大量的流量资源，部分商家因为获取客户的成本很低，所以从来不注重客户的维护。有些商家甚至积累了几十万的客户，但由于从来没有对其进行过维护，这些客户基本都成了“僵尸”客户，难以激活。为了避免这种情况出现，商家就需要一个专业的客户管理者来对客户进行有效管理。

传统线下的CRM更类似于客户档案整理，通过一些系统的方式对客户线索进行持续跟踪和记录，包括通过电话、短信、微信、E-mail、QQ等方式向客户发送一些信息，以及进行一些售后服务与维护跟进等。

因此，传统的CRM只是将每个客户及其消费行为作为一项记录保留在商家的某个系统中，甚至有些商家只是记录销售终端（Point of Sale，POS）机的购买记录，而不会去关注某个客户到店后更看重产品的哪些特点及他的浏览行为。

而电子商务中的客户关系管理不仅仅是对客户信息的管理，它更注重客户本身，如我的客户是谁？他们活跃的平台有哪些？他们平时关注的媒体信息是什么？他们是男是女？他们的可支配收入有多少？……电子商务中的客户关系管理需要关注客户静态与动态信息的关联分析与推算，从而为后续开展客户营销做出精准的推送。

例如，一位年轻的妈妈到线下门店购买了一包纸尿裤，很快她就选定了产品并完成了付款，整个交易过程可能只用了10分钟。对此，传统线下的CRM往往只会记录某人某天购买了某物等信息。而电子商务的CRM则会记录这位妈妈在购买产品时是通过搜索某品牌关键词进店购买，还是通过点击广告进店购买。通过对这位妈妈浏览产品详情的时长、整个付款时长、购买的产品适合什么年龄段的宝宝等信息进行分析，商家可判断出这位妈妈当时的购买行为是理性的还是冲动的，是否存在向她营销其他产品的可能性，并判断出大概多长时间后这包纸尿裤会消耗完，从而推算出下次回购的时间点，以及可以对其进行的回购推荐等。

综上所述，本书将电子商务客户关系管理与线下的客户关系管理的区别归纳为以下几点。

1. 信息来源不同

在传统线下的CRM中，客户信息的来源渠道单一，能获取的客户信息也非常有限，有些将CRM做得好一些的商家会使用会员卡的形式对客户信息进行管理，但也仅限消费信息，并使用积分这个利益点来持续刺激客户重复消费。

而电商企业中的CRM，客户购物的整个过程都发生在信息化的平台上，所有的交易信息都能被准确地信息化，商家可以准确地掌握客户通过何种网络通道在什么时间通过什么方式购买了什么产品。由于可收集信息的渠道很多，信息来源丰富，商家可以对客户信息进行多元化的采集，还能对已经收集的信息进行关联计算，对客户的各种行为进行细致的剖析，识别客户画像，从而对客户进行精准营销、为其提供个性化服务。

2. 管理内容不同

传统线下的企业多注重做好会员卡管理，主要是进行简单的客户资料登记，以鼓励客户消费。例如，理发店会鼓励客户储值，这样在消费时就可以通过打折对客户进行硬性的捆绑。

当然，也有一些企业会做细致的客户管理，如保险行业、通信行业等的企业，会对客户进行细分、跟踪记录、情报分析、机会分析等，但能够做到这种程度的企业只是少数，因为这种管理会耗费比较高的成本。例如，中国移动会定时通知客户其流量使用情况，这都是基于对客户的信息管理足够规范、应用流程化才可以做到的。

而在电商企业中，CRM 多建立在数据的基础上，包括客户的访问路径、页面停留时间和跳失率等。这些数据可以帮助商家还原客户的购买过程，了解客户体验设计中的不足，然后对其进行优化。又因为有了海量的数据，商家对客户进行画像及行为分析变得更加简单。

3. 沟通方式不同

传统线下的营销与服务都建立在导购过程中，主要依靠导购人员与客户之间的面对面的交流，语言、动作和表情等都是与客户沟通的关键，所以传统企业很注重服务人员的形象。可以想象一下，移动服务的导购人员，其统一的穿着、规范用语与肢体语言，都是耗费了巨大的培训成本的。

而在电子商务中，与客户的沟通都是在线上进行，客户通过与客服聊天感受商家的服务，客服也能获取客户的信息。同时，客服通过客户晒单能了解客户的真实使用场景，通过与客户在微信、QQ、微博上的互动能了解客户对营销活动的偏好。客服主管会根据客服专员的询单处理时长、询单转化率和催付等因素进行绩效拟定；店长能根据客户的互动偏好来设计营销优惠，将互动与店铺运营方法相结合。

4. 面对的客户群不同

在传统线下门店中，一个导购人员能有效识别的客户通常在 100 个左右，这就决定了传统线下门店能为客户提供的深度 CRM 服务的内容是非常有限的。虽然传统线下门店建立了比较完善的 VIP 体系，但在实际的运行过程中，实现对客户的吸引主要依靠的是相对稳定的价格体系，以及合理的 VIP 权益，由店铺或品牌主动发起的营销和实施的服务策略较少。由于客户基数较小，缺乏足以支撑数据分析的样本，传统线下的 CRM 策略往往是粗放型的，没有良好的数据支撑。

而线上店铺所面对的客户规模非常大，以淘宝店铺来说，一个皇冠级的店铺可能有上万名客户，而一个大的金冠店铺往往拥有几百万名客户。面对这样规模庞大的客户群，类似于线下 VIP 的“人肉”识别模式根本无法满足店铺的管理需求。因此，电子商务的 CRM 需要运营者具有良好的数据敏感性和分析能力，能够从海量的客户信息和交易行为中发现客户与品牌之间的关系，从而更好地进行品牌营销，增强品牌与客户之间的联系。

5. 主要任务不同

传统企业本身拥有较深厚的品牌底蕴，客户对品牌有较高的认知度。由于拥有相对明确的品牌定位和稳健的价格体系，绝大多数线下商家的 CRM 模式在运行过程中主要以建立和维护品牌忠诚度为主要目标，而创建 VIP 体系、积分体系等就是为实现这一目标所使用的有效工具。

而在电子商务中，CRM 的目标完全不同。因为从整体上来说，电子商务采取的是一种低价销售的策略，大多数商家把“物美价廉”作为吸引客户的手段，这种现象短时间内很难改变。因此，在这种情形下，要建立品牌忠诚度是比较困难的，而电子商务 CRM 的主要任务就是解决这个问题。

概括来说，电子商务 CRM 的主要任务有两个，如图 1-2 所示。

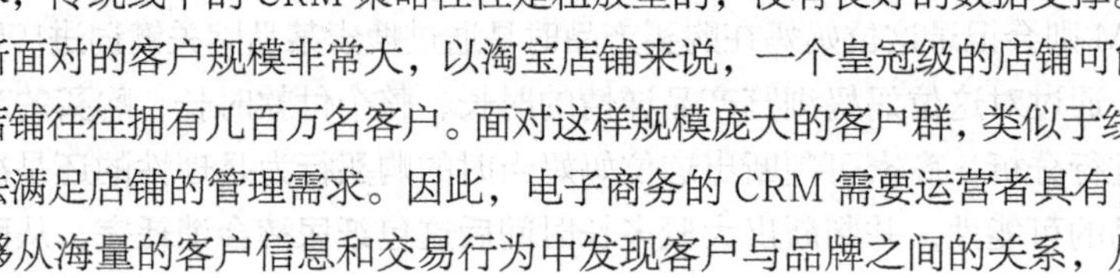
电子商务
CRM
1 打造良好的线上服务流程，为客户创造高质量的购物体验。
2 以营销活动为导向，通过高质量的服务与营销活动的搭配来实现客户的重复购买。

图 1-2　电子商务 CRM 的主要任务

因此，电子商务商家一方面要以高质量的商品和服务来提升品牌的附加值，打破以低价提高销量的局面；另一方面要采取有效的措施做好客户维护，防止客户在品牌附加值建立起来之前流失。

1.2.4　实现电子商务客户关系管理的有效途径

基于互联网的特征，实现电子商务 CRM 的有效途径是以数据化为中心、以客户营销为突破口，以及坚持做好客户服务体验建设。

1. 以数据化为中心

数据化是电子商务的一大特征，在电商运营平台上，以客户为中心，流量、推广、交易、行为、营销和口碑等信息均可以被数据化。这些数据会对商家的经营活动起到直接的指导作用，帮助商家建立以客户为中心的可量化的经营模式。商家在建立 CRM 的过程中，需要时刻运用数据思维，通过分析数据来了解客户的真实行为，挖掘客户需求，为客户提供符合其需求的产品和服务。

2. 以客户营销为突破口

重视客户体验并非是让商家放弃营销，营销是商家将 CRM 成本进行提现的落脚点，如果只是单方面地进行服务体验建设，而没有相应的营销来回收成本，这种 CRM 就缺乏目的性。而且对大多数商家来说，店铺的运营往往是跟着电商平台的活动进行的，各大电商平台每月都会向商家推出相应的营销活动，而商家进行 CRM 的主要工作就是借助平台的营销活动，将营销活动转化为与老客户互动的渠道，在店铺建设服务体验的基础上，通过营销活动让客户产生回购。

3. 坚持做好客户服务体验建设

目前，大多数电商商家的 CRM 质量较差，这是因为他们只是一味地营销，而没有真正认识到客户服务体验建设的重要性。电商商家如果在 CRM 中过度营销，很容易产生负面作用。

例如，每年“双十一”，各个商家都会开展营销活动，如果商家直接向客户发送短信，告知客户店铺有活动，请客户快来购买，店铺的非活跃客户很难对此产生共鸣，他们会认为这些短信是骚扰，进而对店铺产生负面印象。而如果商家能够精准地掌握客户的需求，平时就持续地对客户表示关怀，如为客户送去生日祝福、为客户提供精致的产品包装等，那么在店铺进行大促销时再给客户发送活动短信，就不容易引起客户的反感。

因此，客户服务体验建设实际上是在为开展营销活动奠定基础，如果没有良好的客户体验的支持，即使营销活动的效果很好，也只能产生短期效应，无法长期保持下去。

1.2.5　电子商务 CRM 的目标

传统行业 CRM 有 3 个目标，即价值收益、品牌收益和关系收益。电子商务 CRM 也要实现这 3 个目标，如图 1-3 所示。

图 1-3　电子商务 CRM 的目标

1. 价值收益

价值收益是指客户购买商家的商品或服务，直接给商家带来的现金收益。一般情况下，只要商家既能提供物美价廉、购买方便的商品，又能为客户提供优质的客户服务、快捷且有保障的物流，就很容易促成客户的二次购买。

2. 品牌收益

品牌收益是指客户对商家主观上的无形评价和超出客观理解的价值倾向。也就是说，商家通过实施 CRM 提升了自己的品牌溢价能力。例如，RoseOnly 通过网络售卖的玫瑰花只能让一个客户送给一位异性，这就是一个极佳的通过客户关系创新而获得巨大品牌收益的案例。提升品牌价值不是只有做广告这一条路，通过 CRM 来增强品牌溢价能力会更有价值。

3. 关系收益

关系收益是一种超出商品本身价值的客户主观评价。简单来说就是，客户觉得商家好，觉得从这个商家那里买商品才有保障，客户是从内心“爱上”了商家，不管商家卖什么都会买。

客户关系发展到这样的程度，客户可能会有事没事就跟商家客服聊几句，也会常到店铺里逛一逛，不经意之间就会买一些商品。很多基于社交媒体，如具有微信拓展 CRM 能力的商家，获取的都是关系收益。

1.3 社会化客户关系管理

社会化客户关系管理（Social Customer Relationship Management，SCRM）是通过社交媒体与客户建立紧密联系，在社交媒体中与客户互动，并通过社交媒体提供更周到的个性化服务的综合解决方案。社交平台的出现和应用为企业和商家提供了更多的营销机会，使企业和商家能够与客户展开一对一的互动。

社交平台上丰富的客户数据，能够让企业和商家对客户的地址、兴趣、社交行为和影响力等进行详细的分析，让企业和商家更加深入地了解客户，并与其形成新型连接关系，有效地帮助企业和商家提升营销效率。

1.3.1 社会化客户关系管理和传统客户关系管理的区别

社会化客户关系管理是传统客户关系管理的升级版本，与传统客户关系管理相比，社会化客户关系管理具有以下特点。

1. 以社交平台为渠道

从目前在我国营销实践中获得的数据来看，当前最有效的数字营销渠道之一是社交渠道。邮件营销中，邮件的打开率是万分之几；短信营销中，短信的打开率是千分之几；展示类广告营销中，广告的点击率最高能达到百分之几；而微信服务号营销中，服务号的打开率是 70% 以上；微博营销中，企业私信的打开率是 50% 以上。因此在我国，社会化客户关系管理和传统客户关系管理的一个核心区别就是对社交渠道到达和互动的管理能力。

2. 以管理客户的社交价值为中心

传统客户关系管理的对象是客户本人，管理的核心数据是客户的交易数据。其业务的核心逻辑为：先对客户的历史交易数据进行自动化分析，然后将客户进行细致的分组，向不同特点的客户推送不同的营销内容，进而实现营销的自动化和精细化。这种传统观点看重的是客户的钱包价值，客户在企业眼中最大的价值就是为企业利润的提高贡献力量。而在移动社交时代，每个客户都通过自己的社交网络形成了自身的媒体价值。客户不再只是企业利润的贡献者、更是口碑的贡献者、品牌信任的贡献者，消费热情的贡献者。

社会化客户关系管理的核心在于更加以客户为中心，并且以充分发挥每个客户的社交价值为业务流程创新的重点。例如，时趣互动（一个企业移动社交营销解决方案提供商）的 SCRM 根据个人和企业的关系分为员工版、意见领袖版和普通消费者版。不同版本对应的这 3 种角色在帮助企业创造营销价值时，在出发动力、管理重点和自动化流程等方面存在着不同之处。

另外，在计算具体的客户价值上，时趣互动的 SCRM 除了会计算客户的收入贡献价值，也会将客户在营销上的参与度、影响力等数据充分地记录下来并纳入分析维度，以形成最有利于品牌和销售转化的策略和模型。

3. 与交易转化和广告转化紧密融合，成为数字营销的核心引擎

当前，发红包已经成为一种被广泛运用的营销策略，大多数人都在社交媒体上收到过各种“红包”，很多人曾经被红包驱动着进行消费。在这些红包的背后，发挥作用的其实是一套 SCRM 策略。

传统的 CRM 实质上属于“防守型”策略，CRM 从企业的已有客户中识别出忠诚度更高、潜在消费价值更大的人群，对他们进行更为集中的营销资源投入，以此提升这部分客户的价值。而在移动和社交环境中，在交易开始之前，企业就能利用社交媒体以较低的成本获得大量潜在客户的数据。充分利用这些数据，企业就能在和客户发生交易之前对其采取有针对性的营销策略。

同时，得益于移动支付与社交网络的深度融合，品牌传播和销售转化两项活动可以在移动端通过几次点击快速完成，这就大大提高了补贴营销的转化效率，发红包因此成为商家普遍使用的一种营销策略。这种策略之所以能够成功实施，依靠的是可对客户参与产生的海量数据进行分析与自动化执行的软件平台。

此外，与 PC 端依靠短暂的 Cookie（储存在用户本地终端上的数据）来实现精准营销相比，移动广告在技术方面更先进，社交 ID、设备 ID 和手机号码是比 Cookie 更能够精准定向的工具。例如，商家在微博平台上已经能够实现以手机号码为再定向依据来投放移动广告。

1.3.2　企业实现 SCRM 的途径

当前，数据开放环境、数据模型能力和营销更加依赖数据驱动的趋势不断增强，在这种环境下，SCRM 将会因在整个企业营销自动化管理中所处的战略性地位，而成为一个不断通过老客户的行为和数据，带来新客户的转化和数据的数据大脑和营销引擎，成为整个营销管理中兼顾进攻与防守的策略和执行相关任务的抓手。

事实上，我国移动社交营销正处于飞速变化中。借助 SCRM，企业与客户之间可以建立一种更智慧、更有趣、更高效的新型营销关系。

案例分析　英氏：借助 SCRM 体系构建全渠道互动

英氏控股集团股份有限公司创立于 2014 年，现已成为集研发、生产、线上线下销售和服务于一体的专业化母婴企业。目前，公司旗下拥有英氏、舒比奇两大品牌。英氏主打婴童食品，产品涵盖婴幼儿奶粉、婴幼儿米粉、婴幼儿面条、婴幼儿零食等品类；舒比奇主攻婴幼儿纸尿裤市场，产品涵盖纸尿裤、成长裤等品类。

随着母婴市场的不断发展，英氏在经营过程中也同样面临着诸多问题。例如，客户需求日益多样化，线上电商渠道、线下实体门店获取新客户的成本越来越高；现有的门店销售模式和渠道无法与客户建立持续的互动，客户黏性普遍较低；客户数据画像不详细，无法有效支撑挖掘客户需求等。

面对以上问题，如何利用便捷、友好的方式将客户纳入 SCRM 体系，并与其进行直接、有温度的深入互动，构建线上线下全渠道融合的新零售模式，以数据驱动实现价值、成本与效率的平衡，成了英氏最核心的诉求。

（1）将导购人员纳入 SCRM 体系

目前，在品牌的整体销售中，线下渠道仍然占据着很大的比重。而线下导购人员与客户有着密切的联系，客户对品牌的第一印象很大程度上来源于导购人员，所以对导购人员的管理在客户关系管理中发挥着至关重要的作用。英氏就将离客户最近的触点——导购人员作为获取新客的有效渠道。

英氏将品牌线下门店的导购人员也纳入 SCRM 体系，并通过微信对其进行统一管理。导购人员只要完成微信扫码的动作，就被纳入了英氏 SCRM 体系，英氏管理者就能与导购人员进行互动，并通过驱动导购人员引导客户扫描商品包装上的二维码成为英氏会员。这样英氏不仅迅速扩大了会员规模，还能对获客渠道进行追踪，而客户也可以通过扫描商品包装上的二维码获得会员专属积分和奖励。

英氏利用“导购扫码＋客户扫码”的方式，管理了本来完全不在品牌商视线内的导购人员和客户；通过全新的体验方式，将线下的客户数据线上化，为门店引入了巨大的流量；而通过留存的互动数据，英氏可以更好地解构妈妈群体的消费行为，增强和提高妈妈群体对品牌的好感和忠诚度。

（2）实施“一物一码驱动奖励”计划

英氏借助 SCRM 策划实施了“全程数据化新客买一送一”的奶粉促销活动。属于 SCRM 体系的导购人员通过引导客户关注自己的专属二维码并注册成为会员，与客户建立“导购人员—客户”的互动关系，为开展持续的客户关怀奠定基础。

在之后的时间里，只要客户购买了产品，SCRM 系统就会自动弹出“赠送奶粉”的礼品券，导购人员对礼品券完成核销后，“奖励”即可直达客户手中。这种“闪电式获得、看得见的奖励”及线上线下全渠道统一的奖励模式，不仅优化了客户体验，还让英氏形成了“品牌商—导购人员—客户—品牌商”的良性互动销售链。

（3）以数据驱动社群运营，构建社群生态

针对母婴行业有举办亲子活动的需求，英氏推出了一个集宣传、报名、签到和互动于一体的活动小助手工具。对活动感兴趣的妈妈们可以直接通过微信报名，门店导购人员也可以在线上邀约会员参加。

英氏通过活动前期的宣传、报名、签到和互动等各个环节可以获得海量的客户信息和行为数据。这些被记录下来的客户数据也为英氏后续向客户推荐该集团的其他产品、促进交叉购买打下了基础。

对妈妈群体来说，这种针对性很强的线下活动也为她们创造了认识新朋友、交流育儿知识和经验的好机会。因此，与建立纯粹的线上交流群相比，英氏通过这种“以活动带社群”的方式，不仅有效地提升了妈妈社群的活跃度，还实现了良好的品牌口碑传播。

（1）说一说对品牌或企业来说，实施客户关系管理有什么作用。

（2）英氏借助 SCRM 体系构建全渠道互动所采取的一系列措施，给自身带来了哪些好处？

【课后习题】

1. 简述电子商务中客户的消费心理特征。
2. 简述电子商务中客户关系管理的特点。

第2章 客户分析：客户的识别、细分

学习目标

- 了解消费者、顾客与客户的区别。
- 了解客户的价值的体现。
- 掌握客户类型的划分及不同类型客户的管理方法。
- 掌握客户细分的维度。
- 了解优质客户的特征。
- 掌握定位优质客户的步骤。

“以客户为中心”的个性化服务越来越受到电商企业的重视。电商企业通过对客户进行分析，可以跟踪和分析每一个客户的信息，进而了解客户的个性化需求，并采取相应的措施来满足客户的个性化需求。同时，客户分析还能帮助电商企业观察和分析客户行为对店铺收益的影响，使电商企业与客户的关系及店铺利润得到优化。因此，客户分析是电商企业实施 CRM 不可缺少的重要部分。

案例导入

生活在左：用创意、真诚、纯粹勾勒“不可复制的手工”

生活在左是广州市汇美服装有限公司茵曼集团旗下的服装品牌，创立于2014年。目前，越来越多的女性追求独立自主，并承担起越来越多的责任。她们追求自由的生活，对当下的一切保持宽容的态度，从容地面对生活和工作；她们愿意接受新鲜事物，并能够从传统文化的精髓中发现美；她们浪漫而优雅、独立且美好，会通过穿着打扮打造自己独有的风格。这样的人群就是生活在左品牌的目标客户。

生活在左是一个真诚的设计师品牌，希望为当代独立女性提供一个美的生活空间，用创意、真诚、纯粹勾勒“不可复制的手工”，还原生活的本质和女性内心的真实状态，提倡“随心生活”的生活态度。生活在左主张勾勒“不可复制的手工”，推崇在万物本真的前提下，感受天然且具有生命力的舒适生活，强调感受手工与真实创造带来的不可复制的真诚与喜悦，力求给人以至真至诚、回归质朴的感觉，让每一位追求生活、品味生活的女性一同感受最初的简单与幸福。

2.1 消费者、顾客与客户的区别

消费者、顾客与客户是商品交易过程中经常出现的3个概念，那么这三者之间有何区别呢？下面将对此做出详细解析。

1. 消费者

消费者最初是一个经济学概念，它与生产者、经营者同属一个体系，后来成为营销学的主宾。消费者是指在一定条件下，为实现个人目的而购买或使用产品和接受服务的社会成员。在描述宏观问题时，“消费者”一词使用频繁，一般表达一个群体概念。消费者可以是用户，可以是顾客，可以是客户，可以同时兼具多种身份。消费者使用产品不一定付钱，因为产品可以是别人送的，也可以是通过奖励获得的。

2. 顾客

顾客是一个比消费者更广的概念，它泛指商店或服务行业中前来购买东西的人或要求接受服务的对象，包括组织和个人。

（1）广义、狭义的顾客

从广义上来讲，凡是接受或可能接受任何组织、个人提供的产品和服务的购买者都可以称为顾客。从这个角度可以看出，顾客不仅指个体，同时也包括企业、政府和非公益性团体组织。

广义的顾客包括现实顾客和潜在顾客。其中，现实顾客是指对企业或个人的产品或服务有需求，并且与企业或个人直接发生交易行为的组织或个人；潜在顾客是指对企业或个人的产品或服务有需求而没有购买能力，或有购买能力但因为种种原因无法与企业或个人发生交易行为的组织或个人。

从狭义上来讲，顾客是指与企业或个人直接发生交易行为的组织或个人，即广义顾客概念中的现实顾客。

（2）内部、外部顾客

内部顾客是从企业内部部门的角度出发，把其他部门看作自己部门的顾客；而外部顾客是从企业整体的角度出发，把企业外部的、与本企业在产品或服务上有交易关系的组织或个人看作顾客。

3. 客户

客户是对产品或服务形成服务请求和达成买卖关系的人或实体，也可以说是对产品或服务的购买有决策权的相关人，包含技术决策者和业务决策者等一系列人或实体。

客户是为产品或服务买单的人。客户不一定是用户，但一定要付钱，用户也不一定是客户。例如，A 公司买了一辆汽车，交给总经理使用，那么总经理是用户，但他不是汽车公司的客户，A 公司才是汽车公司的客户。

客户和顾客有时是一致的。比如，张某购买了一辆汽车，对汽车公司来说，张某可以说是顾客，也可以说是客户。

在 CRM 中，客户是指企业提供产品和服务的对象，即来自企业外部的、与企业发生交易行为的组织或个人。

2.2 客户识别

客户识别是指通过一系列手段，根据大量客户的特征、购买记录等数据，找出谁是店铺的潜在客户，客户的需求是什么，哪类客户最有价值等，并把这些客户作为店铺 CRM 的实施对象，从而为店铺成功实施 CRM 提供保障。

2.2.1 客户的价值

客户的价值是指客户对店铺的价值，它不单指客户直接购买产品或服务为店铺带来的利润贡献，而应该是客户为店铺创造的所有价值的总和。

概括来说，客户的价值体现在以下几个方面。

1. 店铺利润的源泉

一个店铺要想赢利，必须依赖客户，因为只有客户购买了店铺的产品或服务，店铺的利润才能实现。因此客户是店铺利润的源泉，商家管理好了客户就等于管理好了自己的“钱袋子”。

品牌并非店铺利润的真正来源，它只是吸引客户的有效工具。无论品牌有多么强势，如果没有客户的追捧，也同样是无法获得市场的。这就可以解释为什么有些知名品牌在异地发展会遭遇挫折——不是品牌本身出了问题，而是因为品牌没有被异地客户所接受。

可见，客户是店铺生存和发展的基础，对店铺的生存和发展起着决定性的作用。一个店铺不管有多好的产品、多好的品牌、多好的机制、多好的团队，如果没有获得客户及客户的忠诚，那么一切都等于零。

2. 为店铺带来聚众效应

自古以来，“赚人气”就是商家坚持的生意经。一般来说，人都有从众心理，总是喜欢锦上添花，追捧“热门”企业，所以是否已经拥有大量客户会成为人们选择商家和店铺的重要考虑因素。

形象地说，客户是“播种机”，忠诚的客户会为店铺做口碑宣传，为店铺带来其他新的客户。也就是说，已经拥有较多忠诚老客户的店铺容易吸引更多的新客户，从而使店铺的客户规模不断扩大。

3. 为店铺带来信息价值

客户的信息价值是指客户为商家提供信息，从而使商家更有效、更有的放矢地开展经营活动所产生的价值。客户能为商家带来有效的信息，例如，商家在建立客户档案时使用的由客户无偿提供的信息；商家在与客户进行双向互动的沟通过程中，由客户以各种方式（如抱怨、建议和要求等）

向商家提供的各类信息，包括客户需求信息、竞争对手信息及客户满意程度信息等。

商家和店铺都是为客户服务的，检验服务优劣的重要标准就是客户评价。因此，形象地说，客户是店铺的“整容镜”，客户的意见、建议为商家制订正确的经营决策指明了方向，也为商家节省了收集信息的费用，还为商家制订营销策略提供了真实、准确的第一手资料。所以，客户为商家提供的信息对商家而言也是一笔巨大的财富。

4. 为店铺带来口碑价值

口碑价值是指感到满意的客户向他人宣传本店铺的产品或服务，从而吸引更多新客户，使店铺的销售量增长、收益增加所创造的价值。形象地说，客户就是一支“宣传队”，他们会对其他人诉说有关店铺的正面或负面的评价，从而影响他人对店铺的兴趣和期望。

研究表明，在客户做出购买决策所依赖的信息来源中，口碑传播的可信度最高，远胜于商业广告和公共宣传对客户购买决策的影响。因此，客户主动进行推荐和口碑传播会使店铺的知名度和美誉度迅速提升。充分发挥和利用客户的口碑价值，还可以降低店铺的广告和宣传花费。

2.2.2 客户类型划分及管理

划分客户类型的标准有很多，一般来说，商家可以参照这些因素进行客户类型划分，如客户的消费行为、客户的忠诚度、客户的信誉度、客户的购买方式、客户与店铺的关系、客户的价值等。下面详细介绍两种更适合 CRM 的客户类型划分方式。

1. 按照客户与店铺的关系进行划分

按照客户与店铺的关系，客户可以划分为 5 类，如图 2-1 所示。

图 2-1 按照客户与店铺的关系划分客户类型

（1）潜在客户

潜在客户是指对店铺的商品或服务有需求和购买动机的人群，即有可能购买但还没有产生购买行为的人群。例如，准妈妈很可能就是销售婴幼儿商品的店铺的潜在客户。

（2）目标客户

目标客户是指商家经过挑选后确定的、力图开发为现实客户的人群。例如，一家专门销售大码女装的店铺将身材偏丰满的女性作为自己的目标客户。

（3）现实客户

现实客户是指已经购买了店铺的商品或服务的人群。按照客户与店铺之间关系的亲疏，现实客户又可以分为初次购买客户、重复购买客户和忠诚客户，如图 2-2 所示。

（4）流失客户

流失客户是指曾经是某店铺的客户，但由于种种原因，现在不再购买该店铺的商品或服务的客户。

（5）非客户

非客户是指那些与店铺的商品或服务无关，或者对店铺有敌意、不可能购买店铺的商品或服务的人群。

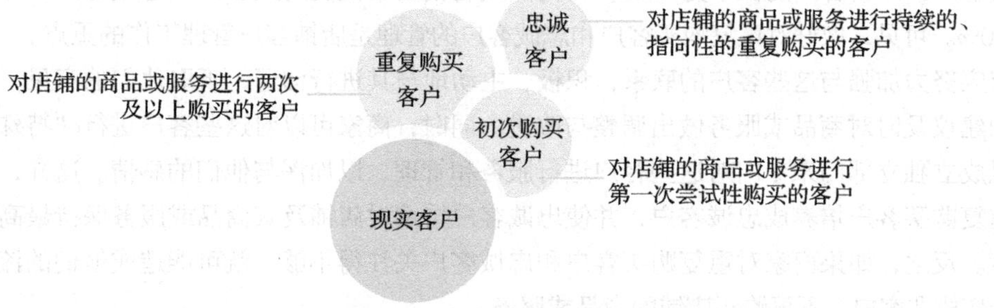

图 2-2　现实客户的类型

以上 5 类客户是可以相互转化的。例如，潜在客户或目标客户一旦采取购买行为，就变成了店铺的初次购买客户。初次购买客户如果经常购买同一店铺的商品或服务，就可能发展成为该店铺的重复购买客户，甚至忠诚客户。但是，初次购买客户、重复购买客户和忠诚客户也可能因为其他商家的更有诱惑力的条件，或因为对店铺不满而成为流失客户。流失客户如果被成功挽回，就可以直接成为重复购买客户或忠诚客户；如果无法挽回，他们就将永远流失，成为店铺的非客户。

忠诚客户来源于重复购买客户，重复购买客户来源于初次购买客户，初次购买客户来源于潜在客户和目标客户。可见，商家要获得尽量多的忠诚客户，就必须做好对重复购买客户的管理；要获得尽量多的重复购买客户，就必须做好对初次购买客户的管理；要获得尽可能多的初次购买客户，就必须做好对潜在客户和目标客户的管理。

（1）对潜在客户和目标客户的管理

潜在客户和目标客户虽然尚未在店铺购买商品或服务，但他们有可能在将来与店铺产生交易行为。当他们对店铺的商品或服务产生兴趣，并通过某种渠道开始与店铺接触时，商家应该积极地向其详细介绍自己的商品或服务，耐心解答他们提出的各种问题，帮助他们建立对店铺及其商品或服务的信心和认同。商家对潜在客户和目标客户的管理目标是先将他们发展为初次购买客户，再将其培养成重复购买客户乃至忠诚客户。

虽然潜在客户和目标客户尚未在店铺产生交易行为，商家无法对他们的交易行为和数据进行记录和跟踪，但这并不等于商家不能合理地预估他们的价值。商家仍然可以通过交易以外的其他途径对能够反映潜在客户和目标客户基本属性的数据进行收集，如年龄、性别、收入、消费偏好和婚姻状况等，然后运用这些数据对他们的潜在价值进行分析。

（2）对初次购买客户的管理

商家对初次购买客户的管理目标是将他们发展为店铺的重复购买客户或忠诚客户。

虽然初次购买客户已经接受了店铺的商品，对店铺产生了初步认同，但他们在与店铺初次交易的过程中所形成的购物体验及他们对所购买商品的价值判断，将影响他们今后是否愿意与店铺进行重复交易。如果客户在与店铺的第一次交易中体验不好，很可能就不会再与店铺进行第二次交易。

初次购买是客户成长的一个关键阶段，在与客户进行第一次交易时，商家要树立与客户建立终身关系的目标来为客户提供商品或服务，为客户提供符合他们的需求甚至超过他们的期望值的商品或服务。此外，商家要与初次购买客户展开个性化的交流，与他们保持长期的联系和沟通，为他们提供关怀服务，并且尽量为其提供能满足其个性化需求的商品或服务，努力与其建立起一种互相信任的关系。

（3）对重复购买客户和忠诚客户的管理

研究表明，一个店铺将商品成功销售给潜在客户和目标客户的概率为 6%；而将商品成功销售给初次购买客户，即新客户的概率为 15%；将商品成功销售给重复购买客户和忠诚客户，即老客户的概率为 50%。可见，做好对重复购买客户和忠诚客户的管理是店铺客户管理工作的重点。

商家应努力加强与这些客户的联系，积极、主动地与其进行沟通，听取他们的意见，然后根据其需求和建议及时对商品或服务做出调整与改进。同时，商家可以对这些客户进行“特殊关照”，甚至可以成立独立部门来专门对这些客户进行服务和管理，以加深与他们的感情。这样，商家就有可能将重复购买客户培养成忠诚客户，并使忠诚客户持续对店铺及其商品或服务保持最高的信任度和忠诚度。反之，如果商家对重复购买客户和忠诚客户关注得不够，就可能造成他们的流失，甚至让他们转变成非客户，不再购买店铺的商品或服务。

2. 按照客户的价值进行划分

不同的客户对店铺产生的价值是不同的，且不同价值的客户的需求有所不同。商家应该根据客户的不同价值为其分配不同的资源，以更好地满足不同客户的需求。根据不同的价值，客户可以划分为 4 种类型，并形成一个“金字塔”，如图 2-3 所示。

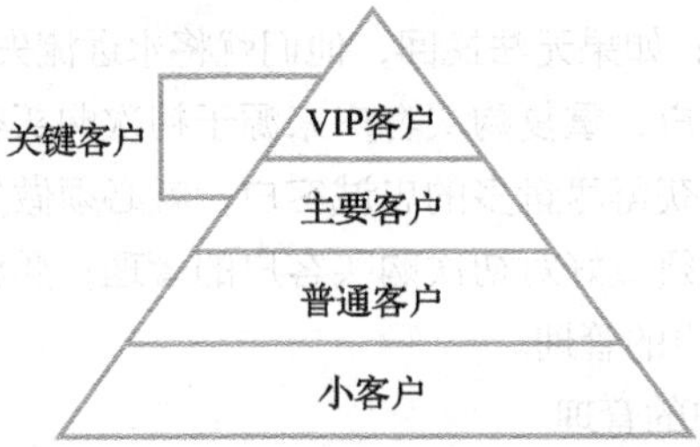

图 2-3 客户“金字塔”

VIP 客户位于客户“金字塔”的顶端，这类客户的数量虽然不多，但他们的消费金额在店铺的销售总额中占有很大的比例，对店铺做出的贡献最大。一般情况下，VIP 客户的数量占店铺客户总量的 1% 左右。

主要客户是指除了 VIP 客户以外，消费金额占比较大，能够为店铺提供较高利润的客户。这类客户约占店铺客户总量的 4%。

普通客户所产生的消费金额能为店铺带来一定的利润，这类客户的数量占店铺客户总量的 15% 左右。

小客户位于客户“金字塔”的最底层，他们在店铺客户总量中占比最大，但为店铺带来的盈利却不多。

（1）对关键客户的管理

关键客户是指 VIP 客户和主要客户，他们为店铺创造的利润占整个店铺总利润的 80%，是店铺利润的主要来源。然而，竞争对手也会将目光瞄准这些关键客户，伺机将他们吸引过去。因此，商家必须认真维护与关键客户的关系，这样才能使店铺保持竞争优势，以提升抵抗竞争对手的能力。

商家对关键客户进行管理的目标是提高关键客户的忠诚度，并在保持关系的基础上进一步增大他们对店铺的贡献。商家要集中优势资源服务于关键客户，通过积极的沟通和感情交流密切双方的关系，可以设置专门的部门负责关键客户的服务工作。

（2）对普通客户的管理

商家对普通客户进行管理的目标是提升普通客户创造的价值。此外，对于不同类型的普通客户，商家应该采取不同的管理方法。

针对有升级潜力的普通客户，商家要努力将其培养成关键客户。商家可以根据普通客户的需求丰富自己的商品品类，以更好地满足其潜在需求，增加其购买量。此外，商家还可以鼓励普通客户购买更高价值的商品或服务。

针对没有升级潜力的普通客户，商家可以减少服务，以降低自身的成本。商家可以对其采取“维持”策略，在人力、物力与财力等方面不再增加投入，甚至减少促销努力，以降低交易成本。此外，商家还可以缩减对普通客户的服务时间、服务项目和服务内容。

（3）对小客户的管理

对于不同类型的小客户，商家可以采取不同的管理方法。针对有升级潜力的小客户，商家要努力将其培养成普通客户甚至关键客户。商家应该为他们提供更多的关怀，挖掘并满足其个性化需求。

针对没有升级潜力的小客户，有的商家采取的是坚决剔除的做法，不再与其交易，但是这种做法过于极端。开发一个新客户所产生的成本相当于维护五六个老客户的成本，因此商家必须慎重对待每一个客户。聚沙成塔，保持一定数量的小客户是店铺实现规模效益的重要保证，是店铺保持成本优势、遏制竞争对手的重要手段。

如果商家放弃小客户，任其流失到竞争对手那里，就会让竞争对手的客户规模得以壮大，进而对本店铺的发展造成不利的影响。此外，如果商家直接、生硬地将小客户拒之门外，可能会给店铺的口碑带来不良影响。对店铺不满的小客户可能会向其他客户讲述其不愉快的经历，以致给店铺造成消极的影响。因此，针对没有升级潜力的小客户，商家不能简单地将其淘汰，但可以采取提高服务价格、降低服务成本的办法来增加小客户的价值。

首先，商家可以提高小客户的服务价格，或者取消以前免费的服务项目，也可以向小客户推销高利润的商品；其次，降低小客户的服务成本，限制为小客户提供的服务的范围和内容，缩短为小客户服务的时间，从而降低店铺的经营成本，节约店铺的资源。

商家的这些做法可能会导致小客户感觉自己受到了不公平的对待，致使他们产生不满情绪。为了避免这种不愉快情况的出现，商家可以将为不同级别客户提供的服务从空间或时间上分隔开来。例如，航空公司可以根据票价将客户分别分配在不同等级的舱位，不同级别的客户享受不同等级的服务，互不干扰，这样就能分别优化不同级别客户的体验，让其觉得各得其所。

当然，并非所有的客户关系都值得保留。劣质的客户会消耗店铺的利润，对于这些客户，商家与其让他们蚕食店铺的利润，还不如尽早与他们终止关系。

2.3 客户细分

客户细分是通过分析客户的属性、行为和需求等，寻求客户之间的个性与共性特征，对客户进行划分与归类，从而形成不同的客户集合，以便更好地抓住客户诉求，对客户进行更加精准的营销。

2.3.1 客户细分的必要性

传统的营销方式比较简单，企业对所有的客户几乎都采用千篇一律的推送频率、一样的推送内容。这种方式在效果差的同时，还给客户带来了不好的购物体验，造成了资源的浪费。

一个企业不可能单凭自己的能力来满足整个市场的所有需求，这不仅仅是因为企业受限于自然资源或非自然资源，从企业运营管理与市场经济效应分析来看，这也是正常的，因此企业应明确自己的定位，识别自己的目标市场，合理地分配资源，强化自己的竞争优势。

同时，客户的需求是有差异的，同一时间出现在同一地点的客户需求不尽相同，无差异的广撒网式传统营销服务不仅被动效益低，还存在给客户带来消极影响的风险。

企业的竞争可以说是客户的竞争，快速且准确地识别客户是企业抢占市场的第一步。企业应根据客户的不同，制订差异化的推广营销策略，以期由"20%的客户带来80%的利润"，集中资源投入对目标价值客户的经营，实现利益的最大化。

传统行业的客户细分的深度是受到限制的。企业将客户细分做得越深，越容易贴近目标客户的需求，但同时客户的数量也就越少。传统行业受到地域广、传播周期长、产销周期长等的限制，企业难以基于非常小的细分市场获得持续的盈利，所以在传统行业中进行极致的客户细分无异于"自寻死路"。

电子商务的出现很好地弥补了传统行业在地域、传播周期和产销周期上的不足，使企业即使定位于一个非常小的细分市场，也能接触到足够多的客户，获得足够多的收益。淘宝女装就是一个鲜活的案例，淘宝店铺和天猫商城中的活跃女装店铺有数万家，店铺想在这个竞争激烈的市场中脱颖而出置身"TOP 100"，除了商品价格要比别人更低，还要靠与众不同的客户细分定位。

表2-1列举了几家淘宝女装品牌中排名比较靠前的店铺的细分市场定位，每个店铺选择定位的维度都不一样，它们在各自的细分维度下选择了一个细分市场深挖，并且都取得了不错的成果。

表2-1　淘宝女装品牌中排名比较靠前的店铺的细分市场定位

女装品牌	茵曼	裂帛	韩都衣舍	欧莎	小虫米子	大码女装
客户细分	棉麻风格	民族风	韩风快时尚	职场人士通勤	高端设计师	大码女装
细分维度	服装材质	服装风格	地域	职业	价格	体型

2.3.2 客户细分的维度

客户细分的本质是观察总体客户群，并发现影响店铺长期收益的细分客户群之间的差异。进行差异化的客户细分并没有特殊的限制，企业可以选取各式各样的维度和指标进行客户细分。常用的客户细分维度有以下几个。

1. 地理变量

用地理变量细分客户是指按照客户所处的地理位置和自然环境来进行客户细分，客户细分常用的地理变量如表2-2所示。

表2-2　客户细分常用的地理变量

细分变量	变量描述
地区	省份、城市（一线城市、二线城市、三线城市）
联系地址	根据客户填写的联系地址中的关键词对客户的职业进行模糊定义。例如，地址中包含"大学""中学""学校""学院"等关键词，基本可以认为该客户是老师或学生
气候特征	高温、严寒、干燥

2. 人口统计变量

人口统计变量是区分客户群体量最常用的变量。例如，家庭人口组成、收入水平是房地产企业进行市场细分的重要依据，不同的家庭结构对商品有不同的要求。客户细分常用的人口统计变量如表2-3所示。

表 2-3　客户细分常用的人口统计变量

细分变量	变量描述
性别	男、女。女性客户与男性客户具有不同的消费习惯和商品偏好，通常来说，女性是一个家庭的购买决策的制订者，商家可以根据其消费行为，推测并挖掘其购买能力
职业	学生、教师、银行职员、医生、公务员、个体户、公司职员、家庭主妇等
年龄层次	“70 后”“80 后”“90 后”“00 后”/儿童、少年、青年、中老年。不同年龄段的客户，其消费水平不同，且购物需求、风格也不同。通过对客户的年龄段进行划分，商家可以了解不同年龄段的客户的消费行为和习惯，为商品的调整和开发提供数据支持
受教育程度	高中/中专、专科、本科、硕士、博士
婚姻状况	未婚、已婚、离婚、丧偶
生日	了解客户的生日是为了更好地开展客户关怀。例如，为客户赠送生日礼物或发送生日祝福短信，为客户在生日当天提供免邮服务或其他的优惠服务，让客户感受到店铺对自己的关怀，从而加强客户对店铺的好感，进而形成口碑效应

3. 消费行为属性

消费行为属性是指反映客户与店铺之间交易活动的数据，这类数据是动态的，能够实时地反映客户的行为偏好与价值变化，有助于进一步挖掘、预测客户需求。客户细分常用的消费行为属性如表 2-4 所示。

表 2-4　客户细分常用的消费行为属性

细分变量	变量描述
RFM 属性	客户最近的消费时间、累计消费次数、累计消费金额
消费渠道	聚划算、淘金币、试用中心、会员频道、手机淘宝
消费时段	工作日、节假日、8:00—17:00、18:00—22:00、22:00—7:00（次日）
平台偏好	单一平台（淘宝、天猫、京东、拍拍、唯品会等）购买、多平台购买
询单偏好	询单购买、静默下单
心理特征	冲动型、经济型、对比型、主观型、知识型、目的型、随机型、引导型
购买商品	购买过的商品的数量、类型、规格等
订单数	客户成功交易的订单数量
客单价	通过客单价，商家可以对某个客户的购买能力做出判断，同时可以了解客户的购买行为和习惯
付款次数	客户在店铺内付款的总次数
付款金额	客户在店铺内付款成功的总金额
客户备注	客户在订单中留下的备注信息，商家通过备注中特定的关键词，可以找出有特定需求的客户
退款服务	退款次数、退款比例、退款金额、退款商品
客户评价	客户对商品或服务做出的评价情况，如好评次数、中差评次数、中差评原因等

4. 电商平台属性

电商平台属性主要是指客户在电商平台上的信用等级。一个客户会有多个等级，在店铺有会员等级，在淘宝有信用等级，在天猫有 VIP 等级，如表 2-5 所示。

表 2-5　客户细分常用的电商平台属性

细分变量	变量描述
店铺会员等级	店铺客户、普通会员、高级会员、VIP 会员、尊贵 VIP 会员
淘宝信用等级	1 ~ 5 心、1 ~ 5 钻、1 ~ 5 皇冠
天猫 VIP 等级	T1、T2、T3

店铺会员等级体现客户在店铺的消费情况，天猫 VIP 等级体现客户在天猫的消费情况，两种等

级对客户综合消费情况的描述都不全面。唯有淘宝信用等级能够反映客户在全淘宝的消费行为，其重要性不言而喻。从店铺进行客户细分的角度来看，新客户由于数据的稀缺性，企业是难以对其进行客户细分的。例如，同样是通过聚划算引入的甲、乙、丙、丁4个新客户，企业只有一条且相同的购物记录，难以区分谁对店铺的价值更高。

借助淘宝信用等级，我们可以跳出店内消费记录分析的框架去查看客户的全平台消费行为。假如客户甲是一个“两钻”的淘宝买家，那么可以肯定这个客户是一个非常活跃且资深的淘宝“网购专家”，因为“两钻”意味着其在淘宝平台上至少已经购买过500件商品。

把某女装店铺的新客户按照淘宝信用等级分组，统计每组客户的复购率和客单价发现：对新客户而言，淘宝信用等级越高，其在店铺进行重复购买的可能性也越大，客单价也有同样的特征。拥有一两颗心的买家属于淘宝初级用户，在淘宝上购买的商品少于40件，他们在店铺首次购买后只有不足13%的比例会进行再次购买，平均客单价不到200元。与此相比，拥有一两颗钻的买家在店铺重复购买的比例超过20%，平均客单价超过220元。

2.4 优质客户的定位

对商家来说，并不是所有的客户都是自己的客户，也并不是所有的客户都是优质客户。客户是存在差异的，优质客户会给店铺带来较大的价值，一般客户会给店铺带来较小的价值，劣质客户会给店铺带来负价值。将资源投放在无法给自己带来利润的客户身上是不明智的选择，商家应该懂得选择最有价值的客户，这样才能让自己的投入产生最大收益。

2.4.1 挖掘优质客户信息

每一个产业的发展都依赖市场需求。商家要想获得成功，就必须想方设法地挖掘并掌握客户需求，充分地满足一定数量的客户需求，一定数量的需求就组成了企业的市场。

1. 锁定客户需求

需求是消费的基本动机，它决定了人们是否会购买一件商品，而需求的强烈程度决定了人们购买这款商品的迫切程度。

需求是指人们内心对于实现某种目标的渴求或欲望。美国商业思想家亚德里安·斯莱沃斯基在其著作《需求》中曾写道：“需求就是满足人类的物质与情感的各种需要，那些生活中产生痛苦、不便、浪费乃至危险的麻烦、各样的不满足，组成了人们的需求。”用通俗的话来讲，人们的需求有两种，即痛苦与不满足。

痛苦是指客户存在的急需解决的问题，客户需要通过购买店铺的商品或服务来减轻或摆脱这些问题给其带来的痛苦与麻烦。这种层次的需求主要体现在客户明显地感觉到自己在生活与工作中受到了困扰，切身感觉到“痛”，渴望有一种商品或服务能够帮助自己解决问题。我们只要找到客户存在的痛点与“痒点”，就能分析出客户在哪些方面存在需求。

客户的不满足体现在他们愿意追求更舒适的生活、更好的体验、更美妙的感受。例如，当我们拥有一辆宝马汽车之后，很可能会期待拥有一辆兰博基尼汽车。

根据马斯洛的需求“金字塔”，人们在满足了自身的基本需求后，就会向往并追求更高的需求的满足，当人们向更高层次的需求发起进攻时，他们会期待通过购买店铺的商品或服务来获得满足或提升已经获得的满足。因此，商家可以通过分析客户的体验与满足，了解客户在生活中期待获得哪种生活体验，从而锁定客户内心期待的满足。

锁定客户需求是精准定位优质客户的首要条件，所以在精准定位优质客户前，我们首先需要思考几个方面的问题，如图 2-4 所示。

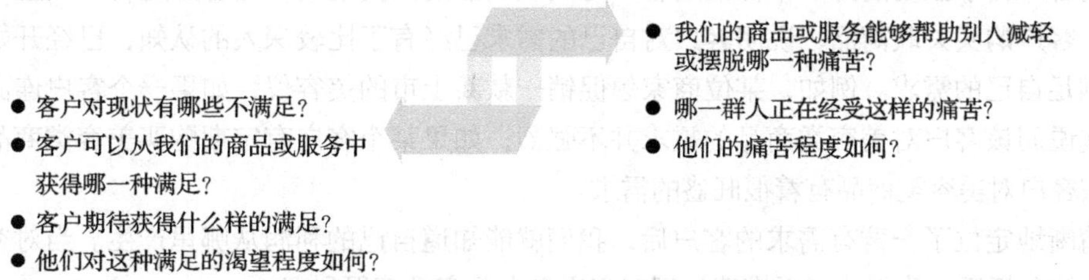
● 客户对现状有哪些不满足？
● 客户可以从我们的商品或服务中获得哪一种满足？
● 客户期待获得什么样的满足？
● 他们对这种满足的渴望程度如何？
● 我们的商品或服务能够帮助别人减轻或摆脱哪一种痛苦？
● 哪一群人正在经受这样的痛苦？
● 他们的痛苦程度如何？

图 2-4 锁定客户需求需要思考的问题

2. 分析客户需求强度

当分析并锁定客户需求后，我们就需要对客户需求强度进行分析。将自己的商品与信息传播到最有需求、购买意向最强烈的客户面前是营销最基础、最本质的要求，因为需求最强烈的客户是掏钱速度最快的客户，也是最容易成交的客户。

曾经有一位营销大师问学生们这样一个问题："假设我们一起在一条街上卖汉堡，比赛谁卖出的汉堡最多，如果你可以获得一个优势条件，你最希望获得什么条件？"

学生们给出的答案五花八门。有人说希望汉堡里的肉多一些，有人说希望汉堡里的沙拉多一些，还有人说希望有一个好的售卖地点，当然大部分人想要汉堡的价格低一些……

当学生们都说完自己的答案后，这位营销大师对他们说："好吧，我会把你们提出的条件都赠送给你们，而我只需要一个优势条件，以这种优势条件来出售汉堡，我相信你们都会失败得很彻底。"

学生们都很好奇地问："那您想要的优势条件是什么呢？""我唯一想要的，是一群饥饿的人！"营销大师不疾不徐地回答。

学生们听后恍然大悟，掌声雷动！

在这个案例中，营销大师告诉我们，一群饥饿的人才是真正需要汉堡的人，也是最迫切地要付钱购买汉堡的客户。这个案例告诉我们一个永恒不变的市场营销法则：应不断地去寻找对某些特定商品或服务有迫切需求的人群，然后为其提供所需的商品或服务，而不是先有好的商品或服务，再去开发未知的市场。

那么，如何找到需求最迫切的客户呢？如何分析客户需求强度呢？我们可以用两个标准对客户需求强度做出评判，如图 2-5 所示。

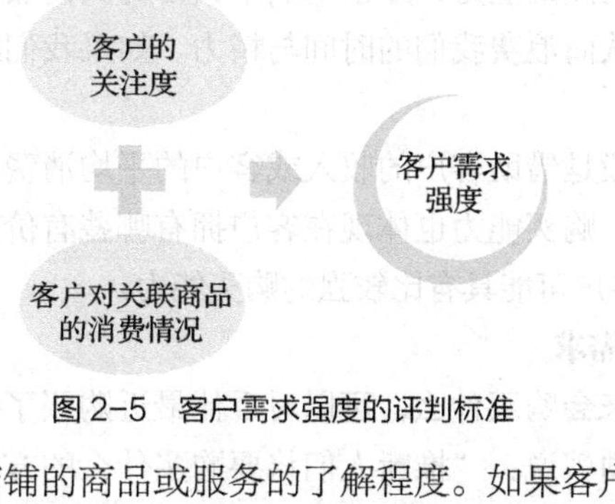
客户的关注度
客户对关联商品的消费情况
客户需求强度

图 2-5 客户需求强度的评判标准

客户的关注度，即客户对店铺的商品或服务的了解程度。如果客户对店铺的商品或相关商品一无所知，店铺由此就可以判断出该客户目前还没有意识到自己存在这方面的需求，这类客户的需求还没有被激活。店铺要想让他们购买商品或服务，需要对其做很多的需求启蒙教育。而如果客户对店铺的商品或同类商品有比较深入的了解，说明客户已经意识到自己有这方面的需求。因此，客户关注度是评判客户需求强度的一个标准。

评判客户需求强度的另一个标准是客户对关联商品的消费情况，即客户是否购买过某商品的关联商品。客户购买关联商品，说明客户对自己的需求已经有了比较深入的认知，已经开始购买一些商品来满足自己的需求。例如，某位商家想促销一款新上市的美容仪，如果一个客户连面膜都没有买过，就说明该客户对美容类商品的需求并不强烈；如果某个客户有定期购买美容类商品的习惯，就说明该客户对美容类商品有着很旺盛的需求。

当清晰地定位了一群有需求的客户后，我们就能知道自己的利润从哪里产生。当对客户需求强度进行详细分析后，我们就可以摸清从哪些客户身上最容易获得利润。

2.4.2 定位优质客户的步骤

定位优质客户有 7 个步骤，遵循这 7 个步骤，商家可以快速地界定利润市场，锁定最优质的客户，有效地开展营销推广活动，让营销精准地击中每一个目标。

1. 初步界定目标客户

营销的第一步就是初步界定目标客户，商家一般可以通过客户的内在属性和外在属性两个方面来对客户进行界定，如图 2-6 所示。

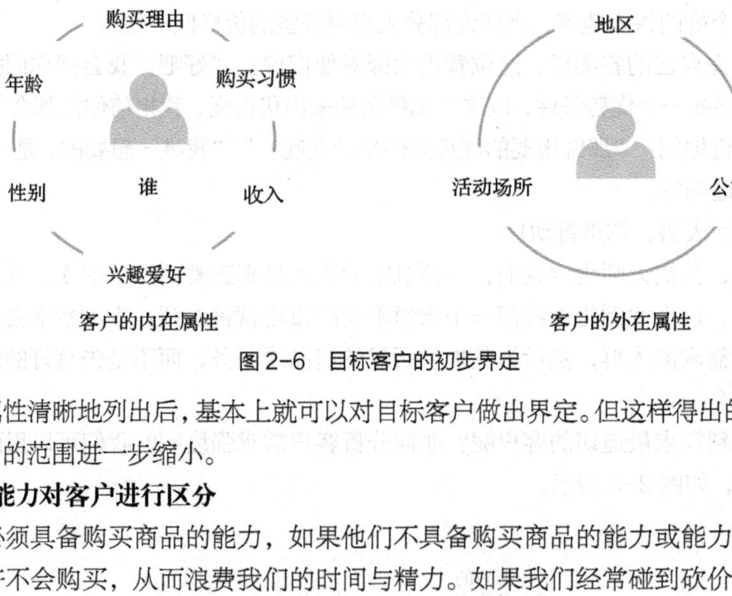

图 2-6 目标客户的初步界定

将客户的属性清晰地列出后，基本上就可以对目标客户做出界定。但这样得出的结果还不够精准，商家需要将客户的范围进一步缩小。

2. 用购买能力对客户进行区分

优质客户必须具备购买商品的能力，如果他们不具备购买商品的能力或能力不足，就会不停地砍价，最终或许不会购买，从而浪费我们的时间与精力。如果我们经常碰到砍价的客户，就说明客户的定位不够准确。

评判客户的购买能力一般是借助客户的收入或客户的平均消费水平，以及客户是否购买过金额较大的商品等标准来展开的。购买能力也体现在客户拥有哪些有价值的商品。例如，客户拥有劳力士表、香奈儿香水，说明该客户可能具有比较强的购买能力。

3. 用消费历史挖掘客户需求

商家想要知道客户接下来会购买什么，可以看看他最近购买了什么，以及正在计划购买什么。美国营销大师菲利普·科特勒曾说："推断人们将要购买什么的方法是观察人们过去购买了什么，以及正在购买什么。"只有了解并掌握客户要购买什么商品，商家才能知道把商品卖给谁。

客户的消费历史与经历代表了其对商品类别的认知，对某类商品的潜在需求，以及购买某类商品的可能性。对客户的消费历史进行分析，包括分析客户是否购买过某类商品的同类商品、关联商品、互补商品（如西装与皮鞋是互补商品），以及是否购买过竞争对手的商品。

根据客户的消费历史，商家可以轻易挑选出对自己的商品有一定了解，不需要对其进行需求刺激及启蒙引导的客户，这就大量地节省了营销时间。

4. 用购买需求寻找客户

客户之所以会购买某件商品，是因为他对该商品存在某个方面的需求。假如客户没有需求，就不会购买商品。前面已经提到过，客户的需求决定了其掏钱的速度与可能性。

通过客户的消费历史和客户关注的焦点可以挖掘客户的需求。假如客户曾经购买过竞争对手的商品或相应的替代品，那么该客户在这一块儿就是有需求的。假如客户关注某一商品的性能、特点和评价，那么他必定在这一块儿有需求。因此，商家可以从相关的点评类网站上找到有需求的客户。

5. 利用消费频率筛选客户

客户的消费频率越高，代表客户的价值越大。商家锁定并抓住高消费频率的客户更容易促成交易，因为经常购买某类商品的客户对该类商品已经有比较深入的了解，现在要做的就是向客户展示自己商品的价值。同时，消费频率高代表客户有购买此类商品的偏好，一旦客户对某类商品有了偏好，成交将会是一件非常容易的事情。

获取客户的消费频率的方法之一就是向客户展开有奖调研，同时多关注行业内的信息与数据。

6. 用市场细分锁定优质客户

通过前面 5 步，商家基本上可以锁定自己的优质客户，但商家如何才能知道这些客户是否认可自己的商品风格与价值呢？在这里，商家必须通过市场细分来锁定优质客户。进行市场细分的目的是寻找并抓住最容易产生效益的客户群，商家通过市场细分能够筛选出对自身的商品性能或服务特点认可并支持的客户。

市场细分有助于商家规避竞争，通过细分划出一片适合自己营销的市场区域，并在这个区域中形成独特的竞争力。

7. 提取优质客户的特征

通过以上细致的分析，商家已经能够把握优质客户的特征。但是，商家还必须把优质客户的优质特征提取出来，以便了解谁是最有价值的客户，进而实施更加精准的营销。提取优质客户的特征需要注意两个事项，如图 2-7 所示。

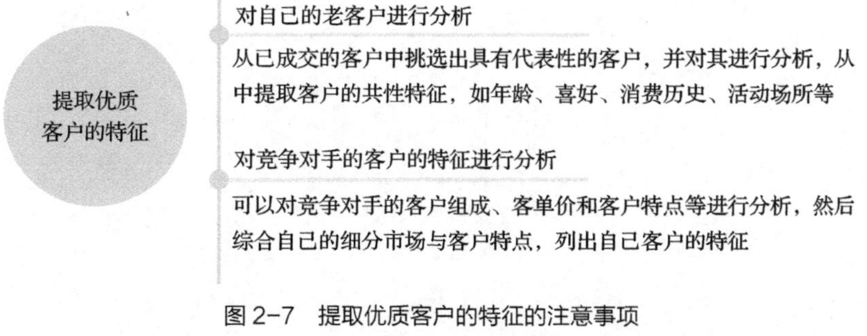
提取优质客户的特征
对自己的老客户进行分析
从已成交的客户中挑选出具有代表性的客户，并对其进行分析，从中提取客户的共性特征，如年龄、喜好、消费历史、活动场所等
对竞争对手的客户的特征进行分析
可以对竞争对手的客户组成、客单价和客户特点等进行分析，然后综合自己的细分市场与客户特点，列出自己客户的特征

图 2-7　提取优质客户的特征的注意事项

通过实施以上 7 个步骤，商家可以列出自己的优质客户的特征与标准，如 20 ~ 25 岁的女性，收入为 8000 ~ 10000 元，追求个性、时尚，讲究商品品牌，有一定的购买高价值商品的能力等。

随后商家就可以集中精力向这些优质客户开展营销活动，直到她们心动并购买商品。

案例分析　屈臣氏：精准定位客户，从客户需求出发生产产品

屈臣氏是个人护理用品连锁品牌，在个人立体养护和护理用品领域不仅聚集了众多国际知名品牌，还拥有多个自有品牌。在客户关系管理中，屈臣氏发现在竞争日益激烈的零售行业，锁定目标客户群是至关重要的。

屈臣氏倡导“健康、美态、欢乐”的经营理念，将 18 ~ 35 岁的年轻女性作为自己的目标客户群。屈臣氏认为这个年龄段的女性富有挑战精神，她们追求时尚，喜欢寻求新奇体验，愿意在自己身上投资，也愿意进行各种新的尝试。

此外，屈臣氏之所以更加关注 35 岁以下的女性，是因为屈臣氏认为年龄更长的女性通常都已经有了比较固定的生活方式和自己习惯使用的品牌，要想让她们改变生活方式和更换品牌是比较困难的。

在深度分析客户消费心理、精准定位目标客户群的基础上，屈臣氏自有品牌从产品研发、原材料选择、产品容量定制、产品包装到产品定价，几乎每个环节都是从客户需求出发，其所提供的产品就像是为目标客户量身定制的一般。

阅读以上内容，说一说屈臣氏是从哪个维度实施客户定位的，以及精准定位客户给屈臣氏带来了哪些好处。

【课后习题】

1. 客户的价值体现在哪些方面？

2. 按照店铺与客户的关系，客户可以划分为哪些类型？针对不同类型的客户，商家应该采取何种管理策略？

3. 假如你是一个销售大码女装的商家，在营销过程中你应该如何寻找并精准定位自己的优质客户？

第3章

客户信息管理：构建客户精准画像，挖掘客户价值

学习目标

/ 了解客户信息收集的基本维度。
/ 掌握客户信息的主要内容。
/ 掌握客户信息收集的渠道与方法。
/ 掌握客户信息整理的实施步骤。
/ 了解客户资料库的内容与表现形式。
/ 掌握客户信息分析的内容。

客户信息是企业资源的重要组成部分，客户不仅是普通的消费者，而且是信息的载体，能够有效地为企业提供包括有形物品、服务、人员、地点、组织和构思等在内的大量信息。进行客户信息的收集与管理是实施客户关系管理的基础。

案例导入

Stitch Fix：运用数据算法为客户提供个性化服务

Stitch Fix是美国著名的销售时尚服装的电子商务平台，创办于2011年，总部位于旧金山。Stitch Fix的独特之处在于其运用数据算法来为客户提供个性化服务。

（1）采集客户的基础数据

客户在Stitch Fix注册账号时需要填写一份调查问卷，调查问卷的内容涉及客户的所在地、体型、年龄、社交网站信息、消费行为及价格承受力等信息。Stitch Fix会根据调查问卷的填写情况为每个客户创建个人数据档案，用来记录该客户所有数据的变动情况。

客户在Stitch Fix上购买商品时，Stitch Fix会根据客户填写的调查问卷，并结合专业设计师提出的搭配建议为客户免费寄送5个服饰盒子，客户可以从5个盒子中选择自己喜欢的商品并为其付款，不喜欢的商品可以退回。

在这个过程中，Stitch Fix的算法会根据客户的挑选结果进行学习，不断对算法模型进行优化升级，以提高为客户推荐商品的准确性。

（2）积累数据，优化算法模型

Stitch Fix会通过收集客户对商品的评价，以及分析客户退换商品的记录来不断丰富自己的数据库，提高算法模型的准确率。为了积累更多的客户偏好数据，Stitch Fix开发了一款收集客户搭配数据的App。在这款App上，每个客户每天可以为一套服饰搭配评分，这样Stitch Fix不仅能更好地了解不同客户的服饰搭配风格，还能通过该款App收集数十亿条关于服饰搭配的数据，为优化算法模型提供数据支持。

（3）通过客户反馈，提升服务能力

当收到客户退回的服饰盒子后，Stitch Fix的设计师团队会对这些服饰的特点进行分析，并分析客户对服饰的反馈，从中发现这些服饰的哪些地方不符合客户的需求，或者客户更希望拥有什么样的服饰。Stitch Fix会根据分析结果设计自己的服装，打造自己的独创品牌，以填补市场空缺，让客户拥有更多的选择，从而提高客户对Stitch Fix的认可度和黏性。

3.1 客户信息收集的内容

客户信息是指企业服务对象的喜好、需求、购买商品或服务的记录等一系列相关资料，它们会对客户的购买行为产生一定的影响。

3.1.1 客户信息收集的维度

要想让以客户为中心的运营策略充分发挥效用，前提是做好客户信息的收集工作。商家要做到比客户还了解他们自己，收集客户信息时应以客户为主体，而不是以自己的业务为主体。

进行以客户为中心的信息收集，不要一开始就着眼于整理与自己的店铺发生交易的客户的信息。店铺内产生的某笔交易也有可能是“真正的客户”临时借用伙伴的ID下的单，如果商家收集了这种“偶然性交易”信息，往往只会对以后的信息分析产生干扰。在进行客户信息收集时，商家需要先站在客户的角度，审视哪些信息可能与交易有关系。一般来说，商家需要收集的客户信息主要涉及以下几个基本维度，如图 3-1 所示。

图 3-1　客户信息收集的基本维度

3.1.2　客户信息的主要内容

在商务交流中，客户可分为个人客户和企业客户两种类型，因此客户信息也分为个人客户信息和企业客户信息。

1. 个人客户信息

个人客户信息包括 3 个方面的内容，即客户的基本信息、客户的态度信息及客户的行为信息，具体内容如表 3-1 所示。

表 3-1　个人客户信息的主要内容

信息类型		具体内容	信息的价值
基本信息	客户自身的基本信息	姓名、性别、年龄、血型、联系方式、住址、邮箱等	会在一定程度上影响客户的消费要求与偏好
	客户的家庭信息	婚姻状况、配偶的生日、结婚纪念日、配偶的爱好、是否有子女、子女的姓名、子女的年龄、子女的生日、子女是否与父母同住等	会对客户的购买习惯造成影响
	客户的事业信息	就职单位、工作地点、工作职务、收入情况、对未来事业的规划、个人从业经历等	会在一定程度上影响客户的购买习惯及购买方式
态度信息	客户的个性信息	客户独特的心理特征，通常体现为性格特征，如外向、内向、自信、谨慎等	会对客户的购买速度、购买决策的制订造成影响
	客户的生活情况	客户的健康状况、兴趣和爱好、饮食习惯、生活态度、度假习惯等	会对客户的购买目标造成影响
	客户的受教育情况	受教育程度、所学专业、参加的社团等	会对客户的购买偏好及购买习惯造成直接影响
	客户的消费理念	是否追求潮流、是否看重商品的品牌、是否追求个性等	决定了客户对某些品牌或商品的感觉和态度，并由此影响他们对商品或品牌的选择
行为信息	客户的购买动机	通过挖掘客户某次购买行为的动机，了解其需求。例如，客户的购买动机或需求是否具有持续性，客户购买商品时主要的关注对象是什么，商品满足了客户哪些方面的需求等	商家需要在商品设计或再次销售中保持或完善这些信息，它们是商家对客户进行再次营销的切入点
	客户的购买种类	商家的商品往往不会只有一个种类、一个品牌，客户的购买需求也不一定是单一的，而往往是多样化的，因此商家需要关注客户的购买种类	了解客户购买的商品或服务的种类有助于商家了解客户的需求
	客户的购买途径	网上支付、货到付款、直接自取等	能帮助商家了解客户的购买偏好

2. 企业客户信息

企业客户信息分为企业的基本信息、业务情况、交易情况及负责人信息等，具体内容如表3-2所示。

表3-2 企业客户信息的主要内容

信息类型	具体内容	信息的价值
基本信息	企业客户的名称、地址、创立时间、所属行业、规模、联系方式、经营理念、销售或服务区域、形象、声誉等	会对企业客户的购买行为和偏好造成较大的影响
业务情况	企业客户的销售能力、销售业绩、发展趋势和前景、存在的问题等	能帮助商家根据客户的不同情况制订具有针对性的商品生产和销售计划，有利于商家实施“大客户”策略，对具有较强能力、业绩良好且有发展前途的企业客户给予更多的关注，并与他们建立良好的关系
交易情况	企业与客户的历史交易记录，包括交易条件、企业客户的信用情况、企业客户的合作意愿、与企业客户的关系等	能帮助商家了解客户的诚信情况
负责人信息	企业客户主要负责人的信息，包括企业客户的所有者、经营管理者及法人代表的姓名、年龄、学历、爱好、性格特征等	企业客户的主要负责人会在一定程度上影响企业客户的购买决策的制订

3.2 客户信息的收集

要建立一个成熟的客户资料库，需要有稳定、可靠的信息数据。因此，商家需要建立多渠道集成的客户信息收集平台，多方收集客户数据，为后续客户资料库的建立及客户信息的分析提供数据支持。

3.2.1 客户信息收集的渠道

客户信息收集的渠道分为直接渠道和间接渠道两种，每一种渠道又包括多种细分渠道，如图3-2所示。

图3-2 客户信息收集的渠道

1. 直接渠道

直接渠道是指商家的店铺内部的数据库。店铺内部的数据库中存储着大量的客户信息，因此商家从中可获得丰富的客户信息。

（1）市场调查

店铺的调查人员通过电话调查、问卷调查、面谈等方法获取客户的第一手资料，也可以借助仪器来观察并记录客户的行为，并从观察和记录中获得有效的客户信息。

（2）服务过程中

商家可以在为客户提供服务的过程中增加对客户的了解，并收集有效的客户信息。在商家为客户提供服务的过程中，为了满足自己的需求，客户通常会直接且毫无避讳地向商家表达自己对商品的需求、对商品的看法或期望、对服务的评价和要求、对商家竞争对手的看法，以及身边朋友对商品的需求和购买意愿等。因此，商家在为客户提供服务的过程中，可以获得大量有效且准确的信息，所以为客户提供服务是收集客户信息的重要途径。

此外，客户服务记录、客服中心热线通话记录，以及商家使用的其他客户服务系统也是收集客户信息的有效渠道。

（3）营销活动

营销活动是商家进行推广宣传的手段，也是商家与客户进行沟通的有效方式。商家发布广告后，潜在客户或目标客户看到广告后可能会与商家取得联系。商家一旦得到客户的回应，就可以将这些客户的信息保存下来以备后续使用。

（4）商务谈判

在商家与客户的交易往来过程中，客户的询价方式、对商品细节的咨询情况、付款速度等信息不仅能反映出客户的消费偏好与消费风格，也能反映出客户关注的问题及其对交易的态度等信息。因此，商家与客户因沟通、交流产生的诸多文件、文本也是收集客户信息的良好渠道，商家可以从中获得有效的客户信息。

此外，商务谈判也会体现出企业客户的经营作风、经营能力，以及其对交易的态度等。同时，客户的资本、信用、目前的经营状况等资料也会在谈判中有所涉及，因此商务谈判是收集企业客户信息的有效途径之一。

（5）客户投诉

对商家来说，处理客户投诉的过程也是收集客户信息、深度挖掘客户需求的过程。面对客户投诉，商家需要与客户沟通，了解客户投诉的原因、客户投诉的诉求等，并与客户协商投诉处理方案。在这个过程中，商家可以收集关于客户的有效信息。此外，商家可以对客户投诉进行分析和整理，建立客户投诉档案，为日后改进服务、开发新商品提供基础的数据资料。

（6）销售终端

销售终端是商家直接接触终端客户的前沿阵地，商家在销售终端能与客户进行面对面的接触，从而收集到客户的第一手资料。例如，商家通过鼓励客户办理会员卡，让客户提供自己的基本情况，如联系方式、地址、性别和年龄等信息，当客户购物时，商家只需让客户提供会员卡即可获得客户的购买信息，如客户购买的商品的品牌、数量、档次、价格等。这样商家就可以大致了解客户的消费水平、消费偏好，以及客户对商品价格和促销活动的敏感度等。

2. 间接渠道

间接渠道就是店铺外部的能让商家获得有效的客户信息的渠道，主要包括以下几种。

（1）网络搜索

在互联网时代，网络是人们搜集信息的必选渠道之一。商家可以借助搜索引擎、网络黄页、行业网站等网络平台来搜集客户的相关信息。这种渠道的优点是覆盖面广、包含的信息量大。但商家在使用由该渠道搜集的信息之前需要对信息进行筛选，以保证信息的准确性。

（2）老客户

老客户是商家极具价值的资源，他们通常已经与商家形成了良好的互信关系，而且更加了解客户的需求和其他客户的信息。因此，商家可以通过与老客户沟通来搜集其他客户的信息。由这种渠道搜集而来的信息比较具体，而且具有较强的针对性，但容易带上老客户自身的主观情感。

（3）展会

各地区或各行业会不定期地举办展会，这些展会通常会吸引很多人参加，客户群集中且针对性较强，因此各种展销会、博览会、洽谈会都是迅速收集客户信息的渠道。

（4）专业机构

有些专业的咨询公司会向外界提供专业的分析报告，这些信息有些需要付费，有些是免费的。商家可以与这些专业机构保持联系，以获得有效的客户信息。

（5）数据采集

数据采集，又称数据获取，是指利用一种装置从系统外部采集数据并输入系统内部。目前，常用的数据采集渠道有 4 种，即传感器、日志文件、网络爬虫和网站开放 API。

① 传感器

传感器通常用于测量物理变量，如声音、温湿度、距离、电流等。传感器将测量到的量值转化成数字信号，传送至数据采集点，从而让物体产生触觉、味觉和嗅觉等知觉，让物体“活”起来。

② 日志文件

日志文件是用于记录系统操作事件的记录文件或文件集合，可分为事件日志和消息日志。日志文件具有处理历史数据、追踪诊断问题，以及理解系统的活动等重要作用。商家可以使用日志文件采集工具来采集日志数据。

③ 网络爬虫

网络爬虫是一种按照一定的规则，根据网页的结构自动抓取不同互联网站点（或软件）信息的程序或脚本。简单来说，网络爬虫就是按照一定规则编写好的脚本程序，当开始运行时，它就会按照预定的规则抓取相应网页上的信息。网络爬虫能将非结构化数据从网页中抽取出来，将其以结构化的方式存储为统一的本地数据文件。网络爬虫支持采集文字、图片、音频、视频等文件或附件，且附件与正文可以自动关联。

④ 网站开放 API

应用程序接口（Application Programming Interface，API）是一些预先定义的接口（如函数、HTTP 接口），或指软件系统不同组成部分衔接的约定。开放 API 就是开放应用程序接口，以让别人的程序能够调用程序数据。

3.2.2 客户信息收集的方法

客户信息的收集是客户信息管理的出发点和落脚点。商家可以广泛利用各种渠道和方法来开展客户信息的收集工作。

1. 当面访谈法

当面访谈法是指访谈者通过和受访人面对面地交谈来了解受访人的心理和行为的方法。当面访谈法应用范围非常广，商家使用这种方法能够简单、有效地收集多方面的资料。

当面访谈法的实施包括 5 个步骤，如图 3-3 所示。

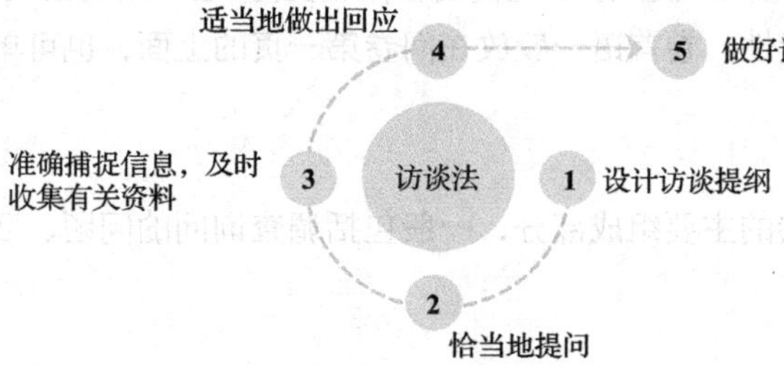

图 3-3　当面访谈法的实施步骤

（1）设计访谈提纲

一般访谈者在访谈之前要设计一个访谈提纲，明确访谈的目的和所要获得的信息，列出访谈的内容和要提的主要问题。

（2）恰当地提问

访谈者要想通过访谈获得所需资料，在提出问题时需要注意 3 个事项。首先，问题的表述要简单、清楚、明了、准确，并尽可能地适合受访者，访谈的问题应该由浅入深、由简入繁，而且要自然过渡；其次，提出的问题应有开放型问题与封闭型问题、具体型问题与抽象型问题、清晰型问题与含混型问题之分，访谈者要懂得选择合适的提问方式；最后，访谈者要懂得适时、适度地追问，无论是提问还是追问，问的方式、内容都要适合受访者。

（3）准确捕捉信息，及时收集有关资料

用当面访谈法收集资料的主要形式是“聆听”，“聆听”可以在不同的层面上进行：表现在态度上，访谈者应该是“积极关注地听”，而不应该是“敷衍地或消极地听”；表现在情感层面上，访谈者要“有感情地听”和“共情地听”，避免“无感情地听”；表现在认知层面上，访谈者要随时将受访者所说的话迅速地纳入自己的认知结构中并加以理解和同化，必要时还要与对方对话，与对方平等交流。

此外，“聆听”还需要特别遵循两个原则：一是不要轻易地打断对方，二是要懂得容忍、沉默。

（4）适当地做出回应

访谈者需要做的不只是提问和聆听，还需要将自己的态度、意向和想法及时地传递给受访者。回应的方式多种多样，可以是如“对”“是吗”“很好”等言语行为，也可以是点头、微笑等非言语行为。此外，在回应时要注意避免随意评论。

（5）做好记录

访谈者要及时做好访谈记录，以备后续使用。访谈记录可以是文本形式的记录，也可以是录音或录像。

2. 问卷调查法

问卷调查法也称问卷法，是调查者运用统一设计的问卷向被调查者了解情况或征询意见的调查方法。使用问卷调查法时大多用邮寄、个别分送或集体分发等方式发送问卷。

问卷调查的一般程序如下：设计问卷，选择调查对象，分发问卷，回收和审查问卷，对问卷调查结果进行统计分析和理论研究。

问卷一般由卷首语、问题与回答方式、编码和其他资料 4 个部分组成。

（1）卷首语

卷首语是问卷调查的自我介绍。卷首语的内容包括问卷调查的目的、意义和主要内容，选择被调查者的途径和方法，对被调查者的希望和要求，填写问卷的说明，回复问卷的方式和时间，调查的匿名和保密原则，以及调查者的名称等。

为了引起被调查者的重视和兴趣，争取他们的合作和支持，卷首语的语气要谦虚、诚恳、平易近人，文字要简明、通俗、有可读性。卷首语一般放在问卷第一页的上面，也可单独作为一封信放在问卷的前面。

（2）问题与回答方式

问题与回答方式是问卷的主要组成部分，一般包括调查询问的问题、回答问题的方式以及对回答方式的指导和说明等。

（3）编码

编码就是把问卷中询问的问题和被调查者的回答，全部转变为 A、B、C 或 1、2、3 等代号或数字，以便运用计算机对调查问卷进行数据处理。

（4）其他资料

问卷中的其他资料包括问卷名称、被调查者的地址或单位（可以是编号）、调查者姓名、调查开始时间和结束时间、调查完成情况、审核员姓名和审核意见等。这些资料是对问卷进行审核和分析的重要依据。

此外，有的问卷还有结束语。结束语可以是简短的几句话，用于对被调查者的合作表示真诚感谢；也可稍长一些，顺便征询被调查者对问卷设计和问卷调查的看法。

要提高问卷的回复率、有效率和回答质量，调查者在设计问题时应该遵循以下原则，如图 3-4 所示。

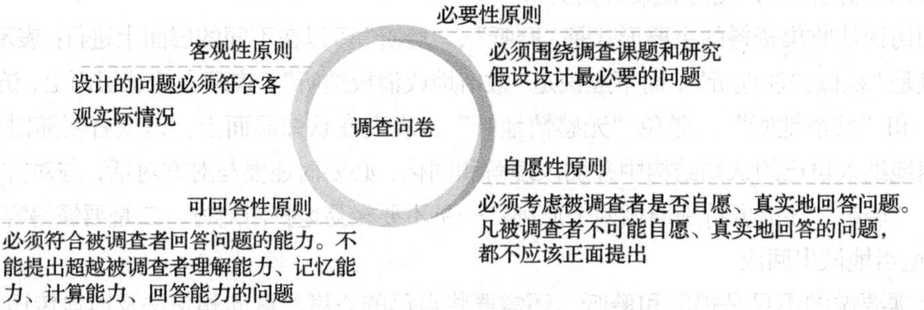
必要性原则
必须围绕调查课题和研究假设设计最必要的问题
客观性原则
设计的问题必须符合客观实际情况
调查问卷
自愿性原则
必须考虑被调查者是否自愿、真实地回答问题。凡被调查者不可能自愿、真实地回答的问题，都不应该正面提出
可回答性原则
必须符合被调查者回答问题的能力。不能提出超越被调查者理解能力、记忆能力、计算能力、回答能力的问题

图 3-4 调查问卷问题设计需遵循的原则

3. 网络爬虫

（1）使用编程语言编写网络爬虫采集数据

从编程语言的角度来说，人们可以用任意一种能够发起 Web 请求的语言来编写网络爬虫。例如，Python、Java、C# 等编程语言都可以用来编写网络爬虫。因此，具有一定编程语言基础的客服人员可以使用 Python、Java、C# 等编程语言编写网络爬虫采集客户信息。

（2）使用网络爬虫工具采集数据

为了便于客服人员使用网络爬虫从网络上收集信息，市场上出现了很多网络爬虫工具，如八爪鱼。这些工具能使整个收集过程简化和自动化，客服人员即使不懂编程也能很轻松地利用它们采集网页上的数据，并将采集到的数据转化为符合自己需求的各种格式。

扫一扫

使用八爪鱼采集商品评价信息

3.3 客户信息的整理

俗话说："巧妇难为无米之炊。"在客户关系管理中，客户信息就是管理者的"米"。在收集了客户的相关信息之后，客户管理人员应该根据自身的发展目标对这些信息进行科学的整理，深度挖掘客户价值，将店铺最优质的资源匹配给最有价值的客户。

3.3.1 客户信息整理的逻辑

在整理客户信息时，客户管理人员可以借助现代企业常用的客户漏斗管理模式来对客户信息进行有效的整理。按照客户漏斗模型，对客户信息的整理通常需要经历以下 3 个阶段。

1. 明确目标市场

根据店铺商品的定位，先确定哪些客户会对自己店铺的商品产生需求，然后根据收集到的相关客户信息分析这些客户对自己店铺商品需求量的大小，最后根据分析结果将客户进行合理的分类。客户管理人员通过以上过程可以筛选出对商品需求量大的客户，那么这些客户就可以被列为重要的潜在客户，需要加以认真对待。

2. 明确潜在客户

潜在客户就是目标市场中具有购买意向的客户。但是，客户是否具有购买意向，客户管理人员需要充分利用公司各项资源对其进行分析，通过分析确定哪些客户具有较强烈的购买意向，哪些客户根本没有购买商品的意向。

3. 明确目标客户

目标客户是指有明确的购买意向、有购买力且可以在短期内达成交易的潜在客户。需要注意的是，整理客户信息必须要确认客户是否具有购买力，即客户是否有能力购买我们推销的商品或服务。这主要分为 3 种情况：第一种是客户的购买意向非常明确，但其暂时不具备购买能力；第二种是客户的购买意向非常明确，其也具备购买能力，但这种购买能力较弱；第三种是客户的购买意向非常明确，而且其拥有较强的购买能力。

显然，客服人员需要在第三种客户身上花费较多的时间和精力，以促成交易。对于第一种客户，客服人员可以将其暂时放在一边，但仍要与其保持联系；对于第二种客户，客服人员同样要与其保持联系，并且要积极地争取他们。

3.3.2 客户信息整理的实施步骤

在电子商务环境下，商家可以利用数据库对客户信息进行整合和管理，对客户未来的消费行为进行预测。具体来说，客户信息整理的实施包括以下步骤，如图 3-5 所示。

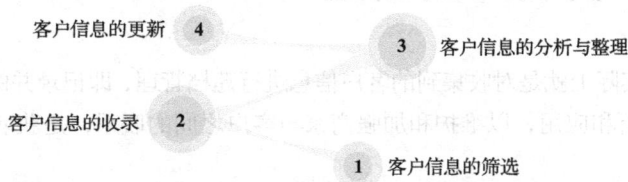

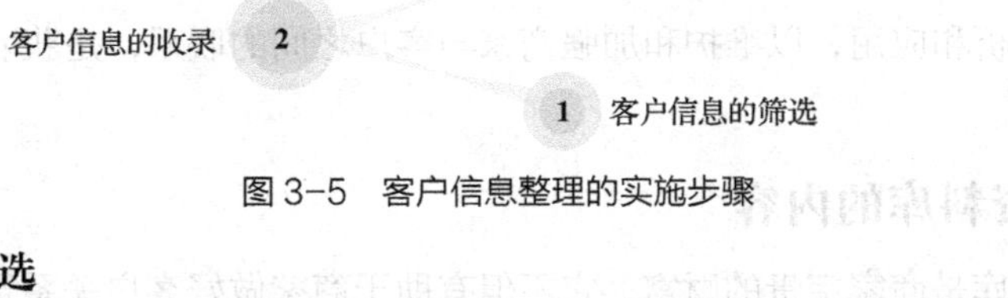

图 3-5　客户信息整理的实施步骤

1. 客户信息的筛选

商家运用多种方法收集到的信息并不能直接使用，商家需要对这些信息进行筛选和分类，这主要是两个方面的原因造成的。

第一，商家收集到的信息比较分散，例如，客户抱怨、投诉之类的信息由售后服务人员掌握着，关于客户的订单价、购买频率和付款时间等信息由售中客服人员掌握着，这些分散于不同部门的信息降低了商家掌握的客户信息的完整性；第二，我们不能保证通过多个渠道收集到的信息是完全准确的，很多时候从不同渠道收集到的关于同一个问题的信息可能是完全相悖的。

因此，基于以上两个原因，商家需要对自己收集到的信息进行有效的筛选，从中找到有价值的信息。

2. 客户信息的收录

完成信息的筛选之后，商家需要将有价值的信息收录到数据库中。在收录信息的过程中，商家需要做好两点：一是给信息编码，便于查找信息和处理信息，同时加快数据运算处理的速度；二是要保证信息收录的准确性，既要保证信息来源的可靠性和真实性，又要保证信息收录过程的准确性，即信息在收录的过程中不会产生偏差。

3. 客户信息的分析与整理

只将客户信息收录到数据库中并不能让这些信息充分发挥它们的作用，收录信息的意义在于让商家更好、更快地对客户信息进行分析，并从中找到对店铺发展有价值的信息。

数据库能帮助商家全面了解客户的信息，例如，了解个人客户的年龄段、消费能力和性别占比等信息，让商家更清楚地知道自己所面对的客户群的特征。另外，数据库还能帮助商家进行客户行为分析，包括客户整体行为分析及群体行为分析。

整体行为分析，就是指对店铺的所有客户的行为规律的分析。但众多客户从行为表现上又可以被划分为不同的群体，这些群体有着各自不同的特征。因此，商家既要对客户整体行为特征有明确的了解，又要对不同的客户群乃至客户个人的特征有所了解，这样才能更好地协调自己与客户的关系。

4. 客户信息的更新

对商家来说，并非开展一次大规模的信息收集工作就可以一劳永逸了。商家在完成客户信息的收集之后，还需要对其进行及时更新。当前市场竞争日趋激烈，客户的需求和偏好随时会发生变化，如果商家不能及时了解客户的最新信息，不利用最新的数据分析客户行为特征，就不能准确掌握客户的最新需求。一旦对客户特征的把握存在偏差，就会严重干扰商品设计、客户沟通策略的设计，进而造成店铺的营销无法达到预期效果。

对客户信息进行更新是为了通过新信息及时了解客户的行为特征发生了哪些变化，所以客户信息的更新要注重及时性。此外，更新客户信息还包括对无用信息的淘汰，以避免数据库长期被无用资料占据导致资源浪费，提高数据库的利用率。

3.4 客户资料库的创建

创建客户资料库实际上就是对收集到的客户信息进行建档管理，即记录并保存客户的各项信息，并对其进行整理、分析和应用，以维护和加强商家与客户之间的联系，是获取竞争优势的重要手段和有效工具。

3.4.1 客户资料库的内容

完备的客户资料库是商家宝贵的财富，它不但有助于商家做好客户关系管理方面的工作，而且对商家经营决策的制订有着重要的影响。

一般来说，客户资料库包括 3 个方面的内容，如表 3-3 所示。

表 3-3　客户资料库的主要内容

客户资料库的构成	内容
客户原始资料	客户的基础资料，它往往是商家获得的关于客户的第一手资料，如客户的个人信息、交易记录等
统计分析资料	商家通过调查分析或向第三方购买等方式获得关于客户的资料，包括客户对店铺的态度和评价以及与其他竞争对手的交易情况等
店铺投入记录	包括商家与客户进行联系的时间、方式的记录，为客户提供的商品和服务的记录，为争取和保持客户所支出的费用记录等

3.4.2　客户资料库的表现形式

客户资料库的表现形式一般有 3 种，如图 3-6 所示。

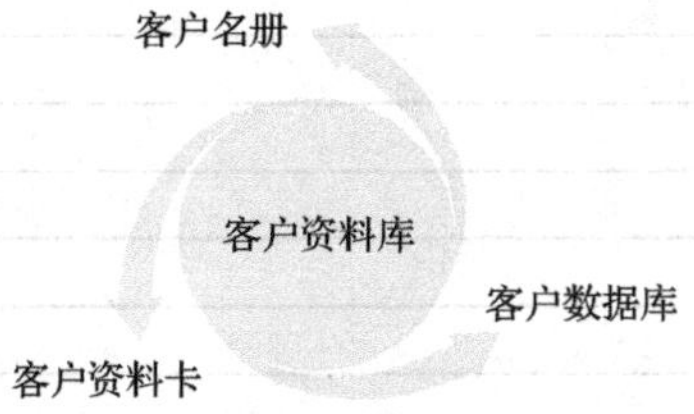

图 3-6　客户资料库的表现形式

1. 客户名册

客户名册是对客户情况的综合记录，由客户登记卡和客户一览表两部分组成。其中，客户登记卡记录的主要是客户的基本情况；客户一览表根据客户登记卡中的资料对客户名称、地址等内容进行排序。

根据客户类型的不同，客户名册所记录的内容也有所不同。个人型客户名册和企业型客户名册的主要内容如表 3-4 所示。

表 3-4　客户名册的主要内容

客户名册的类型	客户名册的主要内容
个人型客户名册	客户的姓名、性别、地址、联系方式等基本信息，客户的家庭情况、教育经历、特殊兴趣、个人生活情况、业务背景资料及其他具有参考性的资料
企业型客户名册	客户的名称、地址、联系方式等基本信息，客户的经营理念和方针，客户的管理能力，客户的信用情况及声誉，客户与本店铺的业务情况，客户与本店铺的关系

客户名册具有操作简单、费用较低、容易使用和保存的优点；缺点是对客户信息反映得不够全面、缺乏动态性信息。

2. 客户资料卡

客户资料卡通常分为3类，即潜在客户调查卡、现有客户调查卡和流失客户调查卡，如表3-5所示。

表 3-5　客户资料卡的类型

客户资料卡	内容
潜在客户调查卡	记录潜在客户相关调查信息的资料卡，主要内容包括客户的基础信息，如姓名、性别、联系方式、需求等

续表

客户资料卡	内容
现有客户调查卡	记录当前与店铺存在交易的客户的资料卡，其内容不仅要包括客户的基础信息，还应该包括客户与店铺的交易情况，如交易时间、交易方式、交易金额等。同时，现有客户调查卡的内容应该随着时间的推移不断地进行补充和更新。如果一个客户停止了与店铺的交易活动，商家就应该将其转入流失客户中
流失客户调查卡	记录不再与店铺产生交易行为的客户的资料卡。流失客户资料卡应该明确记录客户流失的原因、时间及对客户的跟踪记录等

客户资料卡是记录客户信息的主要方式，其基本样式如表 3-6 所示。在实际操作中，商家可以根据实际需要制作适合自己店铺的客户资料卡。

表 3-6　客户资料卡的基本样式

客户名称	
地址	
联系方式	
购买商品	
购买数量	
订单金额	
购买日期	
付款方式	

3. 客户数据库

数据库是信息的中心存储库，是由一条条记录构成的，记载着相互联系的一组信息，多条记录连在一起就是一个基本的数据库。

客户数据库是商家运用数据库技术，全面收集现有客户、潜在客户和目标客户的综合数据资料，追踪并掌握他们的需求和偏好，并且进行深入的统计、分析和数据挖掘，使营销活动更有针对性的一项技术措施。

一般来说，客户数据库的建立需要经过以下步骤，如图 3-7 所示。

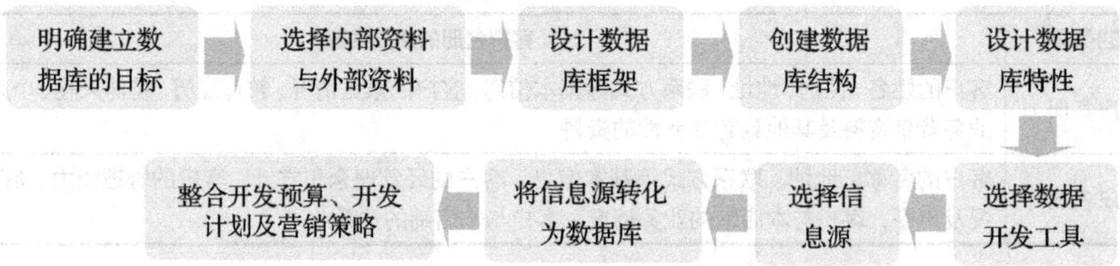

图 3-7　建立客户数据库的步骤

3.5 客户信息分析

在客户关系管理中，将客户信息进行整理并放入数据库中并不代表工作已完成，对客户信息进行整理正是为了以后更好地开展信息分析工作。电子商务客户信息分析是客户关系管理的重要内容，也是非常有价值的内容。采用科学、合理的方法对客户信息进行分析，有利于管理者找到新的商机，开发潜在市场，更好地满足客户需求，进而提升客户满意度和忠诚度。

3.5.1　开展客户信息分析的必要性

开展客户信息分析的必要性主要表现在以下几个方面。

1. 精准把握客户需求

商家要想精准地把握客户需求，就需要对客户有更深入的认知，对客户进行细分，理解不同客户群的特点，即进行市场细分。因此，商家需要运用数据挖掘等技术对收集到的客户信息进行反复提炼和剖析，从中找到与客户需求有关的更有价值的信息，并加以充分利用，从而为做出正确的经营决策提供支持。

2. 挖掘潜在市场

通过对客户信息进行整理和分析，商家能够挖掘潜在市场，得出能指导店铺运营的有价值的结论。通过分析客户的性别、年龄、收入水平等静态数据及客户的消费行为信息、购买商品的方式、历史消费记录、流失或转向竞争对手的记录等动态信息，商家可以了解该客户是否具有购买需求，预测其购买时间、购买数量及消费档次等信息，并为该客户制订专属的营销策略。

3. 完善售后服务

对售后服务满意度进行调查和回访，及时、有效地更新和完善客户信息，有利于提高客户服务水平，构建更高效、更完善的客户服务平台。

3.5.2　客户信息分析的内容

客户关系管理中的客户信息分析包括客户商业行为分析、客户特征分析、客户忠诚分析及客户价值分析等内容。

1. 客户商业行为分析

客户商业行为分析是指通过客户的资金分布情况、流量情况、历史交易记录等方面的数据来分析客户的综合状况，主要包括 4 个方面的内容，如表 3-7 所示。

表 3-7　客户商业行为分析的主要内容

商业行为分析	作用
商品分布情况	分析客户在不同地区、不同时段所购买的不同类型的商品数量，商家通过得到的分析结果可以获取当前营销系统的状态、各个地区的市场状况，以及客户的运转情况
客户保持力分析	通过对客户交易数据的详细分析，商家能够从中找出希望继续与之保持关系的客户，并将这些客户的名单发送至各个部门，以确保这些客户能够享受到相应的服务和优惠。细分客户的标准可以是单位时间交易次数、交易金额和交易周期等
客户损失率分析	通过对客户的交易数据进行分析，商家可判断客户是否准备与本店铺结束商业关系，或正在转向另一个竞争对手。对客户损失率进行分析的目的在于对已经被识别出的与本店铺结束了交易的客户进行评价，寻找他们结束交易的原因
升级 / 交叉销售分析	对即将结束交易的客户、有良好交易信用的客户或有其他需求的客户进行分类，便于商家识别不同的目标对象

2. 客户特征分析

通过整理并分析客户信息，商家可以了解客户的消费特征，进而针对有不同消费行为表现的客户制订个性化的沟通和营销策略。

（1）客户消费心理分析

客户根据自己的需求去店铺购物，在这一过程中，客户心理上产生的不同变化会驱使他们做出不同的决定——可以决定成交的商品数量甚至交易的成败。因此，商家需要对客户的消费心理进行分析，进而制订有针对性的营销策略。通常来说，网络购物中客户的消费心理有以下几种，如表3-8所示。

表3-8　网络购物中客户的消费心理

消费心理	特征	营销策略
求实心理	这是客户在购物时普遍存在的心理。他们要求商品必须具备实际使用价值，商品的质量、性能、价格等是他们尤其看重的	商家在商品描述中要突出“实惠”“耐用”等字眼，可以列举一些客户使用情况，以打消客户的疑虑
求名心理	客户想要彰显自己的地位和威望。他们注重商品的品牌，讲名牌、用名牌，以此来“炫耀自己”。尤其是在现代社会中，受名牌效应的影响，一些人在吃穿住上都追求名牌	客户消费的主要目的是显示和炫耀，因此商家在商品描述、价格上要突出自己的商品的知名与高贵
求新心理	有些客户喜欢追求新颖，他们购物时重视“时髦”和“奇特”	商家对商品的介绍要突出“时髦”“奇特”等特点，商品的图片要鲜艳
求美心理	爱美是人的本能，一些客户尤其喜欢追求商品的欣赏价值和艺术价值。他们在选择商品时看重的是商品本身优美的造型、鲜亮的色彩，注重商品对人体的美化作用、对环境的装饰作用，以达到艺术欣赏和精神享受的目的	销售化妆品、服装、首饰等商品的商家，要注意在商品的文字描述中突出商品的装饰作用
安全心理	客户看重的是商品使用过程中和使用以后的安全性，如食品的保质期、药品有无副作用、洗涤用品有无化学反应、电器有无漏电现象等	商家应向客户强调商品的安全性，可以出示相关安全证书及质量保证书
偏好心理	客户主要是为了满足个人的特殊爱好和情趣，这种偏好心理往往与某种专业、知识、生活情趣等有关。有偏好心理的客户喜欢购买某一类型的商品，他们的购买行为往往比较理智，指向也比较稳定，具有经常性和持续性的特点	商家应了解客户的喜好，在商品描述中可以使用“值得收藏”之类的词语
求利心理	这种心理的核心是“廉价”。客户在选购商品时，往往会将同类商品进行多方对比，从中选择最物美价廉的商品；他们还喜欢选购打折或促销的商品，只要商品经济实惠，他们一般都会购买	商家应突出商品的价格优势，可以利用折扣、赠品等促销方式留住客户
仿效心理	这是一种典型的从众心理，体现为追求不甘落后或“胜过他人”。有这种心理的客户对社会风气和周围环境非常敏感，总想跟着潮流走。他们往往不是因为急切需要才购买某种商品，而是为了追赶潮流、超过他人，借以求得心理上的满足	商家可以在商品描述中添加“多人好评”等文字，并在价格上提供实惠
疑虑心理	这是一种“思前顾后”的购物心理。有这种心理的客户总是担心“上当”“吃亏”，总是对商品的质量、性能、功效持怀疑态度，因此会反复向客服询问，仔细地检查商品，也非常关心商品的售后服务，直到心中的疑虑消除后才肯购买	商家应向客户强调自己商品的质量经得起考验，可以向客户展示已经购买过该商品的客户的评价
隐秘性心理	有这种心理的人在购物时不想让别人知道自己购买了何种商品，常常会采取“秘密行动”，他们一旦选中某件商品，在周围无人时就会迅速下单	商家应在与客户沟通时承诺为其保证隐秘性，可以在包装、快递单据上做到保密

（2）客户消费行为分析

不同的客户信息透露出来的客户消费特性和购物习惯各不相同，因此借助客户信息分析，准确把握客户的类型和消费行为表现，并掌握应对方法，可以让销售工作事半功倍。

① 理智型客户。这类客户受教育的程度往往较高，做事有较强的原则性和规律性，所以他们购物时也比较理智，原则性强、购买速度快、确认付款速度快。他们通常会对要购买的商品进行认真的研究，并在多家店铺进行对比，研判最适合自己的是哪一种，然后才会选择购买。

一般来说，他们最看重的是自己是否需要这件商品及商品自身的优缺点。他们对商家也会非常负责，会及时付款、确认收货并给出评价。

面对这种类型的客户，商家要保持理智，给予他想要的东西，尽最大努力满足他的需求。通常这样的客户在购买前已经心中有数，商家要做的是利用自己的专业知识，为客户分析商品的优势与劣势，帮助他们下定决心购买。如果商家强行向他们推销宣传，只会引起他们的反感。而且如果商家不能以专业的态度介绍商品，他们会认为商家缺乏足够的专业知识，进而对商家产生怀疑。

② 谨小慎微型客户。与线下交易相比，网络购物的确会让一些人生出不安全感。这类客户又比较谨慎，在挑选商品时考虑得比较多，多方对比，还可能会因为犹豫不决、担心购买后上当而放弃购买。

面对这样的客户，商家就需要用热情、真诚的态度打动他们，寻找双方的共同点，缓解客户的紧张情绪，让客户把自己当作朋友，中肯地向客户介绍自己的商品，注意千万不要夸大其词，否则会适得其反；另外，也可以通过一些有力的证据向客户证明自己的实力。

③ 冲动型客户。这种类型的客户比较感性，购物多凭借一种瞬间产生的购买欲望，因此他们经常会购买一些对自己来说毫无用处的商品。他们购物大多以观感为主，喜欢追求一些新商品、新服务项目。这样的客户如果接触到一件合适的商品就会迅速做出购买决定，不会再反复对比。

由于此类客户在选购商品时容易受到商品外观和广告宣传的影响，因此商家做好商品描述和店铺装修就非常重要。人接收的信息 80% 来源于视觉，即便不是冲动型的客户也喜欢逛漂亮的店铺。

④ 感情型客户。忠诚是这类客户最大的特点，他们非常看重个人感情。在与商家交流的过程中，这种客户非常友善、热情，对店铺价值观认同与否是影响他们购物的最直接因素。同时，在交易的过程中，他们会积极地与商家沟通。

这类客户比较稳定，一旦和商家建立起感情，就会成为商家最忠实的客户。因此，商家要注意打造符合店铺自身特点的品牌文化和情感氛围，增进客户与店铺的情感交流。商家要常常与这些客户进行感情沟通，如发货时赠送小礼物，或者在特殊的日子送上祝福，这样就会大大增进客户对店铺的情感。

⑤ 习惯型客户。这种类型的客户每次购物时往往什么都不会问就下单了，一般都是店铺的老客户。他们在第一次选择后，往往会为了方便，凭借以往的习惯和经验购买。这种购买不容易受他人影响，而且一般很少和商家沟通，交易的过程十分迅速。

对于这类客户，商家必须保持自己店铺商品的特性、品质及良好的服务，还要经常了解客户购买和使用商品的情况。

⑥ 舆论型客户。这类客户有一个鲜明的特点：愿意猜度别人的想法。他们看重的不仅是商品本身，还关心有多少人购买了这种商品，关心别人对这种商品的评价，他们的购买行为经常被他人意见左右。

既然外部环境的刺激会直接影响这类客户的购买决定，那么商家在与他们沟通时就要用积极的态度向他们做出正面的暗示，不仅要向他们介绍商品的功能、外界的广告宣传，还可以把购买该商品的客户的好评展示出来。

⑦ 随意型客户。这种类型的客户没有足够的购物经验，缺乏主见，往往是随意购买。对于这一类客户，商家要做的是为他们提供专业的意见，帮助他们做决定。当他们咨询客服人员时，客服人员能否为他们提供中肯且有效的建议是他们决定是否购物的重要因素。当这种客户无法拿定主意时，客服人员可以根据情况帮助他们下定决心，这样既能节省双方的时间，又能增强客户对店铺的信任。

⑧ 贪婪型客户。这种类型的客户喜欢砍价，而且会砍得非常“狠”，对商品非常挑剔，稍有不满意的地方就以差评要挟商家赔偿。这样的客户为了砍价往往会先对商品质量提出疑问，然后会质疑商品的价格，说别的店铺价格更低，最后就会讲价。他们收到商品后，如果商品有一点儿瑕疵，又常会找借口让商家退款或要求补偿等。

商家应对这样的客户要慎重，如果没有绝对自信的质量和店铺信用，建议不要接单。因为时间和人力都是成本，这样的客户贪婪起来往往没有止境，如果一味地满足他们的要求，店铺所耗费的精力要远远大于收益。如果一定要接受交易，也要注意保留聊天记录、图片、发货记录等证据，以便发生纠纷后帮助自己证明。

⑨ VIP型客户。这类客户通常非常自信，认为自己最重要。他们认为自己的看法都对，在购物时，一旦他们感觉自己受到了轻视，就会产生非常强烈的抵触心理。

对于这样的客户，商家要尽量顺着他们；当他们认为自己很懂行时，要沉住气，让其畅所欲言，并对他们的意见表示赞同，鼓励他们继续发表看法，让其产生满足感，而此时就是商家推销的最佳时机。

3. 客户忠诚分析

客户忠诚是基于客户对商家的信任度、与商家的来往频率、商家的服务效果、对商家的满意程度及继续接受同一商家服务的可能性的综合评估，可以根据具体的指标进行量化。留住老客户要比寻求新客户更加经济，保持与客户之间的不断沟通、长期联系，维系和增强与客户的感情纽带，是商家保持竞争优势的一种有效手段。

4. 客户价值分析

客户价值分析是指商家通过分析对客户的投入成本及从客户身上获得的收益，可以判断出哪些客户能为自己带来利润，是真正有价值的客户。

案例分析　良品铺子：洞察客户心声，满足客户的个性化需求

良品铺子创立于2006年，是国内知名休闲零食品牌。目前，该品牌已经覆盖肉类零食、坚果炒货、糖果糕点、果干果脯、素食山珍等多个品类、十余种的产品组合，有效地满足了不同客户群体在不同场景下的多元化休闲食品需求。

早在2016年，良品铺子就搭建并上线了“全网顾客心声”系统，收集并分析客户评论和投诉，从客户的角度出发来发现企业或产品中存在的问题。同时，该品牌还会专门组织团队从天猫、京东线上平台和线下门店全渠道收集并分析客户反馈，研究客户的需求是什么。

良品铺子通过分析客户反馈，发现客户消费需求的变化，从而建立不同的决策场景，并根据不同的场景提供个性化的产品和服务，以满足客户多样化的需求。例如，良品铺子通过数据分析发现，一些经典产品的销量一般比较稳定，但一些具有新奇感的新款产品也会引起客户的“尝鲜热”。因此，良品铺子不断研发新品，拓展产品品类，以实现在休闲零食品类中更全面的覆盖。

借助“全网顾客心声”系统，良品铺子将客户投诉转变为企业发展的动力。良品铺子开发的千余款零食，全部都是通过从客户研究和大数据分析中获取精确的客户画像，对人群和消费场景进行重新模拟，站在客户的角度研发出来的，最大限度地满足了客户需求，同时扩大了市场份额。

阅读以上内容，说一说品牌商为什么要重视对客户反馈进行收集和分析，以及品牌商收集客户信息的方法有哪些。

【课后习题】

1. 根据个人客户需要收集的信息，举例说明客户的家庭信息、个性信息对客户购买偏好的影响。

2. 某淘宝男装店铺为了更详细地了解男性网购者的消费习惯，决定对客户信息进行收集、整理与分析。请说明该店铺应该收集的信息有哪些，并完成客户登记卡的设计。

第4章

客户满意度管理：从客户满意度到客户优越感

学习目标

- 了解客户满意的特征及内容层次。
- 掌握影响客户满意的因素。
- 掌握客户满意度测评指标体系的构成。
- 掌握客户满意等级的设计方法。
- 掌握做好客户期望管理的方法。
- 掌握提升客户感知价值的方法。

在现代日趋激烈的市场竞争中，商家要立于不败之地，固然会受到很多因素的影响，但客户满意度在其中发挥着至关重要的作用。作为服务管理的重要内容，客户满意度管理越来越受到商家的重视。如何利用客户满意度管理真正提高客户满意度，如何解决客户满意度管理中出现的一系列问题，需要商家在实践中不断地摸索。

案例导入

百草味：坚持客户至上，不断优化客户的消费体验

在消费升级的背景下，人们购买休闲零食的动机更加复杂，对商品质量、服务和购物体验也都有了更高的要求。作为国内零食品牌，百草味深度洞察客户需求，始终坚持客户至上的原则，通过对商品、服务、渠道等多方面进行升级优化，最大化地满足客户需求，不断优化客户的消费体验，有效提高了客户的满意度，迅速获得了更多客户的支持。

（1）不断对商品进行迭代升级

百草味通过深度分析客户需求，不断对商品进行迭代升级。以夏威夷果为例，在市场上普遍只有原味这一口味时，百草味率先推出了炼乳口味的夏威夷果，为客户提供了更多的选择。同时，了解到夏威夷果剥壳难的痛点，百草味又率先推出 300 度“大开口”夏威夷果，让客户在食用夏威夷果时能够轻松“破壳”。

针对“每日坚果”这款商品，百草味了解到客户反馈的坚果混装会损坏坚果和果仁的品质、口感这一痛点之后，对“每日坚果”的包装进行了升级，推出了干湿区分离的“锁鲜装”，极大地优化了客户的消费体验。

（2）从人群和场景维度打造新品

在深度了解客户、解决消费痛点、优化客户的消费体验外，百草味还凭借强大的创新能力，基于不同人群的消费特征为客户创造需求，通过挖掘多商品、多元化的消费场景，从人群和场景维度打造新品。

例如，百草味的“百味千寻”系列以时令场景需求为依据，用不同时令、不同组合的吃法为客户提供了“四季分明”的美食体验方式，从情感上满足了客户对体验饮食文化的需求。此外，百草味还推出了针对健身人群的“今日能量”系列商品，满足人们日常社交需求的“一个礼由”系列商品，以及针对情感世界丰富的大学生人群的“抱抱团”系列商品。

（3）优化物流体验

百草味在分析客户需求的基础上，依据消费数据在全国各个地区陆续建成了多个仓储物流中心，通过就近仓储配送体系，保证全国 70% ~ 80% 的地方能够实现“次日达”，为客户创造更好的物流体验。

（4）布局线下门店，构建即时消费体验

在销售渠道上，百草味坚持线上线下协同发展，通过“直营＋联盟”的方式布局线下门店，满足客户线下购物的需求。在布局线下门店时，百草味从场景维度出发，针对商圈、地铁、写字楼、社区等不同场景推出不同形式的线下门店，不同形式的线下门店会有不同的门店设计、商品、定价等，满足了不同场景下客户的不同需求。例如，在地铁圈的门店内，百草味推出了一款“坚果嘭嘭”饮料，很好地满足了乘坐地铁上班的人群追求健康早餐的需求。

4.1 什么是客户满意

客户满意对企业的客户关系管理有着重要的影响。如果客户对商家的商品或服务感到满意，就会将他们的消费感受通过口碑传播给其他客户，从而帮助商家提高商品的知名度，提升店铺的形象，

为店铺的长远发展不断注入新的动力。商家只有让客户满意，客户才可能持续购买。

4.1.1　客户满意的特征

客户满意是指客户将一个商品可感知的效果（或结果）与期望值相比较后，所形成的愉悦或失望的感觉状态。

亨利·阿赛尔认为："客户满意取决于商品的实际消费效果和客户预期的对比，商品的实际消费效果达到客户的预期就会导致客户满意，否则就会导致客户不满意。"

菲利普·科特勒认为："满意是指个人通过将商品的可感知效果与他的期望值相比较后所形成的愉悦或失望的感觉状态。"

总体来说，客户满意是一种心理活动，是客户的需求被满足后形成的愉悦感或状态，是客户的主观感受。当客户的感知没有达到期望时，客户就会不满、失望；当感知与期望一致时，客户是满意的；当感知超出期望时，客户感到"物超所值"，就会很满意。图 4-1 所示为客户满意的决定模型。

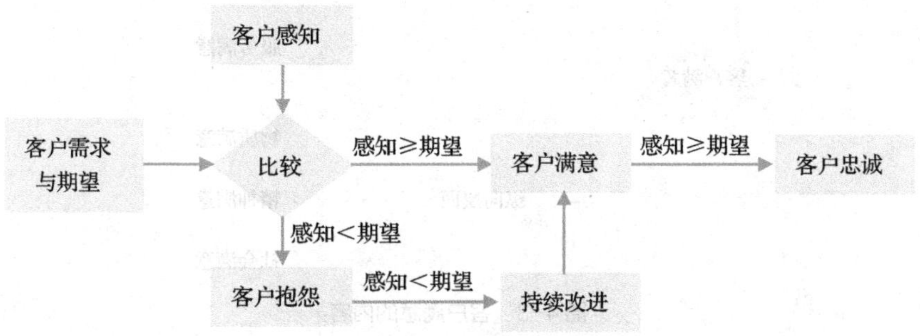

图 4-1　客户满意的决定模型

由客户满意的概念，我们可以归纳出客户满意的 4 个特征，如图 4-2 所示。

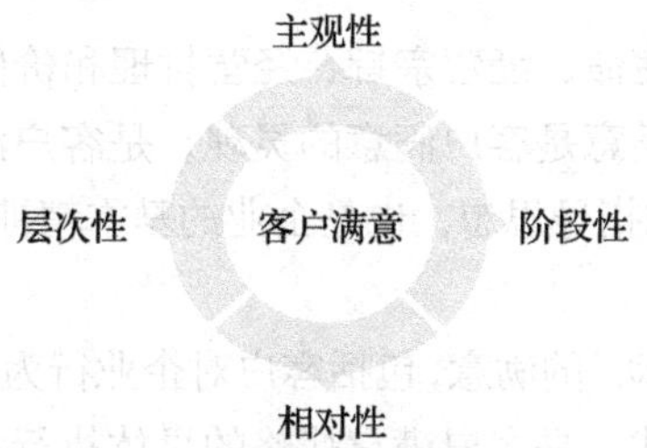

图 4-2　客户满意的特征

1. 主观性

客户满意的主观性是指客户的满意程度是建立在其对商品和服务的体验上的，感受的对象是客观的，而结论是主观的。客户满意的程度与客户自身的条件（如知识和经验、收入状况、生活习惯、价值观念等）有关，还与媒体传闻等有关。

2. 层次性

客户满意的层次性是指有不同层次需求的客户对商品和服务的评价标准不同，因此不同地区、不同类型的客户或同一个客户在不同条件下对某个商品或某项服务的评价也不尽相同。

3. 相对性

客户满意的相对性是指客户对商品的技术指标和成本等经济指标通常不熟悉，他们习惯于把购买的商品和其他同类商品，或者与以前的消费经验进行比较，由此形成的满意或不满意状态具有相对性。

4. 阶段性

客户满意的阶段性是指任何商品都具有生命周期，服务也有时间性，客户对商品和服务的满意程度来自过去的使用体验，是在过去多次购买的过程中逐渐形成的，因而呈现出阶段性。

4.1.2 客户满意的内容层次

客户满意因人、因时、因地而有所不同，客户在接受商品或服务时获得的满意程度和满意层次是不一样的。客户满意的内容分为横向层面和纵向层面，不同层面又包括不同的内容，如图4-3所示。

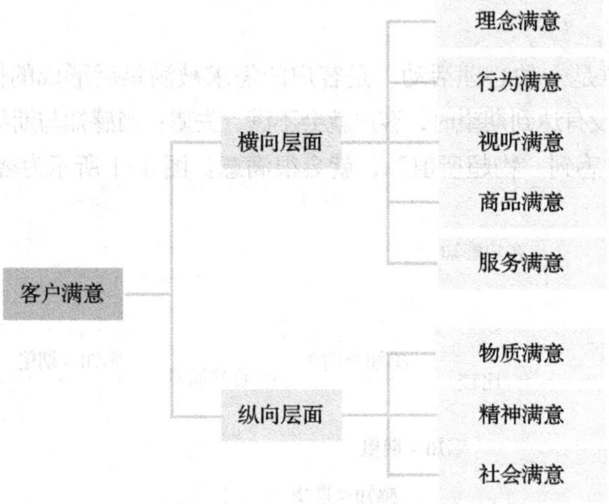

图4-3 客户满意的内容

1. 横向层面

客户满意的横向层面包括理念满意、行为满意、视听满意、商品满意和服务满意5个层次。

（1）理念满意

理念满意是指企业的精神、使命、经营宗旨、经营哲理和价值观念等带给企业内部客户和外部客户的心理满足状态。企业理念满意是客户满意的灵魂，是客户满意最主要的决策层。令客户满意的企业经营理念是企业全部行为的指导思想，也是企业的基本精神所在。

（2）行为满意

行为满意是指客户对企业“行动”的满意，包括客户对企业行为机制、行为规则和行为模式的满意，它是理念满意诉诸计划的行为方式，是客户满意战略的具体执行和运作。行为满意就是建立一套系统完善的行为运行系统，这套系统被全体员工认同和掌握，系统运行的结果将带给客户最大限度的满意，且能保证企业获得最佳经济效益和社会效益。

企业在行为满意的实现过程中要做到了解和认识客户，从客户的角度出发，全面为客户服务。只有全面掌握了客户的心理需求和需求倾向，企业才能及时、准确地推动令客户满意的商品或服务的产生。

（3）视听满意

视听满意即企业可听性和可视性的外在形象带给内外客户的心理满足状态。

可听性满意包括企业的名称、商品的名称、企业的口号、广告语等给客户在听觉上带来的美感和满意度。

可视性满意是客户满意直观可见的外在形象，是客户认识企业的快速化、简单化的途径，也是企业强化公众印象的集中化、模式化的手段。企业是否拥有一套视觉满意系统，将直接影响客户对企业的满意程度。可视性满意包括企业的标志满意、标准字满意、标准色满意及这3个基本要素的应用系统满意等。

（4）商品满意

商品满意即商品带给客户的心理满足状态，它包括商品品质满意、商品时间满意、商品数量满意、商品设计满意、商品包装满意、商品品位满意、商品价格满意等。

（5）服务满意

服务满意即企业整体服务带给内外客户的心理满足状态，它包括绩效满意、保证体系满意、服务的完整性及方便性满意，以及情绪 / 环境满意等。

2. 纵向层面

客户满意的纵向层面包括物质满意、精神满意和社会满意 3 个层次。

（1）物质满意

物质满意是客户在对企业提供的商品或服务的消费过程中所产生的满意。物质满意的支持者是商品的使用价值，如功能、质量、设计、包装等，它是客户满意中最基础的层次。

（2）精神满意

精神满意是客户在对企业提供的商品的形式和外延层的消费过程中产生的满意，是客户对企业的商品给他们带来的精神上的享受、心理上的愉悦、价值观念的实现、身份的变化等方面的满意状况。精神满意的支持者是商品的外观、色彩、装潢品位和服务等。因此，商品仅满足客户物质层面的需求是不够的，企业还应该在商品生命周期的各个阶段采取不同的营销手段和服务方式，赋予商品人情味，迎合客户精神层面的需求。

（3）社会满意

社会满意是客户在对企业提供的商品的消费过程中所体验到的社会利益的维护程度。社会满意的支持者是商品的道德价值、政治价值和生态价值。商品的道德价值是指在商品的消费过程中不会产生与社会道德相抵触的现象；商品的政治价值是指在商品的消费过程中不会产生导致政治动荡、社会不安的现象；商品的生态价值是指在商品的消费过程中不会产生破坏生态平衡的现象。

4.1.3　影响客户满意的因素

客户满意或不满意的感觉及程度主要受到以下因素的影响，如图 4-4 所示。

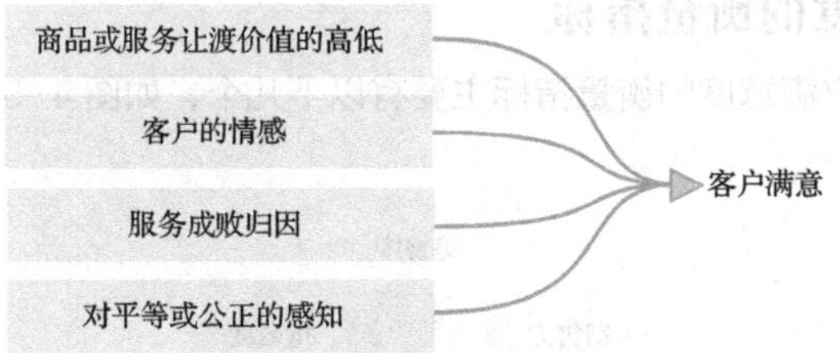

图 4-4　影响客户满意的因素

1. 商品或服务让渡价值的高低

客户对商品或服务的满意会受到商品或服务让渡价值高低的影响。如果客户得到的让渡价值高于期望值，就倾向于满意，差额越大则越满意；反之，如果客户得到的让渡价值低于期望值，就倾向于不满意，差额越大就越不满意。

2. 客户的情感

客户的情感同样可以影响其对商品或服务的满意。这些情感可能是稳定的、事先存在的，如情绪状态和对生活的态度等。非常愉快的时刻、健康的身心和积极的思考方式等都会对客户体验的服务的感觉有正面的影响；客户处在一种糟糕的情绪中时，就会将消沉的情感带入对服务的反应中，即便商品或服务只出现了一个小小的问题，或许也会引起他们的不满。

3. 服务成败归因

服务包括与有形商品结合的售前、售中和售后服务，归因是指客户对一个事件的原因进行推测和判断的过程。当客户因一种结果（服务比预期好得太多或坏得太多）而震惊时，他们就会试图寻找造成这种情况的原因，而他们对原因的评定就会对其满意度造成影响。例如，漏发的商品虽然补发了，但没有在客户期望的时间内送达，客户对这一原因的判定将会对其满意度造成影响。

如果客户认为是因为商家没有及时处理、发货，就会不满意甚至非常不满意；如果客户认为是因为自己下单时没有仔细检查订单，而且补发时物流较慢，其不满意程度就会减轻一些，甚至会认为商家漏发是情有可原的。

相反，对于商家给客户提供的惊喜赠品，如果客户认为“这是商家应该做的”或“现在的服务质量提高了”，那么这些惊喜赠品在提升这位客户的满意度上并不会发挥效用；如果客户认为“商家重视我才会为我提供这种服务”或“这个品牌重视与客户的情感连接才会这样做”，那么这些惊喜赠品就会大大提升客户对商家的满意度，进而使其将这种满意延伸到对品牌的信任上。

4. 对平等或公正的感知

客户的满意还会受到其对平等或公正的感知的影响。在购物时，客户会问自己：“和其他的客户相比，我是否得到了平等对待？与我获得的服务相比，其他客户在购物时是否得到了更好的待遇、更合理的价格、更优质的服务？我为这种商品或服务花的钱是否合理？以我花费的金钱和精力，我所得到的比其他人得到的多还是少？”公正的感觉是客户对商品或服务满意感知的中心。

4.2 客户满意度的测评

客户满意度是衡量客户满意程度的量化指标，它会对客户忠诚度造成直接影响，并最终影响商家的利润水平和竞争能力。因此，商家可以通过对客户满意度进行测评，帮助自己精准地找到进入市场的切入点，即满足客户需求和期望的切入点。

4.2.1 客户满意度的衡量指标

一般来说，常用的客户满意度的衡量指标主要有以下几个，如图4-5所示。

图4-5 客户满意度的衡量指标

1. 美誉度

美誉度是指客户对商家的褒扬态度。对商家持褒扬态度的客户，肯定对商家提供的商品或服务是满意的，即使本人不曾直接购买或使用该商家提供的商品或服务，也直接或间接地接触过该商家的商品或服务，所以他们可以作为满意者的代表。

2. 指名度

指名度是指客户指名消费某商家商品或服务的程度。如果客户对某种商品或服务非常满意，他们就会在消费过程中放弃其他选择而指定商家购买。

3. 回头率

回头率是指客户消费了该商家提供的商品或服务之后再次消费，或者如果可能，愿意再次消费或介绍他人消费的比例。

4. 抱怨率

抱怨率是指客户在消费了商家提供的商品或服务之后产生抱怨的比例。客户抱怨是客户不满意的具体表现，商家通过了解客户抱怨率就可以知道客户的不满意状况，所以抱怨率也是衡量客户满意度的重要指标。

5. 销售力

销售力是指商家的商品或服务的销售能力。通常来说，如果客户对商家提供的商品或服务比较满意，商品和服务就有良好的销售力；如果客户对商家提供的商品或服务不满意，商品和服务就不具备良好的销售力。

4.2.2 客户满意度测评指标体系

商家要想成功实施客户满意战略，就必须有一套衡量、评价与提高客户满意度的科学指标体系。建立客户满意度测评指标体系是客户满意度测评的核心部分，在很大程度上决定了测评结果的有效性和可靠性。

1. 客户满意度指数结构模型

客户满意度指数是由设在美国密歇根大学商学院的美国国家质量研究中心和美国质量协会共同发起并研究、提出的一个经济类指标。图 4-6 所示为客户满意度指数结构模型。

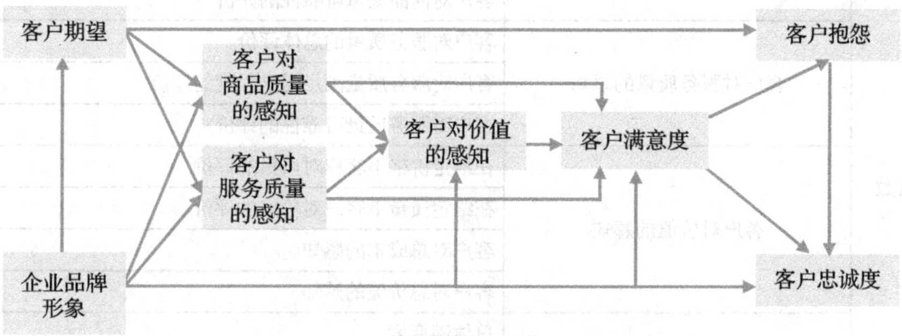

图 4-6 客户满意度指数结构模型

在整个模型中，企业品牌形象是外在变量，不会受到模型中其他变量的影响，但它会对其他变量造成一定的直接或间接的影响；客户预期只会受到企业品牌形象的影响，并且直接影响着客户对商品质量的感知、客户对服务质量的感知和客户抱怨；客户对商品质量的感知和客户对服务质量的感知直接影响着客户对价值的感知和客户满意度；客户对价值的感知只会对客户满意度造成影响。客户满意度有两个结果变量，分别为客户抱怨和客户忠诚度，客户抱怨对客户忠诚度有着直接影响。

2. 客户满意度测评指标体系的构成

客户满意度指数结构模型中的客户预期、客户对商品质量的感知、客户对价值的感知、客户满意度、客户抱怨和客户忠诚度均为隐变量，都是不可以直接测评的。我们需要将隐变量逐级展开，直到形成一系列可以直接测评的指标。这些逐级展开的测评指标就构成了客户满意度测评指标体系。

客户满意度测评指标体系是一个多指标的结构，运用层次化结构设定测评指标，能够由表及里、深入、清晰地表述客户满意度测评指标体系的内涵。通常来说，客户满意度测评指标体系分为 4 个层次较为合理。

每一个层次的测评指标都是由上一层次的测评指标展开的，而上一层次的测评指标则是通过下一层次的测评指标的测评结果反映出来的，其中客户满意度指数是总的测评目标，为一级指标，即第一层次；客户满意度指数结构模型中的企业品牌形象、客户预期、客户对商品质量的感知、客户对服务质量的感知、客户对价值的感知、客户满意度、客户抱怨和客户忠诚度等八大要素作为二级指标，即第二层次；根据不同的商品、服务、企业或行业的特点，八大要素可展开为具体的三级指标，即第三层次；三级指标可以展开为问卷上的问题，形成测评指标体系的四级指标，即第四层次。客户满意度测评的一级、二级、三级指标如表 4-1 所示。

表 4-1　客户满意度测评的一级、二级、三级指标

一级指标	二级指标	三级指标
客户满意度指数	企业品牌形象	企业品牌的总体形象
		企业品牌的知名度
		企业品牌的特性显著度
	客户预期	客户对商品或服务质量的总体期望
		客户对商品或服务质量满足需求程度的期望
		客户对商品或服务质量稳定性的期望
	客户对商品质量的感知	客户对商品质量的总体评价
		客户对商品质量满足需求程度的评价
		客户对商品质量可靠性的评价
	客户对服务质量的感知	客户对服务质量的总体评价
		客户对服务质量满足需求程度的评价
		客户对服务质量可靠性的评价
	客户对价值的感知	在给定价格下客户对质量的评价
		在给定质量下客户对价格的评价
		客户对总成本的感知
		客户对总价值的感知
	客户满意度	总体满意度
		客户将实际感受与服务水平相比得到的满意度
		客户将实际感受与预期服务水平相比得到的满意度
		客户将实际感受与竞争对手相比得到的满意度
	客户抱怨	客户是否产生抱怨
		客户是否投诉
		客户对投诉处理结果的满意度
	客户忠诚度	客户重复购买的可能性
		客户能接受的涨价幅度
		客户是否能抵制竞争对手的拉拢

由于客户满意度测评指标体系是依据客户满意度指数结构模型建立的，因此测评指标体系中的

一级指标和二级指标的内容基本上对所有的商品和服务都是适用的。

但是，电子商务与传统商务存在一定的不同之处。在电子商务中，除了商品本身的特性之外，互联网特有的非商品要素，如网站设计、物流、支付方式等也会对客户满意度造成影响。因此，电子商务中的客户满意度测评指标体系除了包括上述的 8 个二级指标外，还包括表 4-2 所示的指标。

表 4-2　电子商务客户满意度测评的特有指标

一级指标	二级指标	三级指标
客户满意度指数	信息质量	信息的准确性
		信息的完整性
		信息的易理解性
	响应时间	页面的加载速度
		网站的响应速度
	网店设计	网店的结构
		网店的易浏览性
		网店的色彩组合
		网店在浏览上的舒适性
	商品情况	商品种类的多样性
		商品的更新速度
		商品是否与实物相符
	支付方式	支付方式的多样性
		支付方式、流程是否简便
	客户服务	客服人员的服务态度
		客服人员的回应速度
		退换货政策的合理性
	安全 / 隐私	网络平台的安全性
		交易信息的安全性
		客户隐私的保护
	物流配送	发货的速度
		送货方式的满意度
		送达时间的准确性
		包裹的完整性

3. 建立客户满意度测评指标体系的原则

客户满意度测评指标体系是一系列相互联系的，能敏感反映客户满意状态及存在的问题的指标。在建立客户满意度测评指标体系时，商家需要遵循以下原则，如图 4-7 所示。

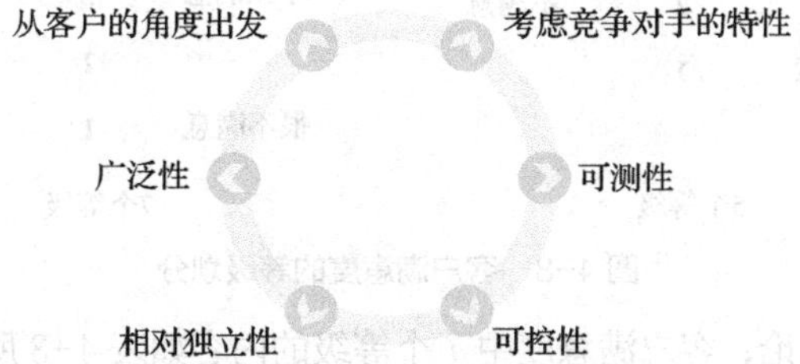

图 4-7　建立客户满意度测评指标体系的原则

（1）从客户的角度出发

“由客户来确定测评指标体系”是建立客户满意度测评指标体系最基本的要求。建立的客户满意度测评指标体系必须是客户认为重要的，所以商家要准确把握客户需求，选择客户认为最为关键的测评指标。

（2）广泛性

不同的客户在不同的时期对商品或服务所表现出来的期待有所不同，这就要求客户满意度测评指标具有高度的概括性，能够反映其最本质、最重要的期待。

（3）相对独立性

在客户满意度测评指标体系中，某些方面的满意情况只需要用一个指标测评，而有的则需要用多个指标测评；有时一个指标只能测评一个对象，而有时一个指标能同时对多个对象进行测评。因此，商家在设计指标时应该尽可能地减少各指标之间的重叠区域，将其相关性降到最低。

（4）可控性

客户满意度测评指标必须能够被控制。客户满意度测评会使客户产生新的期望，促使商家采取改进运营的措施。但是，如果商家在某一领域还无条件或无能力采取行动加以改进，也可以暂时不采用这一领域的测评指标。

（5）可测性

客户满意度测评指标必须是可测量的。客户满意度测评的结果是一个量化的值，因此设定的客户满意度测评指标必须是可以进行统计、计算和分析的。

（6）考虑竞争对手的特性

建立客户满意度测评指标体系还需要考虑到与竞争对手的比较，设定客户满意度测评指标要考虑到竞争对手的特性。

4.2.3 客户满意等级的设计

客户满意等级是指客户在消费相应的商品或服务后所产生的满足状态等级。客户满意度是一种心理状态，是一种自我体验。对客户满意度进行测评，就需要对这种心理状态进行界定，否则就无法有效地展开对客户满意度的评价。心理学家认为情感体验可以按梯级理论划分为若干层次，所以客户满意度可以相应地划分为 5 个等级或 7 个等级，如图 4-8 所示。

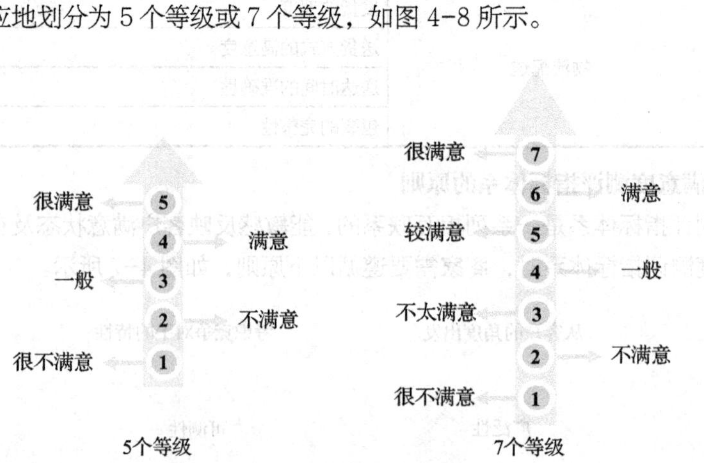

图 4-8 客户满意度的等级划分

根据心理学中的梯级理论，客户满意度中 7 个等级的内容如表 4-3 所示。

表 4-3　客户满意度中 7 个等级的内容

等级	情绪表现	详细表现
很不满意	愤慨、恼怒、投诉、反宣传	客户在消费了某种商品或服务后感到愤慨、恼怒，对商品或服务难以容忍，不仅试图找机会投诉，还会抓住一切机会对商品或服务进行反宣传，以发泄心中的不快
不满意	气愤、烦恼	客户在购买或消费某种商品或服务后感觉气愤、烦恼。在这种状态下，客户尚可勉强忍受，希望通过一定方式获得弥补，在适当的时候，客户也会对商品或服务进行反宣传，提醒自己身边的朋友不要去购买同样的商品或服务
不太满意	抱怨、遗憾	客户在购买或消费某种商品或服务后产生抱怨、遗憾的心理。在这种状态下，客户虽然对商品或服务心存不满，但想到现实就是这样，于是就告诉自己不要要求太高
一般	无明显正、负情绪表现	客户在消费某种商品或服务的过程中没有产生明显的情绪。也就是说，客户对商品或服务的评价既说不上好，也说不上差，还算过得去
较满意	有好感、肯定、赞许	客户在消费某种商品或服务时形成有好感、肯定和赞许的状态。在这种状态下，客户对商品或服务的感觉还算满意，但如果与更高要求相比，还有很大的差距
满意	称心、赞扬、愉快	客户在消费某种商品或服务时形成称心、赞扬和愉快的状态。在这种状态下，客户认为自己的期望与现实基本相符，找不出大的遗憾所在，客户不仅对自己的选择予以肯定，还愿意向自己的朋友推荐这种商品或服务
很满意	激动、满足、感谢	客户在消费了某种商品或服务后形成激动、满足、感谢的状态。在这种状态下，客户的期望不仅完全达到，其没有产生任何遗憾，而且客户所获得的商品或服务可能还大大超出了期望值。这时客户不仅为自己的选择感到自豪，还会利用一切机会向朋友宣传、介绍和推荐该商品或服务，希望他人都来消费这种商品或服务

4.2.4　客户满意度的量化

客户满意度测评的本质是一个定量分析的过程，即用数字去反映客户对测量对象的属性的态度，因此我们需要对测评指标进行量化。

我们通过客户满意度测评了解的是客户对商品、服务或商家的看法、偏好和态度，通过直接询问或观察的方法来了解客户的态度是非常困难的。因此，对客户满意度的测评需要依靠特殊的测量技术，即“量表”。使用量表可以使那些难以表达和衡量的“态度”被客观、方便地表示出来。

量表的设计包括两个步骤，如图 4-9 所示。

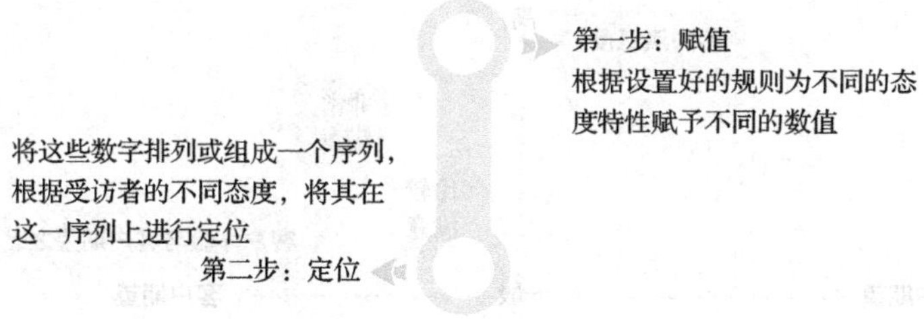
第一步：赋值
根据设置好的规则为不同的态度特性赋予不同的数值
将这些数字排列或组成一个序列，根据受访者的不同态度，将其在这一序列上进行定位
第二步：定位

图 4-9　设计量表的步骤

量表使用数字来表征态度特性有两个原因，其一是数字便于统计分析，其二是数字可以使态度测量活动本身变得更加容易、清楚和明确。

客户满意度的量化使用李克特量表，采用五级态度（客户满意度的 5 个等级）：很满意、满意、一般、不满意、很不满意，相应地为其赋值为 5 分、4 分、3 分、2 分、1 分。表 4-4 所示为利用李克特量表测评客户对某商品质量的满意度。

表 4-4 客户对某商品质量的满意度测评

测评指标	很满意	满意	一般	不满意	很不满意
商品外观	□	□	□	□	□
商品质量稳定性	□	□	□	□	□
商品性能	□	□	□	□	□
商品使用安全性	□	□	□	□	□

4.3 客户满意度的提升

菲利普·科特勒认为：“企业的一切经营活动要以客户满意度为指针，要从客户的角度，用客户的观点而非企业自身的观点来分析客户的需求，以客户满意为企业的经营目的。”如今，客户满意度已经成为评价商家质量管理成效的一个重要指标。

4.3.1 做好客户期望管理

客户期望是指客户在购买、消费商品或服务之前对商品或服务的价值、品质、价格等方面的主观认识或预期。

由于市场机制的不断完善和行业竞争的日渐加剧，“以客户为中心”的理念已成为大多数商家的共识。随着“价格战”“服务战”愈演愈烈，如何管理和平衡客户期望成为很多商家面临的一个关键的现实问题。

1. CRM 三角定律

从利益的角度来看，商家只有为客户提供令他们满意甚至超出他们期望的商品或服务才能在激烈的市场竞争中获得优势。但是，从成本的角度来看，客户的期望越高，商家为了满足客户的期望越需要不断地加大投入，投入甚至会超过商家所能获得的利润。因此，实施客户期望管理的关键点是要在客户满意度和商家成本利益效率之间取得平衡。

根据 CRM 三角定律“客户满意度 = 客户体验 – 客户期望”，我们可以知道客户期望与客户满意度存在负相关关系，如图 4-10 所示。而采用客户满意度指数结构模型得出的结果也说明客户满意度与客户期望存在负相关关系。

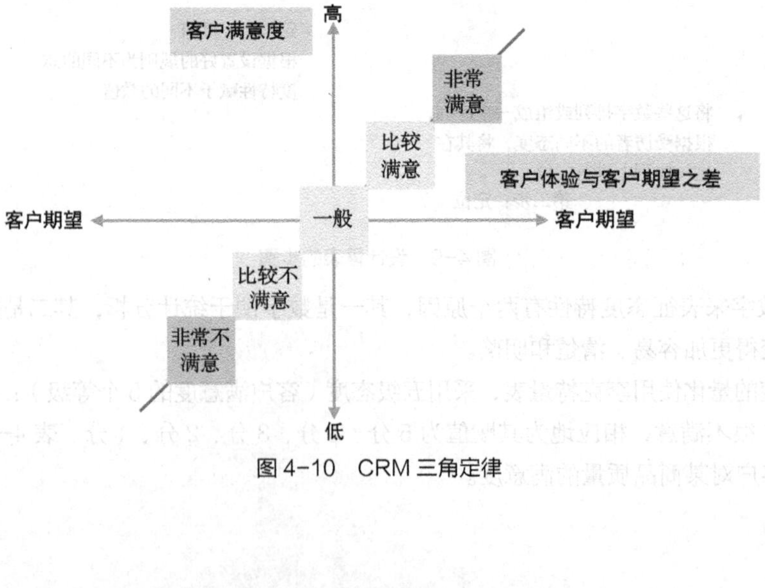

图 4-10 CRM 三角定律

2. 客户期望管理的方法

商家对客户期望进行管理是通过了解客户期望、分析客户需求、进行期望管理反馈、开展期望动态管理等一系列客户期望管理的流程和机制来实现的。

（1）了解客户期望

了解客户期望是指了解客户对商品或服务的具体期望和需求，通过满意度调查、商品和服务质量现场问卷调查、客户意见反馈及客户投诉等方式收集客户信息，如客户基本信息、客户消费水平、个人偏好、服务反馈等。这些信息是做好客户期望管理的基础，它们能为开展客户需求分析及客户期望水平预估提供数据支持。

例如，一个客户反馈“店铺的会员生日赠品没有特色，不能制造惊喜感，而且毫无实用性”。我们通过该信息可以推断，客户对赠送会员生日赠品这项服务有着较高的期望。现实情况可能是客户在第一次收到店铺赠送的生日贺卡时感觉非常惊喜，但随着时间的推移，客户每年收到的礼物都是贺卡，虽然服务的质量没有降低，但客户已经对这项服务有了心理预期，而且单一的服务形式可能会导致客户体验逐渐变差，最终导致客户满意度下降，甚至会使客户产生抱怨。由此可见，客户对商家服务的反馈意见是商家评估客户期望管理的重要依据。

（2）分析客户需求

对收集的客户需求进行分析并做出评估和判断，是进行期望管理反馈的前提。对客户需求进行分析，主要是分析客户需求的合理性、合法性、重要性及其可能会产生的后果影响。

合理性是指结合双方所处的背景，客户提出的需求是合理的，评判的主要依据是社会标准、行业标准和商家自身的承诺。例如商品出现损坏，客户向商家提出 10 倍赔偿的需求，这显然不符合商家既有的服务承诺，是不合理的要求。

合法性是指客户提出的需求是合法的，商家满足客户的需求不存在违反法律、法规的风险。

重要性是指客户提出的需求对客户感知和满意度、对商家与店铺形象和经营的影响程度。客户需求对店铺运营造成的影响越大，则该客户的需求越重要。例如客户为店铺的高端客户，那么与一般客户相比，他们的需求和期望显然更重要。再如，有多个客户有同样的需求和期望（在没有商量的前提下），那么这样的需求和期望与那些非常个性化的需求和期望相比也是更为重要的。

后果影响是指假设满足特定客户的需求和期望会对其他客户的期望和感知、对店铺未来的经营和期望所造成的影响。

根据客户需求或期望的合理性、合法性、重要性及其可能会产生的后果影响，我们可以将客户需求划分为 5 个层次，如表 4-5 所示。

表 4-5　客户需求的层次

客户需求层次	特点表现	示例
客户基本的、必须被满足的需求	商家明确承诺的或符合社会一般标准的需求。客户的这种需求是理所当然应被满足的；假如不能被满足，客户会非常不满意	为客户提供售后服务
客户合理的、应该被满足且可以被满足的需求	客户希望商家能提供的需求，但商家对此没有做出明确承诺，而且这种需求也不符合社会的一般标准。但这种需求是合理的，是应该被满足且商家也有能力满足的	客户希望商家能在规定的时间内对投诉进行回复和有效处理
客户期望的、合理的、应该被满足但无法满足的需求	通常可能是竞争对手提供的但自己店铺无法提供的，或由店铺宣传表达不明确造成客户产生的需求。该类需求可能是部分合理的，但基于现状，商家是没有办法满足的	和竞争对手一样的免邮服务和一样快的发货速度

续表

客户需求层次	特点表现	示例
客户期望的、但不应该被满足的需求	客户的需求不合理/不合法，或满足客户的需求会给自己的店铺造成较大损失或危害	部分投机客户发现商品损坏后“狮子大开口”，要求商家给予巨额赔偿
惊喜需求	大众一致认定该类需求是无关紧要的，对商品或服务本身没有什么影响，但一旦被满足，客户会非常高兴和满意	为会员客户赠送生日礼物，会员客户可以享受超值优惠

（3）进行期望管理反馈

进行期望管理反馈是指针对上述5个层次的客户需求制订具体措施，并通过各种方式反馈给客户。

首先，制订分级服务标准。针对客户需求的不同层次推出相对应的基础服务、期望服务、惊喜服务等，以满足客户不同层次的需求。为客户的基本需求和期望需求的满足优先配置资源，同时要控制惊喜服务的投入成本，采取非周期性、非常规性的实施策略，避免客户因为较高的心理预期而产生需求层次的“掉落”。

其次，制订分级服务承诺。对于已经广泛推出的、属于客户基本需求层次的服务，制订统一的标准，并说明服务内容和流程，使客户了解服务的相关信息，从而使客户需求和期望合理化。对于惊喜需求，服务承诺水平不能过高，以免商家承诺的服务不能满足客户过高的心理期待；服务承诺应以制造惊喜、提升客户满意度为最终目的。

最后，合理控制服务公开程度，以合理引导客户期望。如果商家无法合理控制服务公开程度，就容易导致客户产生攀比心理。一旦客户期望与其所获得的服务体验差距较大，客户就会产生不满情绪。例如，商家大肆宣传会员客户可享受某些专属服务，如果其他非会员客户了解到此消息，认为自己符合要求却没有得到同等的待遇，就可能产生不满，甚至选择转向竞争对手。

（4）开展期望动态管理

客户期望会受到社会环境、行业环境、商家服务水平、客户自身经历等诸多因素的影响，并且会随着影响因素的变化而变化，因此对客户期望的管理也需要注意进行动态调整。例如，前面提到的客户需求层次划分，随着时间的推移，一些在当前看来可能合理但无法被满足的需求或惊喜需求也许会变成客户的基本需求，此时商家应该及时动态调整客户期望管理方式。

需要注意的是，客户对基础服务的期望是相对刚性的。因此对于基础服务，商家一方面要保持稳定的水准，另一方面要就存在的一些问题与客户进行充分沟通，向客户解释原因，合理引导和控制客户期望。

4.3.2 提升客户感知价值

客户感知价值是客户在感知到商品或服务的利益之后，减去其在获取商品或服务时所付出的成本，从而得出的对商品或服务效用的主观评价。它不同于传统意义上的客户价值，客户价值是指企业认为自己的商品或服务可以为客户提供的价值，属于企业内部认知导向；而客户感知价值属于企业外部客户认知导向。

1. 影响客户感知价值的因素

客户感知价值的核心是感知利益与感知付出之间的权衡。这句话有两层含义：首先，价值是个性化的，因人而异，不同的客户感知到的同一商品或服务的价值并不相同；其次，价值代表着效用（收益）与成本（代价）间的权衡，客户会根据自己感知到的价值做出购买决定，而不是仅受某单一因素的影响。客户感知价值会受到多种因素的影响，主要包括4个方面，如图4-11所示。

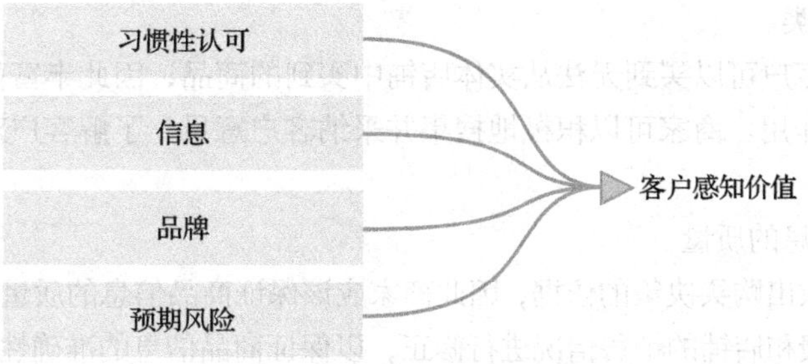

图 4-11　影响客户感知价值的因素

（1）习惯性认可

客户在评价某一商品的价值大小时，主要凭借的是由自己之前购买该商品及相关商品的经历和自己获得的市场信息所构成的购买印象，这也就让客户对该商品形成了习惯性认可。虽然商品价值具有客观性，但客户很难对商品提供的客户价值进行客观、标准的评价，他们只能依赖以往的经验和所获信息做出判断。通常客户对商品的习惯性认可会保持一段时间，并且会对客户感知价值造成影响，从而影响客户的购买决策及行为。

（2）信息

信息对客户感知价值的影响表现在两个方面，即水平层面和范围层面。信息对客户感知价值水平层面的影响是指由于客户的个人知识、履历、所得信息具有局限性，因此客户对商品价值的感知程度也会受到一定的限制，从而无法全面、客观地对商品价值做出判定与评价。例如，在购买珍珠时，如果客户不知道珍珠的价值属性是什么，他可能会认为最大的、最美观的珍珠才是最具有价值的；然而一个经验丰富、对珍珠了解得比较全面的客户则会根据珍珠的色泽、圆润程度、工艺等因素来评价珍珠价值的大小。

信息对客户感知价值范围层面的影响是指客户对商品信息的了解具有局限性，导致客户在进行商品价值感知时只能参照部分商品来进行对比和衡量。

（3）品牌

品牌形象是某个商品价值的浓缩，优良的品牌代表商品有杰出的质量特性与服务特性。优良的品牌有利于客户形成对商品价值的评判，帮助客户节约选购的时间和精力，同时减少客户购买后商品不符合需求的风险。当然，商品的品牌特征也能让客户获得超越商品的感知益处，并构成一种象征。例如，之所以有人愿意购买奢侈品，是因为其价值更多地来源于这一品牌所带来的形象价值。

（4）预期风险

客户在购买某件商品之前，需要承担购买之后商品不符合预期的风险，如假冒伪劣商品带来的经济损失或心理损失及其他不确定因素带来的意外损失。

随着客户对商品的了解程度越来越深，他们的购物行为也越来越趋于理性，他们在购买商品时总是试图降低预期风险。在其他因素稳定的情况下，客户的预期风险越小，客户的感知价值就越大，反之则越小。

2. 提升客户感知价值的措施

在电子商务环境下，商家要想有效地提升客户感知价值，可以从以下几个方面入手。

（1）增强客户购物的便利性

网络购物突破了时空的限制，省时省力，所以便利性是电子商务中客户感知的利得因素。商家要想提升客户感知价值，可以通过优化店铺购物环境、提高关键词匹配度、加快物流配送速度等方式来增强客户购物的便利性。

（2）丰富商品种类

在电子商务中，客户可以买到无法从实体店铺中买到的商品，因此丰富商品种类可以间接起到提升客户感知价值的作用。商家可以积极地搜集并采纳客户意见，了解客户对商品的需求，或者为客户提供定制化商品。

（3）提高商品信息的质量

商品信息是客户做出购买决策的依据，因此商家应该保证商品信息的质量，及时对其进行更新，而且要按照客户的反馈和店铺的销售情况进行修正，以保证商品信息的准确性。

（4）增加与客户的互动

商家应完善与客户的互动方式，让客户更多地参与到购买过程中，从客户的角度出发，更多地考虑客户的需求，实现与客户的有效沟通，优化客户的购物体验，进而提升客户感知价值。

（5）加强购物安全保障

在网络购物中，客户会面临个人资料与支付环境等方面的安全问题，因此商家应该重点关注信息安全问题，为客户提供全面、有效的信息安全保护，从而提升客户感知价值。

（6）减少非金额成本支出

非金额成本支出属于客户感知价值的利失因素，要想提升客户感知价值，就要减少非金额成本支出。商家应该完善店铺设计，设置更美观、更具互动性的店铺页面来吸引客户的注意力，并激发他们的购买欲望。

（7）提高商品质量

在网络购物中，客户只能看到商品的图片信息，无法切身感受商品的实际质量，所以容易出现商品实物与客户预期不符的情况，使客户感知价值大大降低。因此，商家应该提高商品质量，为客户提供真实的商品信息，减少客户的顾虑，从而提升客户感知价值。

（8）完善售后服务

在网络购物环境中，客户在收到商品后很可能会遇到一些问题，如商品损坏、商品与描述不一致或尺寸、颜色不合适等。如果商家不能及时、有效地为客户解决这些问题，就容易导致客户产生不满情绪。因此，商家必须要完善售后服务，这样既能提升客户感知价值，也有利于店铺的发展。

4.4 客户优越感的打造

留住一位老客户，可以吸引更多的新客户，从而赢得更多的商机；在挖掘老客户消费潜力的同时，借助老客户的口碑可以进一步挖掘其亲属、朋友、同事的消费潜力；对于商品质量和商家信誉，老客户一句由衷的赞扬胜过商家的千言万语，就如投石入水，可以激荡起边际效益的涟漪，让口碑效应向外延展。所以，失去一位老客户，就可能意味着店铺会失去不少新客户，丧失很多商机，导致商圈越来越小。

如何留住老客户呢？商家要想留住客户，当然要懂得如何留住客户的心；要想留住客户的心，就必须弄明白客户要的到底是什么。

也许这在营销学中是入门级的知识，但有了互联网的助推，人们的消费观念发生了巨大的变化，而今要留住客户的心，或许要再进一步，让客户升级为店铺的“忠粉”，而沿袭旧有策略，只是追求客户满意已经远远不够。客户满意只是刚起步，商家要通过商品和服务为客户制造消费优越感，给客户一个留下来的充足理由。

如今，人们在消费过程中拥有越来越强的个体意识与身份意识。认真审视自己和周围的亲朋好友，你就会发现人们好像从没有像现在这样迫切地想去证明自己。越来越多的人不再满足于被商家“一视同仁”，不愿意在消费过程中被当作“平均”客户，而是希望自己得到一份专属的尊重，渴望被“区别对待”，让自己的需求和欲望得到个性化的满足。

这种变化需要商家“看人布莱”，尤其是对忠诚度极高的老客户。商家要知道这一类客户是谁，知道其消费偏好与消费习惯，针对其“消费个性”灵活地提供个性化服务，而不是把每个客户都仅仅当作标准化的客户，提供程序化的服务。

与此对应，客户满意度也必须实现向客户优越感的跨越。我们必须认识到，对所有客户提供统一的标准化服务是无法制造客户优越感的，只有对不同的客户灵活地提供个性化服务，才有可能让作为个体的客户的优越感凸显出来。

消费中的优越感是指客户通过购买商品或服务额外获得的个人身份优势的确认及提升，简单地说，就是让客户觉得自己是与众不同、最特别的那一个。例如，老会员享有某项优惠政策，而新会员没有；老客户享有某项额外服务，而新客户没有。而这些其实也是“特权”的体现，许多人都迫切想获得“特权”。

目前越来越多的商家开始树立“以客户为中心”的营销理念，把衡量服务的标准从让客户满意转换到为客户制造优越感上来。这与过去“以商品为中心”“以自身为中心”的营销思想相比发生了天翻地覆的变化。商家应把客户放在市场的中心位置，让客户通过购买商品或服务获得个人身份优势的确认及提升，进而获得情感溢价。因为从根本上讲，商品市场能存在并繁荣，就是因为其提供的商品或服务能够迎合人们不断更新的需求，满足人们不断变化的欲望。

“以客户为中心”需要商家从客户的角度动态地观察与客户有关的每一件事情，并且围绕客户的需求与期望进行情感营销。只有这样，商家才能让客户乐于在自己的商圈驻足，成为自己的“忠粉”。不要质疑客户对情感的渴望和对被尊重的需求，因为对客户来说，消费本身就是一种情感的付出。

案例分析　王小卤：洞察客户，将客户变成“自己人”

王小卤是一家主打卤味的电商品牌，成立于 2016 年，旗下产品以“川卤”与“酱卤”结合为特色。经过几年的发展，王小卤已经成长为卤味零食新品牌的代表。数据显示，在卤味零食的细分赛道中，王小卤的单品“虎皮凤爪”的复购率超过了 40%。

在品牌创立之初，王小卤在选品上走了“弯路”。王小卤起源于蹄膀这个品类，虽然该品类的产品为王小卤赢得了好口碑，但品牌和产品并没有获得爆发式发展。随后，王小卤品牌创始人在充分分析客户需求的基础上做出了一个大胆的决定，即主攻凤爪这个品类。

在消费品牌中，品牌的选择在很大程度上决定了品牌未来的发展空间。虽然蹄膀和凤爪都是卤味，但两者存在着本质的区别：凤爪能作为零食，但是蹄膀多出现在正餐中。通过调整品类，王小卤在卤味零食领域“杀出”了一片天地。

王小卤品牌创始人表示，王小卤的每个重大发展节点几乎都有客户的参与。秉承“产品至上”的发展理念，王小卤尤其重视客户对产品的喜爱度。为了推出客户满意度高的产品，王小卤组建了一个客户评测团。在新品上市之前，王小卤会将样品和调查问卷寄送给客户评测团成员，由他们对产品进行评测。

王小卤品牌创始人认为，新品好不好吃、要不要上架，由客户评测团说了算。如果一个新品有 80% 以上的人都为它打了高分，那它应该是会受大部分用户喜爱的产品，这件产品就是值得上架的。

如果产品不能达到评测要求，王小卤就会根据客户评测团的建议对产品进行反复调整和评测，直至产品达到评测要求。王小卤品牌创始人认为："我们的核心客户真正参与了试吃、打分、选品等环节，老客户会觉得他就是我们'自己人'。"

王小卤多年来坚持与客户保持良好的沟通，坚持对客户的运营。王小卤会在每个包裹中放置"包裹卡"，邀请客户添加官方客服微信，将客户沉淀在微信中。邀请客户后，部分忠诚客户可以参与填写调查问卷，合格者可以成为王小卤的核心客户，并成为评测员，进入品牌微信群，与品牌产生更深层次的互动。王小卤在筛选评测员时非常严格，没有认真填写调查问卷的客户将会被剔除。

在产品原材料的选择和产品制作上，王小卤力求原材料的优质性。例如，在虎皮凤爪的选材上，王小卤精选优质散养三黄鸡长柄鸡爪，保证每个鸡爪都是40克左右，处于饱满肥美的状态。在虎皮凤爪的制作中，王小卤始终坚持采用传统制作工艺，使所有鸡爪都经过8小时恒温浸卤，接着油炸至呈虎皮状，最后在用香辛料熬制的老卤汤中浸泡足足12小时，从而更入味。

王小卤品牌创始人认为：愿意为优化客户体验付出更多的成本，就会获得合理的回报。这是合理的商业逻辑，也是王小卤获得市场认可的重要原因之一。

阅读以上内容，分析在提高客户满意度方面，王小卤的策略有什么值得学习的地方。

【课后习题】

1. 影响客户满意的因素有哪些？
2. 某销售化妆品的商家想做一次客户满意度调查，请为其设计一份客户满意度调查表。
3. 简述提升客户感知价值的方法。

第5章

客户忠诚度管理：避免客户流失，降低客户开发成本

学习目标

- 了解客户忠诚的特征、类型、价值及与客户满意的关系。
- 了解影响客户忠诚的因素。
- 掌握客户忠诚的衡量标准。
- 掌握创建会员体系的方法。
- 掌握设定积分生成规则的方法。
- 掌握不同的积分兑换方式。

在电子商务中，客户忠诚对店铺的经营效益有着极大的影响，客户忠诚能直接为店铺带来利润，帮助店铺扩大市场份额。忠诚的客户除了自己会持续购买店铺的商品或服务，还会积极向亲友推荐店铺的商品或服务，为店铺带来更多的客源，帮助商家节省开发新客户的成本。而且忠诚的客户还会积极地向商家提出建议，帮助商家完善商品和提高服务水平。因此，面对日益激烈的市场环境，商家要想取得竞争优势，必须与客户建立、保持并发展长期的互惠关系，培养并提高客户忠诚度。

案例导入

乐友孕婴童：多维度互动沟通，提升客户忠诚度

乐友孕婴童（以下简称“乐友”）成立于1999年，是母婴用品全渠道零售商，它创新地采用“App＋网上商城＋连锁店”的全渠道营销模式，为客户提供一站式专业服务及便捷、舒适的购物体验。

在新媒体时代，乐友充分利用微信公众号、小程序、社群和抖音等媒体多维度地与客户建立联系，用专业的内容和多维度的互动有效地抓住了新一代妈妈们的需求，用价值感提高客户对品牌的认可度，提升客户对品牌的忠诚度。

（1）微信公众号互动

乐友通过微信公众号为用户推送各类有实用价值的育儿资讯，帮助用户建立正确的育儿观，使用户在这里可以获得解决问题的方法，从而对企业品牌和商品形成认知，并逐渐产生信任感。

在推送育儿资讯的同时，乐友还会在微信公众号中制造各类用户关心的互动话题、开展互动活动，激发用户互动。在用户的互动中，乐友可以了解用户需求，从而调整商品结构和营销策略，更好地满足用户需求，进而提高用户对品牌的忠诚度。

（2）小程序一站式购物

乐友开发了“乐友商城”和“乐友亲子服务”两款小程序，为用户提供便利的购物服务。“乐友商城”小程序可以为用户提供线上线下无缝衔接的一站式购物服务及送货上门服务，让用户实现高效购物。

“乐友亲子服务”小程序可以为用户提供亲子摄影、教育培训、孕产护理等服务，丰富了用户所能享受的服务种类，重构了用户获取商品和服务的方式。

乐友打造的两款小程序让用户在收获育儿知识的同时，也获得了高品质的购物体验，享受到了专业、贴心的育儿服务，有效提高了用户对乐友品牌的信任度。

（3）社群互动

乐友的一切经营活动都是从会员开始，且围绕会员需求来进行的，品牌始终与会员保持着密切联系，尽力满足会员的需求。

乐友以线下门店为中心建立了“妈妈群”，一家门店可以建立多个群，妈妈们可以在群内阅读育儿资讯，了解品牌新品和会员活动等信息，并进行互动交流。

除了线上交流，乐友还会在线下举办各类互动活动。例如，乐友自有服装品牌“歌瑞家”会在购物中心举办童装走秀活动，走秀的模特都是从品牌会员家庭中选择的。虽然孩子们的走秀并不专业，但孩子们非常开心，观看走秀的会员家长们也非常开心，他们会主动将走秀的照片和视频分享出去，这样就形成了用户自传播。

（4）抖音互动

乐友在抖音上注册了官方账号，很多线下门店也注册了抖音账号，账号会发布各类育儿知识类短视频。乐友还会组织各类互动活动吸引用户参与，例如，乐友在抖音上发起的“513手指舞”拍同款大赛，吸引了大量用户参与，视频播放量超过了100万次。互动活动的展开有效增强了用户与品牌的情感连接，提高了用户对品牌的黏性。

5.1 电子商务客户忠诚度

客户忠诚是指客户对商家的商品或服务产生了好感，形成偏爱并长期频繁地重复购买的行为，它是客户对商家的商品或服务在长期竞争中所表现出的优势的综合评价。

5.1.1 客户忠诚的特征

客户对商家的忠诚是商家通过长期向客户提供优质的商品或服务而培养出来的。对商家忠诚的客户不仅对商家的品牌情有独钟，即使其他商家的店铺中出现了更为优惠的同款商品，他们也不会轻易选择其他品牌的商品。通常来说，客户忠诚的特征表现在以下方面，如图 5-1 所示。

图 5-1　客户忠诚的特征

1. 行为特征

客户忠诚一般意味着客户会重复购买商家提供的商品或服务。这种重复性的购买行为可能来自客户对商家的偏好和喜爱，也可能是出于习惯，还可能是因为商家举办的促销活动。

2. 心理特征

客户忠诚经常体现为客户对商家提供的商品或服务的高度依赖。这种依赖来源于客户在之前购买商品或服务的过程中形成的满意，并进而形成的对商品或服务的信任。

3. 时间特征

客户忠诚具有时间特征，它体现为客户在一段时间内不断关注并购买商家提供的商品或服务。

5.1.2 客户忠诚的类型

客户忠诚是一种心理活动，对于客户忠诚的类型，不同行业的分类有所不同，比较具有代表性的分类有以下几种。

1. 根据客户忠诚的深浅程度划分

客户对商家表现出来的忠诚是逐渐形成的。客户忠诚的形成会受到多方面因素的影响，进而导致客户的忠诚有深浅程度之分，如图 5-2 所示。

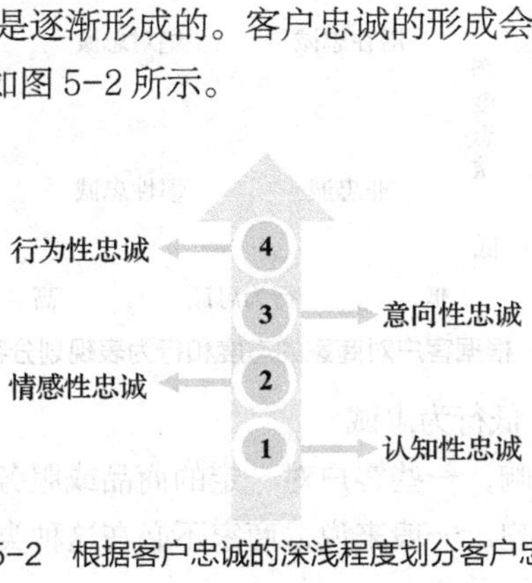

图 5-2　根据客户忠诚的深浅程度划分客户忠诚

（1）认知性忠诚

认知性忠诚是忠诚的第一个阶段，是建立在客户之前对某个品牌的认知或因最近购买而获得的信息的基础之上的。在此阶段，客户对商品的功能特征、性价比等信息有所了解之后，认为该商品优于其他商品而产生购买行为。

客户在购买商品时就像专家，他们也许对商品的功能非常了解，并且会通过搜索各种资料对商品的差异性和技术特征进行研究，有时他们甚至比商品的销售人员更了解商品的性能及缺陷。他们通过综合考虑各种因素，最终对该商品形成了适合自己的认知，从而引发忠诚的购买行为。但是，如果市场上出现更好的同类商品，他们也会对其进行仔细研究和对比，进而选出最适合自己的商品。

（2）情感性忠诚

情感性忠诚是指客户在积累性满意的消费体验的基础上形成的对特定品牌的偏好和情感，即在认知的基础上加入了个人的情感因素形成的。情感性忠诚的客户在使用商品后持续性获得满意，进而对商品形成偏爱，是因为喜欢商品而购买。例如一位渴望拥有哈雷摩托车的年轻人，可能会一直对哈雷摩托车保持着非常强烈的购买意愿，于是他身上穿的衣服、戴的手表都是哈雷戴维森品牌。

（3）意向性忠诚

意向性忠诚是指客户非常向往再次购买某种商品，并且会长时间重复购买。但是意向性忠诚的客户做出购买决策的过程比较简单，而且非常容易受到外界因素的影响，尤其是与价格相关的促销活动，往往竞争对手一则更有吸引力的促销信息就可能把这类客户吸引过去。

（4）行为性忠诚

行为性忠诚是客户基于行动的忠诚，客户在一定程度上已经形成了购买某个商家的商品或服务的习惯。这样的客户为了购买该商家的商品或服务，愿意克服一些障碍，如愿意为了买到商家发布的某个新商品而排队等待很长时间。

对商家来说，最有价值的还是从行为维度上定义客户忠诚，这样商家就可以通过策划有利于店铺增加收益的营销方式来影响客户未来的行为。

2. 根据客户对商家的态度和行为表现划分

根据客户对商家的态度和行为表现，客户忠诚可以分为态度忠诚和行为忠诚。其中，态度忠诚是指客户对商家及其商品或服务表现出来的积极的情感，行为忠诚是指客户不断地重复购买某个商家提供的商品或服务。

根据客户在态度和行为上表现出来的忠诚程度，客户忠诚可以分为 4 个层次，如图 5-3 所示。

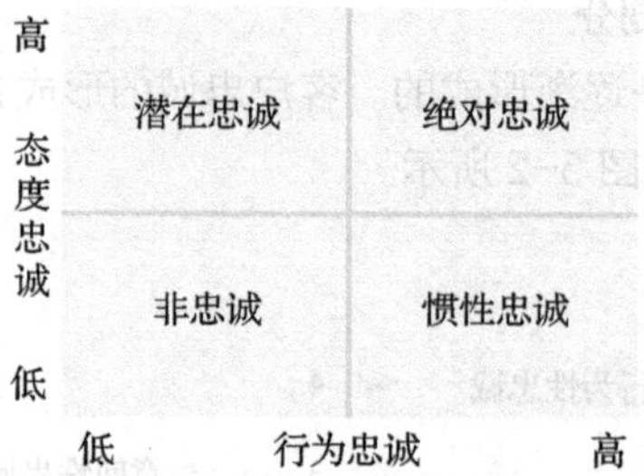

图 5-3 根据客户对商家的态度和行为表现划分客户忠诚

（1）非忠诚：低态度忠诚，低行为忠诚

由于受到各种客观因素的影响，一些客户对一定的商品或服务不会产生忠诚感，这种类型的客户也不会发展成为商家的忠诚客户。一般来说，商家不必在这种类型的客户身上浪费太多的时间和精力。

（2）惯性忠诚：低态度忠诚，高行为忠诚

惯性忠诚的客户的形成是因为客户受到外在因素（如价格、地点等）的影响，一旦外在因素发生变化，他们可能将不会再购买这个店铺的商品或服务。商家可以通过积极与客户建立良好的关系，同时向客户展示自己的商品或服务所具有的优势的方式来将这类客户发展为绝对忠诚的客户。

（3）潜在忠诚：高态度忠诚，低行为忠诚

这种类型的客户对商家提供的商品或服务有着深厚的感情，但购买的商品或服务属于耐用品，无须经常重复购买，但是他们愿意为商家的商品或服务做宣传，将其推荐给自己身边的朋友或亲戚。这类客户会成为商家业余的推销员，因此这类客户对商家来说也是非常有价值的。

（4）绝对忠诚：高态度忠诚，高行为忠诚

绝对忠诚是真正的忠诚，既表现为态度上的高认同感，又表现为行为上的持久性。这是一种典型的品牌忠诚或感情忠诚，这种忠诚对商家来说最具经济价值。因为客户对其商品或服务不仅情有独钟，会重复购买，而且非常愿意为商品或服务做宣传。

3. 根据客户重复购买行为产生的原因划分

美国的凯瑟琳·辛德尔博士根据客户重复购买行为产生的原因，将客户忠诚划分为 7 种类型，如表 5-1 所示。

表 5-1　根据客户重复购买行为产生的原因划分客户忠诚

客户忠诚的类型	释义
垄断忠诚	客户形成垄断忠诚是因为市场上的某种商品或服务只有一个供应商，或者市场上由于种种原因只允许有一个供应商销售该商品或服务。此时，该供应商就形成了商品或服务的垄断，客户别无选择，只能选择该供应商提供的商品或服务
惰性忠诚	又称习惯忠诚，是指客户在购买商品或服务时由于惰性而不愿意去寻找新的商家。这些客户属于低依恋、高重复购买者，他们购买商家的商品或服务并非是因为对商家满意，如果其他商家能够为他们提供更多的优惠，这些客户很容易被挖走
潜在忠诚	指客户希望能够不断地购买商家的商品或服务，但商家的一些内部规定或其他因素限制了这些客户的购买行为
方便忠诚	类似于惰性忠诚，指客户由于供应商所处的地理位置方便自己购物，总是在该处购买商品或服务，一旦出现更方便自己购物的供应商或更为满意的目标，客户的这种忠诚就会随之减弱，甚至消失
价格忠诚	指客户对商品或服务的价格非常敏感，重复购买的原因在于商家提供的商品或服务的价格符合其期望。价格是影响价格忠诚客户的购买行为的关键因素，并且这类客户更倾向于能为其提供最低价格的商品或服务的企业
激励忠诚	指在商家提供奖励时，客户就会经常去购买商家的商品或服务，因此商家所提供的奖励是影响客户重复购买的关键因素。一旦商家不再提供奖励，这些客户可能就会转向其他能为其提供奖励的商家
超值忠诚	指客户在了解、消费商家的商品或服务的过程中与商家产生了某种感情上的联系，或者对商家有了总体趋于正面的评价而表现出来的忠诚。超值忠诚的客户不仅在行为上表现为重复购买商家的商品或服务，而且在心理上也对商家的商品或服务有着高度的认同感

5.1.3　客户忠诚的价值

商家在经营店铺的过程中，除了要竭尽全力满足客户的需求，还要维持和提高客户对店铺的忠诚度。忠诚客户的价值不在于他们一次消费给店铺带来的利润，而在于其在整个生命周期内为店铺带来的所有消费金额，甚至包括其对身边亲朋好友的影响。概括来说，客户忠诚的价值表现在以下几个方面，如图 5-4 所示。

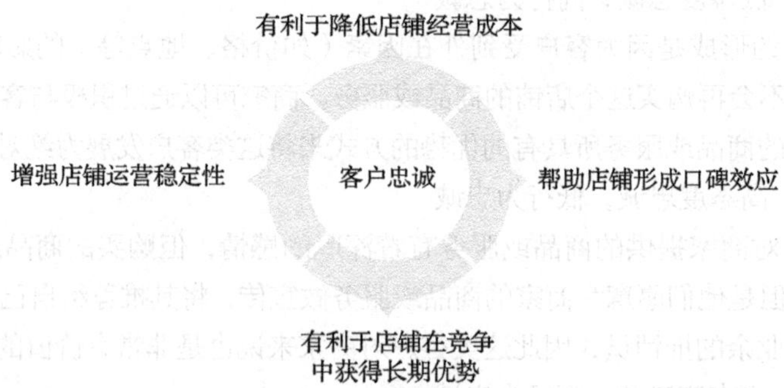

图 5-4 客户忠诚的价值

1. 有利于降低店铺经营成本

忠诚的客户首先会愿意继续购买或接受店铺的商品或服务，并且愿意为优质的商品或一流的服务支付较高的金额，商家只需要花费较少的人力、物力及较少的时间成本就能与其完成交易。同时，他们的重复购买、宣传介绍、称赞推荐等可以帮助商家减少诸如广告、公关、宣传等方面的开支，降低商家经营店铺的成本，从而进一步增加店铺的销售收入和利润总额。

2. 增强店铺运营稳定性

忠诚的客户会比一般客户更加注重商品的内在价值，并且不会轻易受其他因素的影响而更换为其提供商品的商家，这就增强了店铺运营的稳定性。同时，忠诚的客户会很乐意尝试店铺里的其他商品，这就可以推动店铺内商品的交叉销售，有助于实现店铺经营的多元化，降低店铺的经营风险。

3. 有利于店铺在竞争中获得长期优势

拥有高客户忠诚度的商家形成了一种较高的竞争壁垒，竞争对手如果想要吸引其他商家所拥有的客户，就必须投入更多的人力和物力，这种竞争方式往往会令很多竞争对手望而却步。同时，忠诚的客户重复购买店铺的商品或服务，便于商家更好地了解一定时间内客户的需求及长期内客户需求的波动规律，更有利于商家制订长期的经营计划，也为商家进入新市场提供了扩张利器，使其商品或服务达到更高的标准，从而取得长期竞争优势。

4. 帮助店铺形成口碑效应

忠诚的客户往往会把自己愉快的消费经历和体验直接或间接地传达给周围的人，在无形中成为商家的广告宣传员，他们的这种宣传和推荐比商家自己做广告的效果要好得多。这种良好的口碑传播能为店铺带来新的客户，更重要的是能有效地提高店铺的知名度及品牌的美誉度，正所谓“最好的广告是忠诚的客户”。

5.1.4 客户忠诚与客户满意的关系

客户满意和客户忠诚的概念是相互关联的，但这两个概念也存在着明显的不同之处。客户满意是客户在需求被满足之后所产生的愉悦感，是一种心理活动，带有主观性，非常难以衡量，是一种暂时的态度，争取客户满意的目的是尝试改变客户对商品或服务的态度；而客户忠诚是客户满意的行为化，表现出来的是购买行为，并且是有目的性的、经过思考而做出的购买行为。客户忠诚是一种客观标准，其量化指标就是客户的重复购买、持久态度和行为。

客户忠诚与客户满意的概念对比如表 5-2 所示。

表 5-2　客户忠诚与客户满意的概念对比

对比项目	客户满意	客户忠诚
比较对象	过去期望与现实的感知效果	现实期望与预期利益
表现形式	心理感受	行为选择
可观察程度	内隐的	外显的
受竞争对手影响程度	影响较小	影响较大

客户满意不一定必然导致客户忠诚，对企业不满意的客户也不一定不会购买企业的商品或服务。客户忠诚度的获得必须有一个最低的客户满意度，在该水平线以上的一定范围内忠诚度不受影响，但满意度达到某个高度后，忠诚度会大幅增长。

客户满意与客户忠诚的关系受行业竞争情况的影响，两者并非总是呈较强的正相关的关系，如图 5-5 所示。

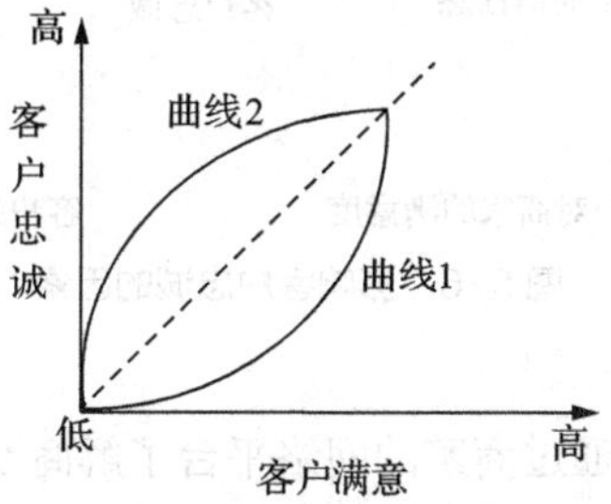

图 5-5　客户满意与客户忠诚的关系

1. 高度竞争行业

在高度竞争行业中，客户忠诚受客户满意的影响较大，客户越满意就越忠诚。高度竞争行业的特征是行业相似性强，大众化或差异化水平较低，替代品很多，客户转换成本低，转换风险低。

由图 5-5 中的曲线 1 可以看出，只要客户满意有所下降，客户忠诚就会急剧下降。因此，要在高度竞争行业中培养客户忠诚，企业必须尽力提高客户满意。

2. 低度竞争行业

在低度竞争行业中，客户忠诚受客户满意的影响较小。低度竞争行业的特征是企业具有一定的垄断地位，市场上缺乏替代品，企业拥有强大的品牌资产或某种专项技术，客户转换成本较高，企业往往会制订长期的客户忠诚计划。

在低度竞争行业中，对企业的商品或服务不满的客户很难有别的选择，他们不得不继续购买这些商品或服务。然而一旦客户有更好的选择，他们会很快抛弃原来的企业而转向新的企业，所以这种客户忠诚是表面上的虚假忠诚，带有一定的欺骗性。因此，一旦限制竞争的障碍被消除，即企业的垄断地位被消弱或品牌影响力有所下降，客户很快就会选择其他企业，客户不忠诚的态度会通过客户大量逃离表现出来，由此造成客户不满意，如图 5-5 中的曲线 2。

因此，处于低度竞争状态的企业应该居安思危，努力提高并维持客户对企业的满意度，避免竞争加剧后客户大量逃离。

5.2　客户忠诚的衡量

商家可以培养客户的忠诚，但客户的忠诚会受到诸多因素的影响，一旦客户所处环境的条件发生了变化，客户的忠诚也会随之发生变化。因此，衡量客户忠诚首先需要了解影响客户忠诚的因素，然后确定衡量客户忠诚的标准。

5.2.1 影响客户忠诚的因素

在当前竞争激烈的市场环境中，谁获得了客户，谁就占据了市场。而客户的选择、客户对商家的忠诚会受到诸多因素的影响。影响客户忠诚的因素既有商家自身方面的，也有竞争对手方面的、客户自身方面的及社会环境方面的。概括来说，影响客户忠诚的因素主要包括以下几个方面，如图5-6所示。

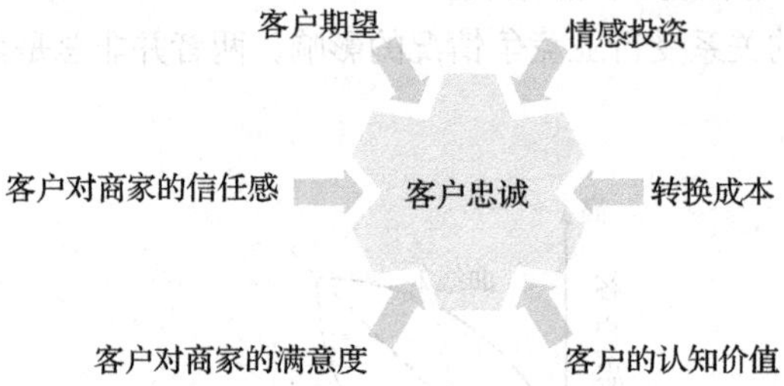

图5-6 影响客户忠诚的因素

1. 客户期望

在电子商务环境中，客户可以通过商家的网络平台了解商家的相关信息，对自己所需的商品或服务提前形成期望，如网站平台的质量和相关商品信息、网站的交互性（搜索信息的高效性和便利性）、其他媒体和客户的推荐或口碑、商品或服务的专业化、商品或服务的个性化、商品或服务的响应速度等。因此，商家应该努力做好各个方面的工作，满足客户的个性化需求。

2. 客户对商家的信任感

客户对商家的信任感是指客户对商家能够履行交易承诺的信心，它对客户忠诚的形成有着非常深刻的影响。信任感是影响客户首次购买和重复购买行为的主要因素，如果客户对商家缺乏信任感，就不可能产生持续购买商家提供的商品或服务的行为，而一旦客户对商家产生信任感，客户的情感忠诚就会体现出来。

在电子商务环境下，影响客户对商家信任感的因素包括网站的支付安全、隐私保护和安全政策、信用制度和法律环境等。

3. 客户对商家的满意度

客户满意主要是客户对商家的综合评价，包括对商品的满意，对销售人员的满意，对商家售后、技术支持、培训等各个方面的满意。在电子商务中，令客户满意的方面还应包括各项在线服务，如服务咨询、搜索商品、更改地址、申请售后等能满足网络时代客户追求便利、快速的需求。

如果商家提供的商品或服务等于或超过客户的期望，客户的满意度就高，否则就会导致客户不满意。客户的满意度越高，其购买商品或服务的次数就越多，从而对品牌的忠诚就越持久。

4. 客户的认知价值

客户的认知价值是指客户对商家为自己提供的相对价值的主观评价，包括商品质量、商品价格、商品品牌、客户服务等。

在电子商务中，网络在给客户带来巨大便利的同时也让客户感受到了传统商业模式中没有的风险，如商品风险（客户在购物时不能切身感受商品质量，不能亲自对商品的质量进行检查）、安全风险（网络交易过程产生的数据信息可能会遭到损坏或泄露）等。因此，在电子商务环境下，客户的认知价值范围更广，商家应该努力完善自身，为客户提供更大、更真实的价值。

5. 转换成本

客户在结束与当前商家的联系而与其他商家建立新的联系时，必须要付出一定的代价，这些代价的总和就是转换成本，具体包括 4 种类型，如表 5-3 所示。

表 5-3　转换成本的类型

转换成本	释义
时间和精力上的转换成本	客户在转向新的店铺购买商品时，需要重新花费时间和精力去筛选商品，对商品的质量、售后服务等进行评估，最终确定购买，同时还要承担商品不符合自己需求的风险
经济上的转换成本	主要涉及原来的商家为客户提供的一定的优惠价格的损失
替代限制	客户可选择的商品或服务的供应商的数量也会在一定程度上影响客户的转换行为，这是客户在转换时所面临的客观障碍
额外服务或服务恢复	包括商家针对客户需求提供的个性化服务，以及为了弥补客户在经历不满意的服务后感受到的损失而做出的所有努力。优质的服务能为客户创造价值，可以有效阻止客户因为享受了不满意的服务而流失

6. 情感投资

商家与客户建立一种牢固的联系，并对这种联系的维持进行情感投资，使客户对商家产生感情。这种投资包括商家对客户详细资料的了解，建立客户资料库（包括客户的性格、购物习惯、个性、爱好和重要日期记录等），以及为维持联系采取的具体措施，如定期与客户交流、建立便捷的购物搜索方法及安全的付款方式。

5.2.2 客户忠诚的衡量标准

对任何商家来说，保持较高的客户忠诚是维护自身利润水平的有效途径，是理应追求的目标。因而，对客户忠诚进行衡量是每个商家需要长期坚持的工作。开展对客户忠诚的衡量不仅能让商家了解客户对自己的态度，还可以考核商家在提高商品质量和优化客户服务等方面采取的措施是否产生了效果。

具体来说，客户忠诚可以通过以下几个方面来衡量，如图 5-7 所示。

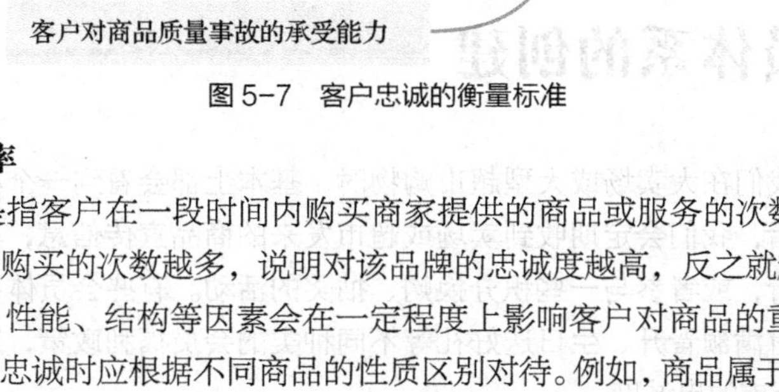

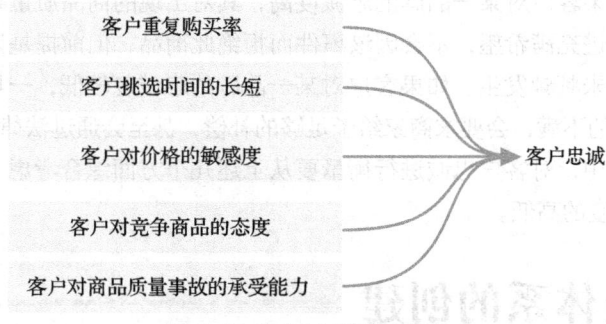

图 5-7　客户忠诚的衡量标准

1. 客户重复购买率

客户重复购买率是指客户在一段时间内购买商家提供的商品或服务的次数。在一定时期内，客户对某一品牌商品重复购买的次数越多，说明对该品牌的忠诚度越高，反之就越低。

由于商品的用途、性能、结构等因素会在一定程度上影响客户对商品的重复购买次数，所以商家在按此标准衡量客户忠诚时应根据不同商品的性质区别对待。例如，商品属于易损品或一次性用品，即使客户购买某个商家的商品的次数很多，也不能轻易认为其对该商家非常忠诚；如果商品属于耐用品，即使客户购买的次数很少，也不能说明客户对该商品不忠诚或忠诚度很低。

当然，按此标准衡量客户忠诚还要排除由于某些特定的原因（如垄断、地理位置等），客户没有太多可以选择的商品，或者要选择其他商品需要付出较高的转换成本而产生的重复购买的情况。

2. 客户挑选时间的长短

客户在购买商品时都会经历挑选这一过程。挑选意味着客户会花费时间了解商品，也会比较不同商家提供的商品。如果客户在购买某个商家或品牌的商品时会花费很长时间来搜集信息，并将其与其他商家或品牌的商品做比较，最后才决定是否购买，说明客户对该商家或品牌的忠诚度较低；如果客户信任某个商家或品牌的商品，那么他们用来挑选商品的时间就会缩短，会快速地决定购买商品。

3. 客户对价格的敏感度

价格是影响客户是否购买商品或服务的重要因素之一。对于喜爱和信赖的商品，客户往往不介意其价格的轻微变化，对其价格变动的承受能力强，即客户对价格的敏感度低；而对于不喜爱和有所怀疑的商品，客户则对其价格波动“斤斤计较”，承受力较弱，即客户对价格的敏感度高。

商家在运用这一标准衡量客户忠诚时，必须要考虑到另外两个因素。一是人们对商品的必需程度。如果商品是人们生活中可有可无的点缀，人们对商品的价格敏感度往往就会提高。二是商品的供求状况。如果商品供大于求，市场已经饱和，那么商品的价格再怎么降也不会引发人们的购买；如果商品供小于求，市场上极度匮乏，那么无论商品的价格如何上涨，人们往往也会购买，此时客户对价格的敏感度不能说明客户对商品的忠诚度。

4. 客户对竞争商品的态度

根据客户对竞争商品的态度，我们能够从侧面判断其对某一品牌的忠诚度。一般来说，当客户对某个商家的忠诚度较高时，自然就会减少对竞争品牌的关注，而把更多的时间和精力用于关注该商家的商品；如果客户对竞争品牌的商品感兴趣且愿意花费较多的时间了解竞争品牌，说明客户对该商家的忠诚度较低。

5. 客户对商品质量事故的承受能力

任何商家提供的商品都可能会出现质量问题，而客户在这种情况下所持的态度就反映了客户对商家忠诚度的高低。如果客户对某一品牌的忠诚度高，其对出现的商品质量事故可能会持同情和宽容的态度，对商家的改进充满希望，不会因该事件而拒绝此商品，但前提是该商品没有出现严重的质量事故或此类事故并未频频发生。如果客户对某一品牌的忠诚度较低，一旦商品出现质量问题，客户往往就会感到强烈的不满，会要求商家给予足够的补偿，甚至会通过法律途径来解决问题。

在实际的操作过程中，对客户忠诚进行衡量要从上述几个方面综合考虑，不能仅通过一个方面来评估客户对商家忠诚度的高低。

5.3 会员体系的创建

在日常生活中，我们在大卖场或大型超市购物时，基本上都会看到一个办理会员卡的柜台；成为卖场或超市的会员后，我们会定期收到卖场或超市发来的商品宣传信息，在购物时可以凭会员卡享受部分商品的会员价，或者参与一些积分换购、抽奖的活动。有些会员体系建设得比较完善的卖场或超市，甚至还会有满额晋升、生日送好礼等不同种类的会员福利政策，这些措施在很大程度上提高了客户对卖场或超市的忠诚度。

电子商务与传统零售行业一样，其本质都是交易，都是通过寻找和锁定目标客户，为目标客户提供好的商品或服务，促成交易。为了提升客户的活跃度和留存率，提高交易转化率，会员体系的创建在客户关系管理中占据着重要地位。

5.3.1　明确创建会员体系的目标

商家通过创建会员体系，可以更加有效地掌握客户的资料，了解客户的兴趣爱好和消费习惯，挖掘客户的意向需求。同时，商家可以进行客户分层，为不同客户提供优质的个性化服务。在开始设计会员体系之前，商家应该考虑清楚以下问题。

- 这套会员体系能为客户带来什么价值？这种价值是否是客户迫切需要的？
- 设计的会员体系通过什么渠道触达客户，以让客户尽可能多地成为会员？
- 在满足客户基于会员体系享受折扣等特权服务的基础之上，这套体系能给自己的店铺创造多大的价值，带来多少销售量增长？

商家应在考虑清楚以上 3 个问题后，再思考是否真的要创建一套会员体系及如何设计执行层的问题（而不是一上来就头脑发热地建立一套会员体系），如建成之后要提高多少交易额，活跃多少体量的用户。商家进行会员体系的设计首先应该基于客户目标提出一套解决方案，满足客户的核心需求，创造客户价值。

概括来说，创建会员体系具有以下三大作用，如图 5-8 所示。

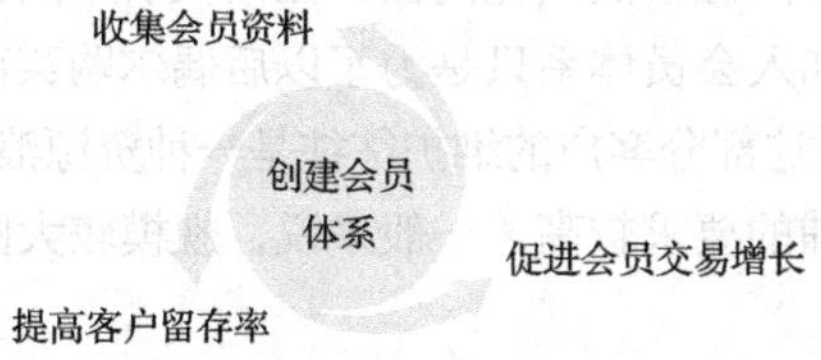

图 5-8　创建会员体系的作用

1. 收集会员资料

了解会员的兴趣爱好和消费习惯，挖掘会员潜在的购物需求，同时在运营层面对会员进行分层，针对不同层级的会员进行精细化运营管理。

2. 提高客户留存率

以发放积分、成长值、经验值等方式刺激和引导客户完成设计会员体系之初，商家期望客户完成的相关动作，促进其积分、成长值、经验值的增长，提高会员级别，提高客户留存率。

3. 促成会员交易增长

会员凭借成长值可以兑换积分、领取优惠券，以及享受各级别的会员服务。商家可以为会员提供与普通客户有差异的商品或服务，促成会员交易增长，同时提升会员的荣誉感与被尊重感。

因此，商家在设计会员体系之初需要分别从商品和客户两个方面达成两大目标，如图 5-9 所示。

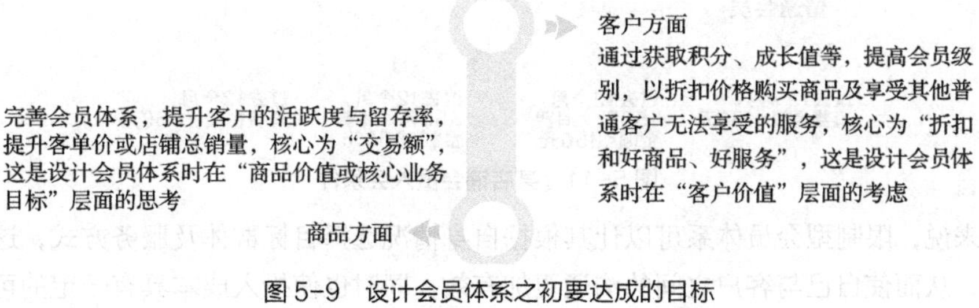
客户方面
通过获取积分、成长值等，提高会员级别，以折扣价格购买商品及享受其他普通客户无法享受的服务，核心为"折扣和好商品、好服务"，这是设计会员体系时在"客户价值"层面的考虑
完善会员体系，提升客户的活跃度与留存率，提升客单价或店铺总销量，核心为"交易额"，这是设计会员体系时在"商品价值或核心业务目标"层面的思考
商品方面

图 5-9　设计会员体系之初要达成的目标

5.3.2 确定会员等级设计方案

确定会员等级设计方案是创建会员体系的第一步。会员等级是进行会员层级划分，为会员提供有针对性、个性化的商品或服务的基础。

1. 确定会员体系的类型

在确定会员等级设计方案之前，首先需要确定吸引会员的方式，即会员体系的类型。通常来说，会员体系分为开放型和限制型两大类。

（1）开放型

开放型会员体系的会员申请门槛较低，甚至是无门槛，只要客户愿意即可申请成为会员，客户无须额外支付费用。例如，只要客户在店铺成功消费一次即可成为会员，或者客户向店铺提供邮箱地址或手机号即可注册成为店铺会员，如图5-10所示。

图5-10 开放型会员体系

对商家来说，开放型会员体系的主要优势是有利于吸引潜在客户，让他们有机会接触店铺的商品或服务，商家也有机会与潜在客户进行沟通，并将其转化为自己的忠诚客户。但是，此类型的会员体系也存在一定的劣势：由于门槛较低或无门槛，往往吸引来的会员质量较低，他们可能对商品或品牌并没有很强的认同感，加入会员体系只是为了以后偶尔购买商品时可以享受优惠，并不会对店铺或商品产生忠诚感，后续对这部分客户的维护往往是一种资源浪费。

这种类型的会员体系对店铺的要求较高，一般来说，规模较大的店铺可以考虑采用此种类型的会员体系。

（2）限制型

限制型会员体系对会员的申请设置一定的门槛，通常情况下客户需要具备一定的资格才能加入会员体系。客户加入会员体系的方式有多种，如客户申请入会或由店铺自动赋予符合要求的客户一定的会员等级。

例如，有的商家要求客户在购买会员卡后填写申请资料，经过正式申请流程才能成为会员，享受相应的会员权益；有的商家需要客户在店铺内消费满一定的金额才可成为会员，从而保证店铺的所有会员都是自己的主要目标群体，如图5-11所示。

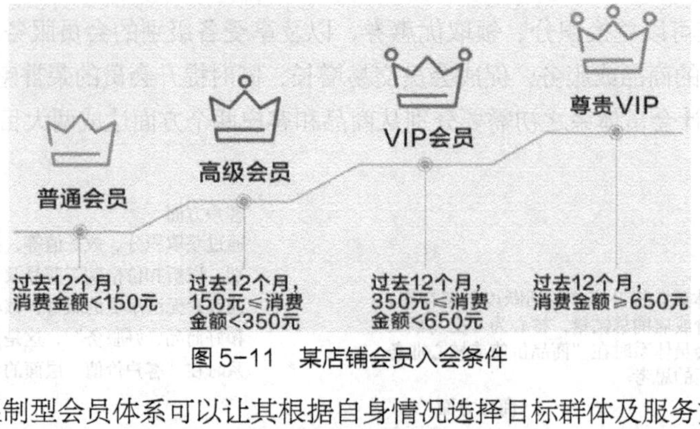

图5-11 某店铺会员入会条件

对商家来说，限制型会员体系可以让其根据自身情况选择目标群体及服务方式，这样会让服务更具针对性，从而使自己与客户之间的沟通更加有效，同时也使投入成本具有一定的可控性；对客户来说，这种会员体系更能让其感受到会员价值，产生被尊重感，从而更愿意忠实于店铺。

2. 设计会员体系

在实际操作中，商家应该从自身实际情况出发，选择适合自己的会员体系。那么，在会员体系设计的过程中，商家应该如何操作呢？下面以限制型会员体系为例介绍会员体系设计的基本步骤。

（1）确定会员层级

会员层级是指会员的不同等级，商家可以为不同等级的会员设置不同的名称，如图 5-12 所示。

"普通会员→高级会员→VIP会员→尊贵VIP会员"会员层级

"普通会员→资深会员→VIP会员→SVIP会员"会员层级

"铜牌会员→银牌会员→金牌会员→钻石会员"会员层级

图 5-12　会员名称设置

（2）选定会员成长模式

会员体系中的会员成长模式主要有两种：一种是升级模式，另一种是升降级模式。

① 升级模式

升级模式操作起来比较简单，直接按照设定好的规则对会员等级进行提升即可。最常见的升级规则是累计交易达到一定的金额即可自动升级，或者交易满多少笔即可升级，如图 5-13 所示。

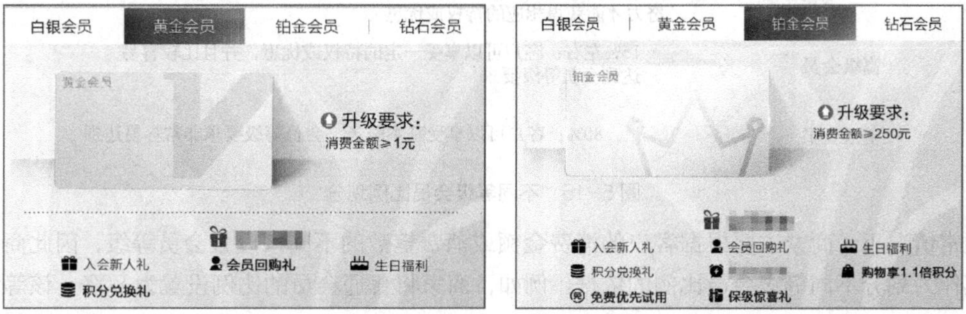

图 5-13　会员成长升级模式

与升降级模式相比，升级模式对会员购物积极性的刺激力度一般，商家在会员体系创建初期或中期可以采取这种模式。

② 升降级模式

升降级模式操作起来比较复杂，需要考虑各个会员等级的有效期限。若该等级的会员在有效期内不再符合设定的要求，那么该会员会被降级，成为等级较低的会员；若会员满足该等级的条件，则会保留会员等级。例如，某店铺规定尊贵 VIP 会员在一年内的成功交易金额若未满足该等级金额要求，将降级为 VIP 会员；VIP 会员在一年内的成功交易金额若未满足该等级金额要求，将降级为高级会员；高级会员在一年内的成功交易金额若未满足该等级金额要求，将降级为普通会员。某店铺的会员生降级规则如图 5-14 所示。

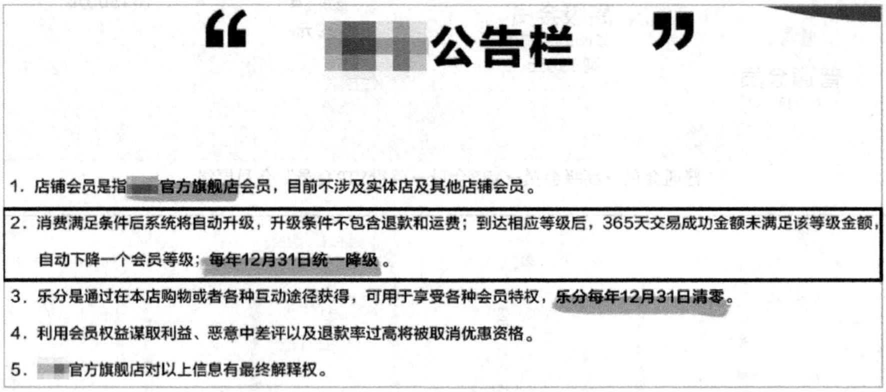
"[redacted]公告栏"

1. 店铺会员是指[redacted]官方旗舰店会员，目前不涉及实体店及其他店铺会员。

2. 消费满足条件后系统将自动升级，升级条件不包含退款和运费；到达相应等级后，365天交易成功金额未满足该等级金额，自动下降一个会员等级；每年12月31日统一降级。

3. 乐分是通过在本店购物或者各种互动途径获得，可用于享受各种会员特权，乐分每年12月31日清零。

4. 利用会员权益谋取利益、恶意中差评以及退款率过高将被取消优惠资格。

5. [redacted]官方旗舰店对以上信息有最终解释权。

图 5-14　某店铺的会员升降级规则

与升级模式相比，升降级模式会给会员制造一定的紧迫感，进而能够更有效地刺激客户消费。但是，这种模式操作起来比较复杂，需要商家花费比较多的精力和时间去关注不同等级的会员是否仍符合该等级的条件。一般来说，这种模式比较适合品牌黏性较高、会员制度完善的商家。

（3）设定不同等级会员的比例

确定了会员等级及会员成长模式之后，接下来就是确定各个等级会员的比例。市场营销中有一个经典的帕雷托法则，即企业 80% 的销售额来源于 20% 的优质客户。因此，商家在设置不同等级会员的比例时也可以参考该定律，将自己的客户分类，找出其中 20% 的优质客户，对其进行重点维护，为其制订有针对性的激励机制。图 5-15 所示为会员占比划分参考示例。

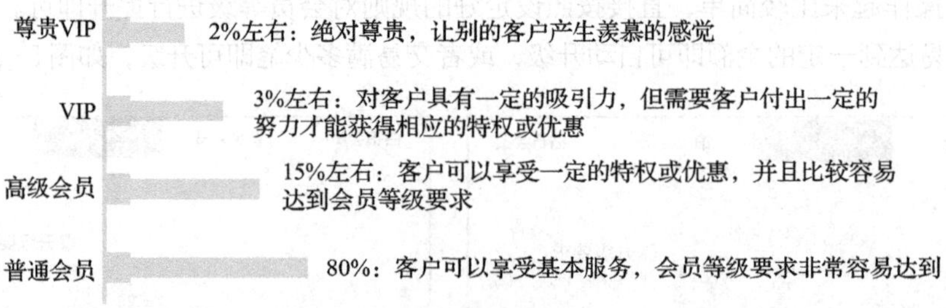

图 5-15　不同等级会员比例划分

通常情况下，商家主要根据客户的消费金额或消费笔数的不同来设置会员等级，因此商家也可以将其作为划分不同等级会员比例的依据。例如，商家将普通会员的比例设置为 80%，该等级会员的特点是在店内成功消费过一次，客单价在 200 元左右。为了刺激这些客户回购，商家可以将晋级至高级会员的条件设置为累计交易金额达 400 元或交易次数满 5 次，这相当于刺激普通会员再购买一次即可达到累计交易金额。

（4）根据实际情况及时调整和完善会员体系

商家需要根据自身发展现状及未来的发展目标来确定最终的会员等级设计方案。例如，对成熟的大型商家来说，其发展目标是重点维护高价值的客户，保持其活跃性，刺激其产生更多消费，这些商家适宜选择对会员等级要求较严格的偏重型会员等级设计方案；而对处于成长中的中小型商家来说，设置会员制度的目标是迅速吸引客户，营造良好的复购环境，这些商家适宜设置较低的会员等级晋级要求，采取均衡制会员等级设计方案。

5.3.3　根据会员等级设定会员权益

在会员的晋升规则中，会员卡其实不能算是一种规则。有的商家通过直接向客户销售会员卡的方式来实现对客户等级的晋升，这种操作模式属于小众模式，适用于品牌能力较强的商家，其中包括商品品牌（如品牌会员卡）和渠道品牌（如卖场会员卡）。

商家要求会员必须累计消费超过多少金额或消费超过多少次之后才能升级，那么客户为什么要完成这么多金额或这么多次的消费呢？刺激客户积极进行升级的原动力是什么？对商家来说，客户也都是“自私”的，会员等级升级后“我有什么好处”是客户首先会思考的一个问题，而解决这个问题的方案就是设定合理的会员权益。

会员权益除了要多样化，能从功能、心理角度切实给客户带来激励外，还要具有差异化的特点。因为会员权益不仅仅需要对非会员产生吸引力，使其成为会员，还要对已有会员产生持续的吸引力。这就要求会员权益根据不同的会员等级具有差异化特性，而且越高等级的会员可以享受越多或越好的权益。

在电商会员体系中，会员权益的设定一般也是沿着功能型设定、心理型设定来进行的，会员权益包括折扣、专享产品、免费试用、包邮等。同时，店内活动优先通知也对客户的尊贵身份进行了一定的心理暗示，提升了会员权益对客户的综合吸引力。

通常来说，商家在会员体系中经常设定的权益可以分为 3 类，即价格权益、服务权益和专享权益。

1. 价格权益

价格权益是指对不同等级的会员设定不同的价格策略，即等级更高的会员能够在购买时享受更多的优惠。为会员提供价格权益的主要方式有商品折扣、满就减、差额优惠券、包邮等，如图 5-16 所示。

图 5-16　某商家为会员提供的优惠券

2. 服务权益

淘宝本质上是一个倡导打折的电商平台，商家做活动、打折的现象层出不穷，这更导致淘宝的许多优惠信息变成了泛滥型信息。因此，淘宝上的商家需要构建更多与价格无关的权益来对会员的成长进行激励，即为会员提供更多的服务权益。为会员提供服务权益的方式包括差异化客户人员服务、快递优选、生日特权、无理由退换货、上新优先权等，如图 5-17 所示。

售后特权，倾情奉献

	普通会员	高级会员	VIP会员	尊贵VIP
活动差价	无	7日可退	10日可退	15日可退
试用后不满意	自付邮费退换	自付邮费退换	包邮退换	包邮退换
错买	自付邮费退换	自付邮费退换	包邮退换	包邮退换
错发、漏发	包邮退换	包邮退换	专属权益	定制权益
破损漏液	核实后赔付	核实后赔付	专属权益	定制权益

图 5-17 某商家为会员设置的专属售后特权

3. 专享权益

专享权益是指通过对客户的商品购买范围进行限制来凸显会员的尊贵。在稳定的会员体系中，专享权益是显性的、具有暴露性的。仅仅让能够享受专享权益的客户看到专享区是不够的，而应让所有的客户都可以看到，因为能看到但不能享有才会让人焦急。

专享的商品要有卖点，无论是在价格还是商品本身的款式、风格等特性上都需要具备一定特殊的吸引力。图 5-18 所示为某商家设置的会员日当天会员专享商品礼包，会员专享价格极具吸引力。

图 5-18 某商家设置的会员专享商品礼包

5.3.4 制定有穿透力的会员传播政策

要想制定有穿透力的会员传播政策，首先要解决的问题就是会员政策如何传播。只有让更多的人知道店铺的会员政策，才能吸引更多的人关注并加入店铺的会员体系。

1. 会员政策传播的触点

会员政策的传播首先需要有效的触点才能顺利展开，刺激会员政策传播的有效触点主要有以下几种。

（1）浏览店铺

在店铺首页设置会员政策页面入口，客户可以直接点击进入了解会员政策，如图 5-19 所示。

图 5-19　某店铺会员专区入口

商家也可以在店铺首页设置独立的邀请客户入会的板块，并设置具有吸引力的优惠政策，进而吸引客户在浏览店铺的过程中主动关注会员政策，如图 5-20 所示。

图 5-20　某店铺首页设置的邀请客户入会板块

（2）包裹

在商品包裹中放置会员政策宣传册，可以让客户在拆开包裹后的第一时间了解店铺的会员政策。

（3）确认收货

一般来说，网购客户确认收货（非因确认收货时间到后系统自动确认收货）则表示客户对商品是认可的，对自己本次的交易是满意的。因此，商家可以在新客户“确认收货”之后告知客户他们的会员等级、可以享受的会员权益等。如果老客户的会员等级发生变化，商家也应该及时通知他们当前的会员等级及所能享受的会员权益。

（4）再次购买

当客户在店铺回购时，商家可以抓住这个时机告诉客户其当前的会员等级，以及所能享受的会员权益，进而刺激客户的消费欲望。

（5）长期未购物

针对多次回购的老客户，如果他们有很长一段时间都没有再来店铺消费，此时商家可以对其进行再次购买提醒，这样可以有效地“唤醒”老客户，如开展特定的会员日活动。

2. 会员政策的传播方式

具体来说，会员政策的传播方式包括以下 5 种。

（1）店铺内会员专区

最常用的传播会员政策的渠道在店铺内部，即在店铺内部设置专门的页面来对会员政策进行呈现，即通常所说的会员专区。会员专区的内容主要包括入会方式、入会优惠、会员等级规则、会员权益、会员活动、专享商品等。某店铺设置的新入会会员礼如图 5-21 所示。

图 5-21 某店铺设置的新入会会员专享礼

（2）客服售前传播

在提供售前服务的过程中，客服人员在整个客户体验环节中发挥着非常重要的作用。客服人员作为重要的信息输送渠道，同样也是良好的传递会员政策的渠道。

客服人员在为客户提供服务的过程中，应针对新老客户的差异制订不同的推送会员政策的策略。客服人员可以在新客户成交（付款）之后向其推送相对应的会员政策，告知客户所能享受的会员权益，让客户感受、意识到店铺的会员体系，使他们对店铺的会员政策形成一定的认同感。

（3）短信推送

短信具有传播速度快、实时性强、文案编辑容易、到达率高等特点，能够帮助商家提高与会员沟通的效率。例如，商家可以选择在会员等级提升时向会员发出恭喜短信，唤醒客户对会员等级的认知。

但是，短信推送也有弊端，就是短信的内容比较简单，有时无法将店铺的会员政策完整地传递给客户。此外，由于当前越来越多的商家选择对客户进行短信推送，客户往往一天内会收到多条短信，导致许多客户将短信视为一种骚扰，进而将其屏蔽，短信推送也就无法达到相应的效果。因此，商家在使用短信推送会员政策时要注意适度，否则容易引起客户的反感。

（4）邮件推送

邮件推送也是一种传播会员政策的有效方式。邮件可呈现的内容较多，可以向客户传递大量的图文信息，且费用低，对客户的骚扰相对较少。但是，邮件推送也存在一定的不足，其即时性较差，很多客户可能不会频繁地查收邮件，这就导致用邮件推送的信息滞后。此外，邮件的内容需要更具设计感，否则不易引起客户的关注，也就无法达到良好的传递信息的效果。因此，商家在实际的操作中可以将邮件推送和短信推送结合使用。

（5）在包裹中夹带会员手册

在线上到线下（Online to Offline，O2O）时代，包裹夹带品成为商家传递自己的营销政策及服务内容的关键阵地，同时也成为传播会员政策的一个核心入口。在各类包裹夹带品中，客户对会员手册的敏感性更强。因此，商家可以在包裹中夹带会员手册来向客户传递店铺的会员政策。会员手册需要包括的内容有会员权益、会员晋升规则、品牌故事等。

5.3.5 有效评估、及时验证并调整会员体系

会员体系创建成功并实施一段时间后，商家需要对会员体系的运行效果进行评估，以发现问题，及时调整、优化体系设置。会员体系的有效评估主要包括两个方面，一是对会员体系的日常监控，

二是对会员体系的调整与优化。

1. 对会员体系的日常监控

通过对会员体系的运行效果进行日常监控，商家可以及时了解会员管理中存在的问题，为优化会员体系提供数据支持。在日常监控中，主要的监控内容有以下 4 项，如图 5-22 所示。

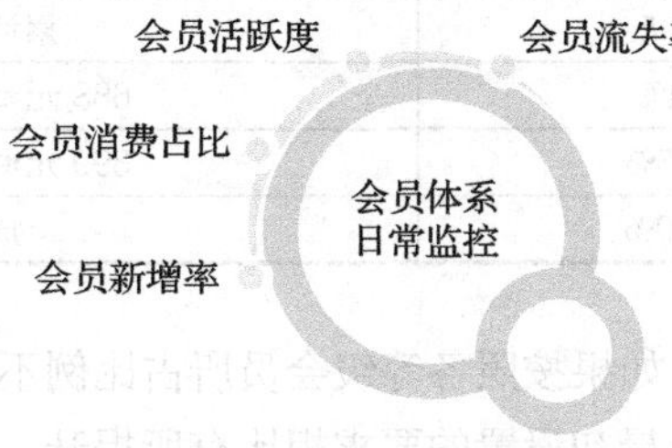

图 5-22　会员体系日常监控的内容

（1）会员新增率

会员新增率是指固定时间段内（如一个月内）新增会员的占比，它主要反映会员推广方案和会员政策对客户是否有足够的吸引力，计算公式为“（本月会员人数 - 上月会员人数）/ 上月会员人数”。

由于会员的数量会随着时间的推移而不断发生变化，商家想要获得以前的数据就会比较麻烦。因此，建议商家在日常运营中养成收集、整理会员资料的习惯，如以“月”为单位，对每个月的会员人数进行统计，这样后续调用数据会非常方便。

（2）会员消费占比

会员消费占比是指某个固定时间段内会员的消费金额占店铺所有客户消费金额的比例，它体现了会员制度刺激会员重复消费的效果，反映了会员制度能否刺激会员并让他们发挥自身的最大价值。

（3）会员活跃度

会员活跃度是指某个固定时间段内在店内购买商品的会员数占总会员数的比例。例如，以“月”为统计单位，会员活跃度的计算方法为“最近 30 天内购买商品的会员数 / 总会员数”。会员活跃度反映了会员管理的有效性，即会员管理是否能使会员处于一种活跃的状态。

（4）会员流失率

会员流失率是指某个时间段内未购买过商品的会员数占总会员数的比例。会员流失率可以看作会员活跃度的反面。通常情况下，会员流失率的统计时间比较长，一般以“年”为单位。

以上 4 个指标可用于进行各个等级的会员的评估，当然商家也可以针对某个等级的会员，如高级会员，利用这 4 个指标进行评估。

此外，日常监控还包括为会员策略提供辅助支撑的辅助性监控，即对每个等级中有待升级的会员人数进行监控，以便商家把控营销方向，制订有针对性的营销策略。例如，监控本月内高级会员的数量，以及高级会员中再消费一次即可升级为 VIP 会员的人数，随后商家根据监控结果决定应该针对高级会员采取何种营销策略，以提升他们的活跃度。

2. 对会员体系的调整与优化

待会员体系实施一段时间（如半年或一年）后，商家需要根据实施效果对会员体系进行调整与优化。

商家要对会员体系进行验证，即通过数据分析，对会员体系的准确性进行分析，判断其标准设定得是否准确，如分析会员等级划分是否符合当初设置会员体系的目标。

例如，某商家的会员体系的设置为普通会员（成功交易一次即可）占 80%，高级会员（399 元

≤累计交易金额< 688 元）占 15%，VIP 会员（688 元≤累计交易金额< 888 元）占 4%，尊贵 VIP 会员（累计交易金额≥ 888 元）占 1%，如表 5-4 所示。

表 5-4　某商家的会员体系设置

会员等级	会员人数占比	会员等级要求
尊贵 VIP 会员	1%	累计交易金额≥ 888 元
VIP 会员	4%	688 元≤累计交易金额< 888 元
高级会员	15%	399 元≤累计交易金额< 688 元
普通会员	80%	成功交易一次即可

待会员体系实施一段时间后，如果按照各等级会员所占比例不变的情况进行分析，各个等级的会员所对应的累计最低交易金额与最初设置的要求相比有所提升，即高级会员的最低累计交易金额提高至 430 元，VIP 会员的最低累计交易金额提高至 725 元，尊贵 VIP 会员的最低累计交易金额提高至 968 元，如表 5-5 所示。如果按照各等级会员最低累计交易金额不变的情况进行分析，高级会员和 VIP 会员的人数占比有所提升，如表 5-6 所示。

表 5-5　按照各等级会员所占比例不变的情况进行分析

会员等级	会员人数占比	会员等级要求
尊贵 VIP 会员	1%	累计交易金额≥ 968 元
VIP 会员	4%	725 元≤累计交易金额< 968 元
高级会员	15%	430 元≤累计交易金额< 725 元
普通会员	80%	成功交易一次即可

表 5-6　按照各等级会员最低累计交易金额不变的情况进行分析

会员等级	会员人数占比	会员等级要求
尊贵 VIP 会员	0.7%	累计交易金额≥ 888 元
VIP 会员	7.3%	688 元≤累计交易金额< 888 元
高级会员	20%	399 元≤累计交易金额< 688 元
普通会员	72%	成功交易一次即可

得出分析结果后，商家根据设置会员体系的预期目标做出决策，决定是否要继续沿用原有会员体系，如图 5-23 所示。

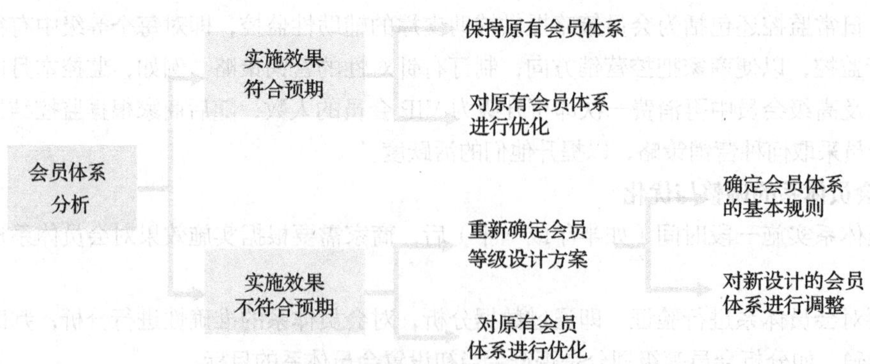

图 5-23　会员体系分析与调整的思路

5.4 会员积分管理

积分体系是很多线上线下商家都会采用的会员管理模式。在积分制管理模式下，会员通过在店铺内购买商品、参与活动等方式获得积分，当积分达到一定水平时，即可通过消耗积分来获得相应的优惠服务。在这个过程中，积分发挥着虚拟货币的作用。

从本质上来说，会员积分是商家对客户消费行为的一种回馈和激励，商家借助积分积累和兑换政策刺激会员产生消费行为，增强会员对商品或品牌的黏性，提升品牌形象和会员忠诚度。

5.4.1 设定积分生成规则

商家需要制订合理的积分生成规则，包括积分获取的门槛和途径。积分获取门槛的设定要合理，不宜太高或太低，门槛太高会让人望而却步，无法刺激客户参与，而太低又会让客户觉得积分没有价值，是可有可无的存在。

此外，积分获取途径要尽量多样化，这样可以增强积分获取的可实现性和趣味性，进而提高会员的积极性。下面介绍几种常用的积分生成规则。

1. 消费金额换算积分

消费金额换算积分就是将客户在店内的消费金额按照一定的比例换算成相应的积分，可以分为固定换算和多级换算两种换算方式。

其中，固定换算是指按照固定的比例将客户的消费金额换算成积分，通常是 1 元 =1 积分。多级换算是指设置不同的消费区间，再根据不同的消费区间设置不同的换算比例。例如，单笔消费金额在 200 元以下，1 元 =1 积分；单笔金额为 200 ~ 800 元，1 元 =1.5 积分；单笔消费金额超过 800 元，1 元 =2 积分。

图 5-24 所示为某店铺设置的采用固定换算方式的积分生成规则。

图 5-24　采用固定换算方式的积分生成规则

2. 会员等级积分

会员等级积分是与会员等级相匹配的一种积分生成规则，即不同等级的会员可以享受不同等级的积分奖励。图 5-25 所示为某店铺设置的会员等级积分换算规则，客户的消费金额既是会员升级的条件，又是换算积分数量的标准。

3. 额外奖励积分

额外奖励积分是指在消费金额换算积分和会员等级积分之外，针对一些特定消费情境设置的积分生成规则。

（1）新客户在店铺内首次消费，额外奖励 100 积分。

（2）会员生日当天在店铺内消费，可获得双倍积分奖励。

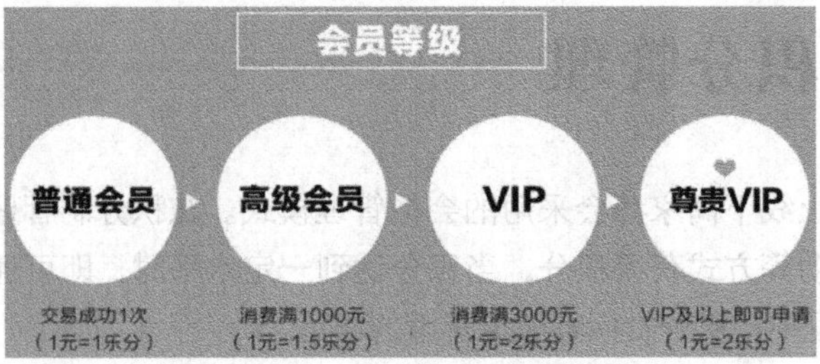

图 5-25　会员等级积分换算规则

（3）客户购买特定商品，额外奖励 2 倍积分，或额外赠送 200 积分。

（4）节日促销、平台大促期间，客户购买商品可享受多倍积分奖励。

图 5-26 所示为某店铺设置的首次购物积分奖励规则。

图 5-26　首次购物积分奖励规则

4. 互动活动奖励积分

互动活动奖励积分是指会员通过参与商家设置的互动活动获得的积分。设置互动活动可以增加会员的复购次数，同时商家可以借助开展具有调研性质的互动活动来获取客户信息和客户反馈，帮助店铺更有效地开展营销活动。

互动活动奖励积分主要有以下几种形式。

（1）完善个人信息奖励积分

会员完善自己的个人信息可获得一定的积分奖励，如完善手机号、邮箱地址、生日等信息，商家借助这些信息可以对客户进行有针对性的后续营销和关怀服务，如图 5-27 所示。

图 5-27　完善个人信息奖励积分规则

需要注意的是，由于这些信息具有一定的私密性，商家应该向客户做出说明："这些信息仅用于对会员推送活动信息，赠送生日礼物。"这样有利于减少会员的抵触情绪，同时商家应该做好客户信息的安全管理工作。

（2）每日签到奖励积分

会员每天在店铺内签到即可获得一定的积分奖励。例如，每天签到奖励 20 积分，连续 7 天签到额外奖励 30 积分，连续一个月签到额外奖励 50 积分；或每日签到奖励 5 积分，连续 7 天签到后，之后每天签到奖励 10 积分，若中间断签，则恢复为每日签到奖励 5 积分。

这种方式的特点就是获取积分非常简单，能刺激会员参与，进而增加会员的到店次数，提升客户对店铺的黏性。图 5-28 所示为某店铺设置的每日签到奖励积分规则。

图 5-28　每日签到奖励积分规则

（3）收藏奖励积分

客户收藏店铺或关注店铺即可获得积分奖励，这样商家可借助积分吸引客户关注店铺，为以后对客户展开营销推广奠定基础。但是，收藏店铺获得的积分要尽量高于签到获得的积分，这样才能最大限度地吸引客户采取行动，如收藏店铺可获得 100 积分。

（4）游戏互动奖励积分

商家可以设置一些具有趣味性的游戏并邀请客户参与，然后根据客户完成游戏的情况给予一定的积分奖励。图 5-29 所示为某店铺设置的游戏互动奖励积分规则。

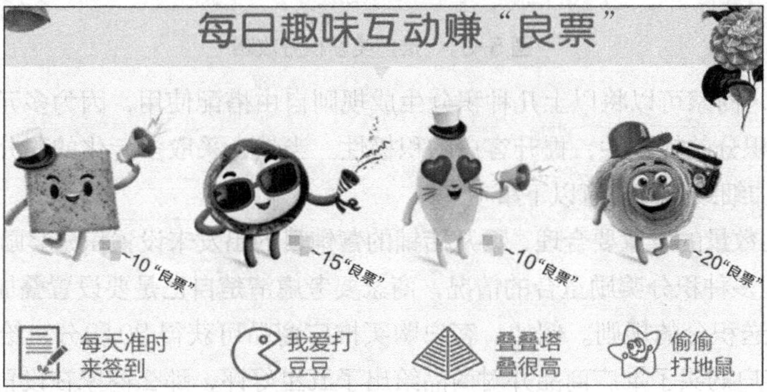

图 5-29　游戏互动奖励积分规则

（5）填写调查问卷奖励积分

店铺可以设置一些调查问卷并邀请客户参与填写，如店铺商品或服务满意度调查、商品偏好调查、商品搭配套餐需求调查等，对参与问卷调查的客户给予一定的积分奖励，如图 5-30 所示。

图 5-30　填写调查问卷奖励积分规则

5. 推广奖励积分

会员完成推广店铺的任务后，可以获得一定的积分奖励。这种积分生成规则有助于店铺实现口碑营销，为店铺吸引更多的新客户。

（1）好评奖励积分：会员给出五星好评可获得20积分的奖励，给出30字以上好评可获得30积分的奖励。

（2）“晒单”奖励积分：会员在微信、微博等平台上“晒单”，截图发给店铺客服即可获得一定的积分奖励。

（3）邀请好友交易奖励积分：老客户邀请一名新客户完成一次交易即可获得积分奖励，被邀请的新客户在首次购买时也可以获得额外的积分奖励。

图5-31所示为某店铺设置的推广奖励积分攻略。

图5-31　推广奖励积分攻略

在实际操作中，商家可以将以上几种积分生成规则自由搭配使用，因为多元化的积分生成规则可以增强客户积累积分的趣味性，提升客户的积极性。当然，采取多元化的积分生成规则就需要商家在制订规则时更加细致，并注意以下事项。

（1）积分奖励数量的设置要合理，要从店铺的营销目的出发来设置积分奖励数量。

（2）如果出现多种积分奖励重合的情况，商家要考虑清楚自己是要设置叠加赠送积分的规则还是要设置最大化赠送积分的规则。例如，客户购买推广商品可获得20积分，给出五星好评可获得50积分，如果某客户购买了推广商品并对商品给出了五星好评，那么商家在设置积分时就需要考虑该客户是叠加获得70积分，还是按照最大最小准则获得50积分。

（3）商家需要考虑积分的有效期（如为每批发放的积分设置1～2年的有效期），为积分设置有效期可以刺激会员在积分有效期内及时使用，享受店铺优惠。

5.4.2　运用积分兑换政策，为会员创造福利

在积分制度管理中，真正涉及会员福利的就是积分兑换政策。会员积累了一定的积分之后，即可参与店铺设置的积分兑换活动。

常见的积分兑换方式有以下几种。

1. 积分兑换商品或礼品

这种方式分为全额积分或部分积分兑换商品或礼品。如果是全额积分兑换，兑换的商品可以是店铺内的商品，如店铺推广商品、新品、体验品等，也可以是与店铺商品相关的其他礼品。如果是部分积分兑换，则商家可以将积分当作虚拟现金，让客户以“部分积分＋折扣价”的形式兑换商品。

商家采取这种积分兑换方式，应该对每个ID可兑换的商品数量进行限制。图5-32所示为全额积分兑换商品，图5-33所示为以“部分积分＋折扣价”的形式兑换商品。

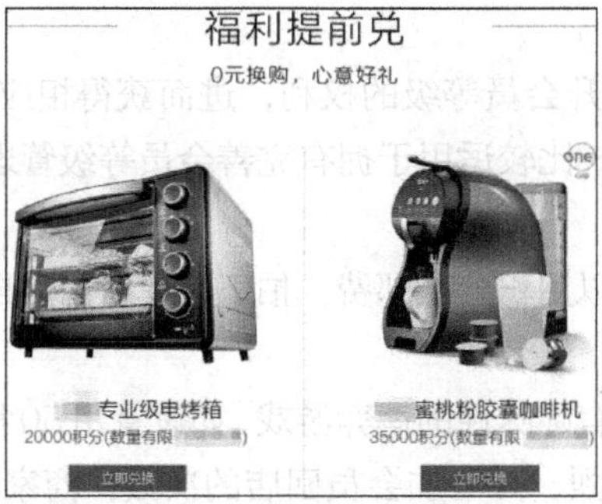

图 5-32　全额积分兑换商品

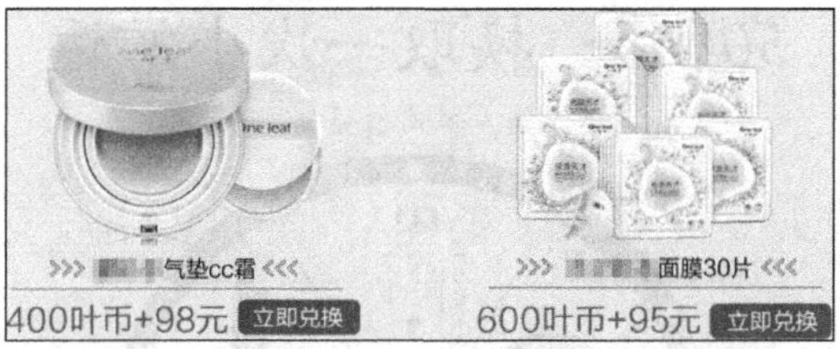

图 5-33　以“部分积分 + 折扣价”的形式兑换商品

2. 积分兑换优惠券

积分兑换优惠券的方式实质上也是将积分当作虚拟现金，以为客户提供价格优惠的方式实现对客户的回馈，如图 5-34 所示。使用积分兑换的优惠券可以是商品优惠券，也可以是店铺优惠券。商家在使用这种积分兑换方式时，要注意为每批次兑换的优惠券设置有效期。

图 5-34　积分兑换优惠券

3. 积分抵扣消费金额

积分抵扣消费金额是指将积分按照一定比例兑换成消费金额，让客户在购买商品时用以抵扣现金，如 1 积分 =0.01 元，那么客户在购物时使用 100 积分则可抵扣 1 元。这种积分兑换方式是将积分转换成实实在在的消费金额，更能让客户感到实惠，如图 5-35 所示。

图 5-35　积分抵扣消费金额

4. 积分兑换会员升级权利

客户可以使用积分来兑换提升会员等级的权利，进而获得相应等级的会员权益，即各种积分最终都用于获得会员权益。这种方式比较适用于拥有完善会员等级管理制度的店铺。

5. 积分抵邮费

对于不包邮的商品，客户可以用积分抵邮费，拍下订单后商品自动包邮。

6. 积分兑换抽奖机会

积分兑换抽奖机会是一种具有趣味性的博弈游戏，如设置用50积分可抽奖一次，如图5-36所示。为了不让抽奖活动的竞争过于激烈，并增加会员回店的次数，商家在使用这种方式时最好对每个ID每天的抽奖次数上限做出限制。

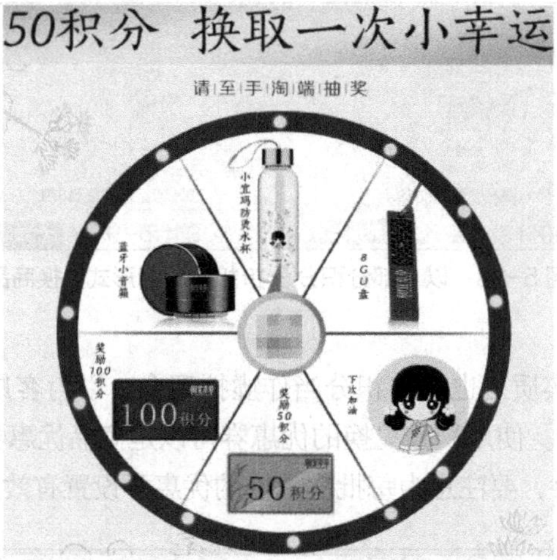

图5-36 积分兑换抽奖机会

为了最大限度地发挥积分兑换政策的效用，针对一些积分兑换方式，如积分兑换商品或礼品、积分兑换优惠券、积分抵邮费等，商家应该为积分设置有效期，这样可以刺激会员及时使用积分，同时还能刺激客户为了获取更多的积分而增加消费。

案例分析 丝芙兰：用价值感提高客户忠诚度

丝芙兰是全球知名的化妆品零售品牌，在全球拥有超过1000家门店。丝芙兰凭借完善的会员体系，让不同等级的会员享受不同的权益，用突出的价值感积累了大量忠实会员，而这些会员也为丝芙兰带来了很高的销售额。

以下为丝芙兰（中国）官网发布的《丝芙兰美力派会员俱乐部规则》节选内容。

4 会员等级

4.1 会员等级分类

4.1.1 丝芙兰根据会员在丝芙兰实体门店、丝芙兰官方线上渠道、丝芙兰指定合作伙伴线上渠道的累计消费金额和/或累计消费次数将会员划分为粉卡会员、白卡会员、黑卡会员和金卡会员4个类别。

4.1.2 会员参与付邮新品试用活动且不另外购买其他商品时支付的产品快递费用不计入上述4.1.1的累计消费金额和/或累计消费次数。

4.1.3 会员如有恶意刷单、不诚实或非法交易等情形，丝芙兰有权根据实际情况在进行会员等级计算、会员权益获取及升级、保级、降级认定时调整上述 4.1.1 的累计消费金额和 / 或累计消费次数。

4.2　各等级会员的资格获取

4.2.1　粉卡会员

a. 微信搜索“丝芙兰”，关注丝芙兰官方微信公众号，根据官方指引完成注册即成为粉卡会员。

b. 在丝芙兰官方线上渠道和指定合作伙伴线上渠道根据相应指引完成注册即成为粉卡会员。

4.2.2　白卡会员

a. 白卡会员来源于粉卡会员的升级和金卡、黑卡会员的降级。

b. 粉卡会员升级成为白卡会员的情形：在丝芙兰实体门店、丝芙兰官方线上渠道或丝芙兰指定合作伙伴线上渠道以丝芙兰会员身份进行任意消费。

c. 黑卡、金卡会员降级为白卡会员的情形：等级有效期内累计消费金额低于 1500 元（等级有效期定义见 4.4，下同）。

4.2.3　黑卡会员

a. 黑卡会员来源于粉卡、白卡会员的升级和金卡会员的降级。

b. 粉卡会员升级为黑卡会员的情形：在丝芙兰实体门店、丝芙兰官方线上渠道或丝芙兰指定合作伙伴线上渠道，以丝芙兰会员身份一次性消费金额满 1500 元。

c. 白卡会员升级成为黑卡会员的情形：等级有效期内在丝芙兰实体门店、丝芙兰官方线上渠道或丝芙兰指定合作伙伴线上渠道，以丝芙兰会员身份累计消费金额满 1500 元或在 4 个不同日期内累计消费次数满 4 次。

d. 金卡会员降级为黑卡会员的情形：等级有效期内在丝芙兰实体门店、丝芙兰官方线上渠道或丝芙兰指定合作伙伴线上渠道，以丝芙兰会员身份累计消费金额不满 7500 元但不低于 1500 元。

4.2.4　金卡会员

a. 金卡会员来源于粉卡、白卡、黑卡会员的升级。

b. 粉卡、白卡会员升级为金卡会员的情形：等级有效期内在丝芙兰实体门店、丝芙兰官方线上渠道、丝芙兰指定合作伙伴线上渠道一次性消费金额满 7500 元。

c. 黑卡会员升级为金卡会员的情形：等级有效期内在丝芙兰实体门店、丝芙兰官方线上渠道或丝芙兰指定合作伙伴线上渠道，以丝芙兰会员身份累计消费金额满 7500 元。

4.3　各等级会员的权益

4.3.1　粉卡会员可获得新人礼包，礼包的具体内容以届时丝芙兰官方 App 及丝芙兰微信小程序商城公布的为准。

4.3.2　白卡会员可预约享受免费美妆服务、使用积分兑换积分商城特定产品和特定权益。

4.3.3　在享受白卡会员权益的基础上，黑卡会员还可享受如下权益。

a. 参与丝芙兰不定期发布的折扣活动。

b. 在生日月可至丝芙兰实体门店免费领取一份专属生日礼（价值 80 元），并可获得一张生日礼券（价值 50 元），生日礼券仅限丝芙兰官方线上渠道使用。

c. 生日当天起 30 天内的首笔订单参与 3.2.3 的双倍积分活动。

4.3.4　在享受黑卡会员权益的基础上，金卡会员还可享受如下权益。

a. 优先参与丝芙兰不定期发布的折扣活动。

b. 在生日月可至丝芙兰实体门店免费领取一份专属生日礼（价值 320 元），并可获得一张生日礼券（价值 100 元），生日礼券仅限丝芙兰官方线上渠道使用。

c. 生日当天起30天内的首笔订单参与3.2.3的双倍积分活动。

d. 参与丝芙兰实体门店的“尊美会员日”活动。

4.4 会员等级有效期

4.4.1 粉卡会员等级持续有效。

4.4.2 白卡会员等级有效期为成为白卡会员之日起12个月，到期自动顺延12个月。

4.4.3 黑卡会员等级有效期为成为黑卡会员之日起12个月，且在该12个月内累计消费金额满1500元，等级有效期再顺延12个月。

4.4.4 金卡会员等级有效期为成为金卡会员之日起12个月，且在该12个月内累计消费金额满7500元，等级有效期再顺延12个月。

阅读以上内容，分析丝芙兰（中国）官网发布的《丝芙兰美力派会员俱乐部规则》是如何借助价值感来提高客户忠诚度的。

【课后习题】

1. 简述影响客户忠诚的因素，以及如何对客户忠诚进行衡量。

2. 在淘宝上搜索几个店铺，查看并描述这些店铺是如何设计会员等级和会员权益的，以及是如何制定会员传播政策的。

3. 假设你是一个销售女士运动鞋的商家，请尝试设计一套会员体系，并设置合理的会员积分管理规则。

第6章

CRM 营销：整合资源，实现营销价值最大化

学习目标

- 掌握 CRM 营销布局及规划的步骤。
- 掌握 CRM 全渠道营销的策略。
- 掌握 CRM 主动营销的流程和细节操作。
- 掌握做好 CRM 关系营销的策略。
- 掌握客户关系生命周期营销的策略。
- 掌握 CRM 营销效果分析的内容。

客户是品牌和店铺得以生存和发展的最重要的资源之一。要想吸引更多的客户，让客户保持对品牌的忠诚度，商家除了要做好服务工作，还要注意营销。CRM 营销是商家实现更有效的商品推广的常用方式，它可以帮助商家获取更为精准、更有价值的商业机会，从而提升品牌和店铺的销售效益。

案例导入

完美日记：通过多渠道营销增强用户黏性

完美日记是一个创立于2017年的彩妆品牌，经过几年的发展，完美日记已经成长为彩妆的代表性品牌。完美日记在短时间内荣获佳绩，得益于其成功的营销策略。

（1）利用小红书与用户互动

小红书是一个内容分享类平台。在小红书上，一个用户通过“线上分享”消费体验，引发“社区互动”，能够推动其他用户进行“线下消费”，这些用户反过来又会进行更多的“线上分享”，最终形成一个正循环。

完美日记充分利用了小红书的平台特性来实施品牌营销。完美日记在小红书注册了账号，坚持通过发布笔记、开直播来实施品牌营销。完美日记还会设置各类互动活动，与美妆“达人”互动，借助美妆“达人”的影响力引发其他用户对品牌的关注和讨论，并引导用户购买商品。用户根据美妆“达人”的分享购买商品后，也会分享自己的笔记和使用心得，对品牌进行宣传。

（2）利用微信沉淀私域流量

完美日记会利用微信社群留住购买过商品的用户。例如，完美日记会在商品包裹中放置“红包卡”，用户可以通过扫描“红包卡”上的二维码关注公众号，通过公众号获得1～2元的红包，这样品牌就可以用较低的成本获得一个公众号粉丝和潜在的流量。

公众号的运营者每天都会发布高质量的图文、视频类内容，以及直播预告、抽奖活动、用户调研等信息，与用户互动，引发用户的讨论，提高用户对品牌的关注度。

（3）利用线下实体店增强用户的体验感

完美日记在创立之初只是在线上销售商品，为了更好地与用户互动，为用户创造更好的体验，完美日记先后在多个城市开设了线下品牌旗舰店、快闪店。这些店铺不仅能展示各类商品，让用户更直观地了解商品，还配备了彩妆师帮助用户试妆，让用户体验商品的使用效果，有效地增强了品牌与用户之间的互动。

6.1 初识CRM营销

几乎每个商家都会在不同的时机通过开展上新促销、活动营销、定向优惠等各式各样的营销活动获取更大的流量，为了收获更好的营销效果，商家需要对营销有更深刻的认知，从而制订更具操作性的营销策略。

6.1.1 CRM营销三要素

在开展CRM营销之前，商家首先需要明白CRM营销的要素是什么，这样才能在后期的CRM营销中做到有的放矢。CRM营销有三大要素，分别是受众、接触点和内容，通俗地说就是客户在哪里、通过什么渠道沟通、向客户说什么，如图6-1所示。

1. 受众

受众是指接受服务的目标客户群，有了目标客户群才能进行客户细分，开展精细化服务和营销。

那么，到哪里去寻找受众呢？从阿里巴巴、淘宝、天猫等大数据平台，以及商家自己的店铺等小数据平台上获得的客户就是 CRM 营销的受众。

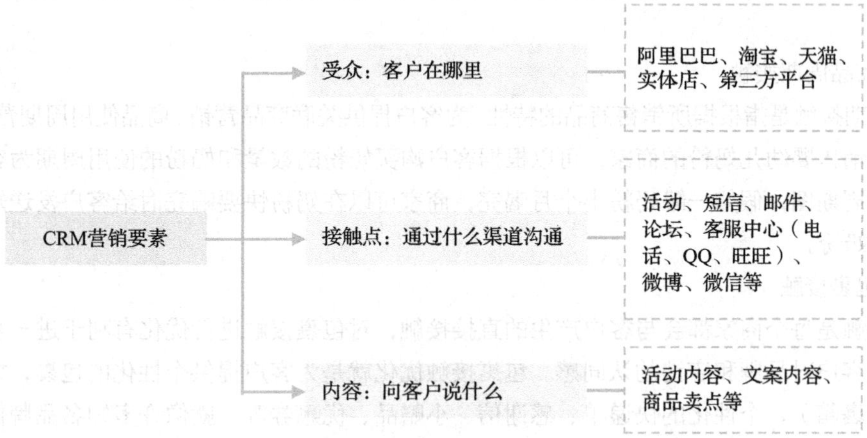

图 6-1　CRM 营销三要素

2. 接触点

在营销过程中，商家会与客户产生各种不同的接触，如商家展示广告、客户咨询、客户下单、商家对客户进行服务关怀等，这些接触就是接触点。同时，商家在各个接触点中会通过各种渠道，如短信、邮件、论坛、客服中心、微博、微信等进行对外宣传，与客户进行互动沟通。

找到正确的接触点是营销接触点管理的核心。在一个店铺的购物和营销体系中，商家与客户之间的接触点包括以下类型，如图 6-2 所示。

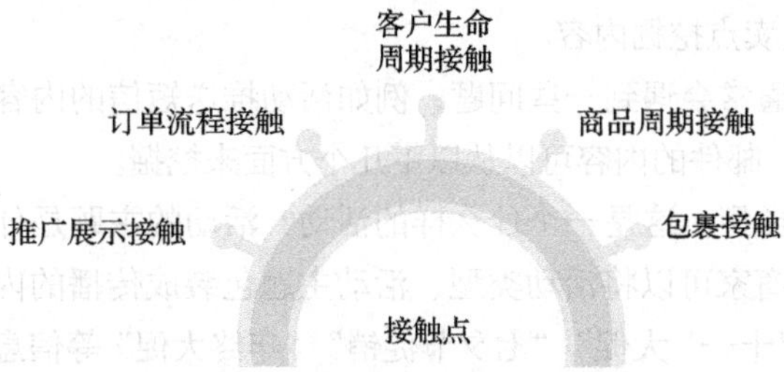

图 6-2　商家与客户之间的接触点

（1）推广展示接触

店铺的推广展示是店铺和客户之间的第一个接触点，客户通过推广认识店铺，从而进入店铺浏览与购物，与店铺形成直接接触。因此，在这个阶段，商家需要结合自己的商品和品牌设计优质的推广文案，以对客户形成吸引，也就是所谓的“引流”。

（2）订单流程接触

客户通过推广展示来到店铺，在浏览和购物的过程中会与商家产生询单、下单、发货、确认收货及评价整个订单流程等接触。在这些接触中，商家可以为客户提供订单咨询、订单催付、发货提醒、物流跟踪、签收提醒、确认收货提醒、评价提醒等多种服务。

（3）客户生命周期接触

客户生命周期是指从一个客户开始对店铺进行了解或店铺欲对某一客户进行开发时开始，直到客户与店铺的业务关系完全终止且与之相关的事宜完全处理完毕的这段时间。在整个客户生命周期内，商家可以为客户提供多种服务来加强客户对品牌的记忆，以提升客户的复购率。例如，商家可以将客户到店购买商品满3个月的日子定为纪念日，在纪念日当天向客户发送短信："今天，我们相识满3个月……"商家可通过这种方式与客户形成定期沟通，让客户对品牌时刻保持新鲜的印象。

（4）商品周期接触

商品周期接触是指根据所销售商品的特性，为客户提供关联商品营销、商品使用周期营销等服务。例如，一个销售婴幼儿奶粉的商家，可以根据客户购买奶粉的数量和奶粉的使用周期为客户制订商品使用生命周期图，假如一罐奶粉半个月喝完，商家可以在奶粉快要喝完时给客户发送短信，提醒其再次购买奶粉。

（5）包裹接触

包裹接触是每个商家都会与客户产生的直接接触，对包裹接触进行优化有利于进一步树立品牌形象，增强客户对品牌和店铺的认同感。包裹接触优化就是为客户提供个性化的包裹，如个性化的外包装（包裹箱）、个性化的快递单、感谢信、小赠品、优惠券等，就像许多知名品牌做的那样。个性化的包裹能为商家带来意想不到的营销效果。

3. 内容

内容就是商家要向客户传达的信息，也就是文案。在整个CRM营销体系中，内容是非常关键的一个环节。短信营销、社会化媒体营销等都离不开内容，内容就是所有营销策略的核心。因此，能否制造出吸引客户注意力的内容是决定营销成败的关键。

营销内容通过文字、图片、视频、动画和声音等介质进行传播，其传播的载体包括店铺Logo、广告、品牌礼品、包裹等，传播方式或手段包括短信、邮件、广告、论坛、社会化媒体工具等。

在CRM营销过程中，商家可以通过以下方式进行内容的挖掘和创造。

（1）基于活动主题及卖点挖掘内容

在开展活动时，商家通常会遇到一些问题，例如活动推送短信的内容怎么设计，活动邮件的内容怎么设计。其实，短信、邮件的内容可以从以下几个方面来挖掘。

首先，要明确活动的类型。这是一个什么样的活动？活动的主题是什么？我们是否可以将活动主题作为营销点来传播？商家可以将活动类型、活动主题包装成传播的内容来开展营销。例如，很多营销短信都会提到"'双十一'大促""七夕节促销""年终大促"等信息。其次，挖掘活动的卖点。每个活动都有自己的卖点，可能是给予商品价格优惠，也可能是发放优惠券。商家可挖掘活动的卖点，并将其包装成内容向客户进行传播。

以"双十一"活动为例，"双十一"本身就是一个较大的活动主题，既有官方规定的卖点，如"5折包邮"，还有商家自己在5折的基础上设计的卖点，如抽奖免单、送礼、发放优惠券等。由此，商家在活动主题和卖点上可以挖掘的关键词有"双十一"、5折、抽奖、送礼、红包、优惠券等，这些就是短信内容中可以吸引客户的卖点。

此外，正式开展活动前会有预热，预热应明确希望客户做什么。商家希望客户在"双十一"前做的事情有收藏店铺、将商品加入购物车、分享商品、看红包、注意看优惠券等，所以要记得在短信中提醒客户做这些事情。

例如下面这几条短信。

"老朋友，大促将近，送您50元现金券，'双十一'买睡衣请带上您的亲朋好友来我家做客！【××旗舰店】。"

"玩转'双十一'，免费领 20 元红包【×× 旗舰店】。"

"优惠大放送：全场 2.5 折封顶！提前领 100 元大额券！【×× 旗舰店】。"

"百款'双十一'款式已曝光啦！所有款式 5 折起！先加购物车，再领 100 元红包！【×× 旗舰店】。"

"'双十一'新品专供第二波全部曝光啦！免玩偶四件套大礼等您赢！【×× 旗舰店】。"

（2）基于品牌和商品定位挖掘内容

内容的展现就是品牌和商品的展现，商家需要做到当某条信息展现在客户面前时，客户一看到它就知道商家是做什么的，并且能吸引客户回购。即使客户没有回购，这条信息也要让客户记住商家的存在或是因为看到商家的信息而为商家做宣传。

要让客户记住商家，内容的设置需要满足两个要求：一是"爆"，商家的内容要有足够的"爆点"，能让客户瞬间记住；二是重复，商家在与客户的沟通中要不断地向其传达品牌与经营理念等。要想达到以上两个要求，商家需要从品牌的卖点、调性及商品的定位、特色出发去进行内容的挖掘，从中找到能让客户产生共鸣的点，然后将这些点植入营销内容中。

例如，提到"亲""小二"就会让一些人想到淘宝，提到"茵符"能够让一些人想到茵曼，这些就是商家基于品牌挖掘出的能体现品牌及其文化的词语，商家可以将其应用到文案中，也可以把品牌的标语插入文案中，给客户造成潜移默化的影响。

因此，商家在营销文案中可以重点突出品牌名称和商品，以唤醒客户的记忆。因为客户接收的信息和看过的店铺比较多，有时如果商家没有将自己的品牌名称和商品告知客户，客户未必记得这个商家是做什么的，所以商家可以适当地在营销文案中加入自己的品牌名称和商品。

例如下面这两条短信。

"爱米高年中巨惠，狂欢价震撼揭晓！抢先领券、加购物车享低价，点击进入【爱米高天猫官方旗舰店】。"

"'纳米'们：纳迪亚'双十一'所有商品低至 8.8 折包邮，加购物车并收藏，免单、无门槛优惠券随便抽！【纳迪亚旗舰店】。"

（3）基于客户细分和客户行为挖掘内容

很多商家都会对客户进行细分，其实细分不是目的，而是希望通过细分对客户展开分析，挖掘出不同客户的行为特征，然后向不同细分组的客户推送不同的营销内容。不同的客户对商品的关注点及购买商品的原因是不一样的，而且不同的客户对内容的认可点和关注点也有所不同。因此，商家要根据客户的行为特征并通过某些关键词来唤醒其对商家品牌的记忆。

例如设定营销短信的内容，针对下单未付款的客户，要加入一些符合这类客户行为特征的词语。例如，通过"还记得我们擦肩而过的那一刻吗？"或"错过了初一还要错过年中大促吗？您下单了却不把我带回家，我还在等您哦！"之类的话语，来暗示客户曾经与店铺有过交易行为。

针对休眠流失的客户，商家可以基于某个时间点来挖掘内容，如"5 月 20 日刚好是我们相识 100 天的纪念日，记得回来哦！"或"为了等到 5 月 20 日，我等了 100 天才来通知你，还记得我们 100 天前的那次邂逅吗？"针对在店铺中购买过某款商品的客户，商家可以在文案中突出商品的关键词，如羽绒服、连衣裙、面膜等，以此来唤起客户的需求。

当然，客户细分还有很多类型，关键是商家要基于客户细分分析出客户的需求。客户细分类型及短信内容设计示例如表 6-1 所示。

表6-1 客户细分类型及短信内容设计示例

客户群	客户行为细分	内容关键点	短信内容示例
潜在客户	下单未付款	突出品牌记忆	亲，还记得我们擦肩而过的那一刻吗？年中大促来了，这一次不要错过咯，全场包邮，5折封顶，另有无门槛优惠券，记得提前收藏哦！【××旗舰店】
新客户	最近3个月购买； 最近6个月购买； 最近12个月购买； 超过12个月未购买	加强互动，唤醒客户	老朋友，大促将近，送您50元现金券，中秋节买月饼请带上您的亲朋好友来我家做客！【××旗舰店】
老客户	最近3个月购买； 最近6个月购买； 最近12个月购买； 超过12个月未购买	加强互动，唤醒对品牌的记忆	预售开始啦！新品上市，快来提前抢购您喜欢的连衣裙。担心没货，就来参与我们的预售吧！【××旗舰店】
休眠流失客户	购买过1次； 购买过2次； 购买过3次	以激活客户为主	“三军未动，粮草先行。”备战“双十一”，50元“军粮”已经发送到您的账户中，“开灶”时间为11月11日，记得提前收藏哦！【××旗舰店】
不同客单价客户	高于平均客单价； 低于平均客单价	以激活为主	亲，快买一件户外装备奖励辛苦了一年的自己吧！【××官方旗舰店】
不同特点客户	学生群体、 职场人士群体； “80后”“90后”	突出不同特点客户的特点	老朋友，本店店庆今日0:00开始，邀请您及您的好友一起来参与！别忘了用我们之前送您的现金券哦，今晚我们不见不散！【××男装】

（4）基于热门事件及热门词语挖掘内容

商家通过引用大家熟知的热门事件和热门词语，并对营销内容进行包装，形成自己的营销内容。这种营销内容往往能够在短时间内使客户产生共鸣，从而提升客户的回购率。

使用这种方法需要注意时效性和匹配性，因为热门事件和热门词语往往具有时效性，商家只有及时、快速地跟进才能达到较好的效果，否则一旦事件和词语的热度消退，或者其他商家已经广泛地使用了热门事件和热门词语，那么再使用该热门事件和热门词语所能达到的效果就会大打折扣。同时，还要保证热门事件、热门词语与品牌和商品的相关性，要在两者具有相关性的基础上进行内容的融合和创新。

6.1.2 CRM营销布局及规划

很多商家会抱怨过去一年老客户没有变化，也不知道未来应该如何开展老客户营销。正所谓对商家没有感情的客户随时会流失，没有忠诚的客户就没有所谓的品牌。下面将深入分析CRM营销布局及规划，帮助商家分析自己的CRM营销中有哪些环节需要改变，如何通过合理的布局让CRM真正发挥其价值。

1. 了解自己——明确品牌和商品定位

很多人在做CRM营销时会有这样的疑问：如何对客户进行划分？在客户购买商品之后，应该为客户提供哪些服务？其实真正知道这些答案的人正是商家自己，因为品牌执行者才是最了解自己的客户生命周期、商品周期、客户购买行为等信息的人。

如果商家连自己的商品、品牌都不了解，那么后续的营销活动也就没有必要展开了。例如，一个销售女装的商家不知道自己应该将商品卖给 20 岁的女性客户还是 40 岁的女性客户，也不知道自己的商品定位是高端服饰还是低端服饰，那他是没有资格和能力谈精准营销的。同时，如果商家只是想卖货，并且卖的都是劣质商品，只想和客户产生一次交易，也就无须考虑开展老客户营销了，因为如果商品的质量很差，即使商家开展了丰富多样的推销活动，客户也不可能再次购买。

因此，要想做好 CRM 营销布局及规划，最关键的一点就是要明确品牌和商品定位。这样商家才能了解自己的客户，掌握客户的需求，才能根据自己的品牌和商品定位给客户推送真正适合客户的信息，进而与客户形成良性的互动。

2. 知道怎么做——设计运营体系

很多人在做 CRM 营销时往往只是利用软件给客户发送短信，然后又抱怨 CRM 营销根本没有效果。其实开展 CRM 营销就如同做淘宝直通车一样，不懂直通车运营的人往往只是简单、随意地优化一下关键词，而懂得直通车运营的人有一套详细的运营流程，他们知道什么时候该做什么，以及怎么做。这两种不同的运营方式所造成的结果必然也会不同。

电子商务早已抛弃了之前野蛮、粗犷的生长模式，现在讲究的是流程化运作，尤其是发展到一定规模的商家。CRM 营销也一样，如果没有一个体系化的运营思路，往往也就只是重复地发送短信，要么今天突然想起来要给客户发送活动促销短信，要么等活动结束 3 个月了才想起来要给客户发送关怀短信，这种“三天打鱼，两天晒网”的做法，不会产生什么好效果，客户也不会对商家的关怀产生任何感觉。

因此，商家在对自己的品牌和商品定位有了清晰的认识之后，接下来要做的就是从自己的品牌和商品定位出发，找出客户的行为属性（相对属性），然后制订适合自己长期发展的 CRM 营销体系。也就是说，商家要知道客户什么时候买过自己的商品，购买商品时客户愿意花多少钱，商品什么时候用完，客户是喜欢 PC 端购物还是移动端购物，基于这些信息建立一套标准的服务流程和体系。体系的作用就是帮助商家搞清楚自己该做什么，怎么做，以及什么时候做。

例如销售面膜的商家，如果每当客户的面膜快用完时都发一条短信提醒客户可以提前备货或有优惠活动，客户就会认为商家非常贴心。再如节假日营销，如果商家能坚持在每个节假日到来时都对自己的客户做出关怀行为，还怕客户不购买自己的商品吗？即使客户不购买商品，商家也多培养了一个知道自己品牌的人。

3. 提升效益和效率——找到适合自己的工具

无论是 Excel 表格、短信，还是电话，都是商家在开展 CRM 营销的过程中会用到的工具。工具的意义在于它能让商家更加快速地完成自己想完成的工作和没想到的事情，所以在有了运营体系后，商家要考虑的是找到一套适合自己的工具来帮助自己更加快速、高效地实现想法。有效的工具有 Excel、数据库分析软件，以及各种专业的营销软件等。

4. 知道与客户沟通什么——文案优化

CRM 营销的内容最终要通过短信、邮件、微博、微信等方式传递给客户。不同的客户看到短信、邮件、微博、微信内容往往会有不同的感受，同一个客户看到不同的短信、邮件、微博、微信内容等也会有不同的感受。而如果想让营销效果最大化，商家就要做出不仅能让客户本人喜欢，同时也能让客户快速记住的内容，这样客户才会愿意帮助商家传播内容。

电子商务要求精细化运营，要求对客户进行分组。分组就是为了了解不同客户的特点，为其设置标签，然后根据不同的标签向客户推送其最想看的、感到最舒服的内容。向不同的客户推送不同的内容，让客户感受到不同的贴心服务，这就是对文案的要求。

无论平台怎么变，商家与客户之间的沟通都是围绕“受众群 + 客户接触点 + 文案（内容）”这种方式展开的。因此，无论通过何种形式做何种客户细分，最终呈现给客户的都是客户看到的信息，所以信息内容质量的好坏与最终的营销效果有着非常直接的关系。因此，做好前面几步之后，商家要根据品牌、商品定位和运营体系为自己的品牌设计某种固定的内容标签，然后慢慢地把品牌观念和品牌文案融入各种营销文案中，通过文案的传播将其植入客户心中，最终形成品牌效应。

5. 培养和挖掘人才——提高执行力

执行力是我们做任何事情都会强调的，如果缺乏执行环节，之前所说的一切都等于零。执行与人有关，因此商家需要培养和挖掘人才，设置专门的岗位和人员负责CRM营销的工作。

6. 知道做得怎么样——效果分析

效果是检验成功与否的唯一标准，但CRM营销是一场“持久战”，因此CRM营销前期有没有效果不重要，重要的是商家得知道要不要做CRM营销，CRM营销是不是这样做，做了为什么有效果或为什么没效果。找出其中的原因后，要想获得效果就只是时间问题了。

如果商家能将前面说的每一个点想清楚了、做到了，往往就能取得较好的效果。如果没有效果或效果不好，商家也可以回过头来分析，是自己在定位上存在问题，还是商品存在问题，或是运营体系设计不合理，或是没有使用营销工具，或是营销工具应用不到位，或是营销文案存在问题，抑或是人员执行不到位。这样一步步去反推，找到原因之后再将缺口都补上，就知道自己是否可以开展CRM营销了。

6.2 CRM全渠道营销

面对品类越来越丰富的商品市场，客户的选择不断增多，客户和商家之间缺乏黏性，客户对商家并没有多少忠诚。在这种情况下，商家需要更多地考虑如何让客户在一次购物或体验之后感到满意，然后吸引他们持续消费。因此，为客户提供超预期的消费体验是商家经营成功的关键。

6.2.1 为客户提供全渠道消费体验

全渠道消费体验指企业为了让客户能够在任何时间、任何地点以任何方式获得商品或服务信息并进行购买，采取实体门店、电子商务渠道、社交媒体渠道、短视频渠道等多种渠道整合的方式销售商品或服务，为客户提供无差别的购买体验和售后服务。

全渠道消费体验形成的主要原因是随着信息技术的发展，产生了在社交网络上工作和生活的群体，一种信息传播途径就能成为一种零售渠道，于是除了实体门店、电子商务渠道，零售渠道得到进一步拓展，最终导致全渠道购物者的出现和崛起。全渠道消费体验具有3个特征。

（1）全线性

零售渠道由单渠道转向多渠道，实现了对实体渠道、电子商务渠道、社交媒体渠道、短视频渠道等线上线下渠道的全覆盖。

（2）全程性

从客户的角度来说，整个购买流程分为3个阶段，分别为购买决策阶段、商品购买阶段和商品使用阶段，主要包括产生需求、寻找商品、选择商品、下单、支付、提货或收货、使用商品、反馈等环节；从商家的角度来说，与客户购买流程相对应的销售流程分别为触发需求阶段、商品交易阶段和商品使用阶段，主要包括触发需求和导入客流、展示商品、说服购买、接受订单、收款、订单履行或送货、售后服务、反馈回应等环节。在全渠道消费体验中，商家必须要全程保持与客户的零距离接触，以更好地满足客户在购买流程各个环节中的需求，全渠道消费体验购买流程、销售流程中各个环节的关键因素，如表 6-2 所示。

表 6-2　全渠道消费体验购买流程、销售流程中各个环节的关键因素

<table>
<tr><th colspan="3">客户</th><th colspan="3">商家</th></tr>
<tr><td></td><td>购物流程</td><td>消费需求</td><td>渠道策略</td><td>销售流程</td><td></td></tr>
<tr><td rowspan="3">购买决策阶段</td><td>产生需求</td><td>① 从多方面受到影响；
② 客户个性化需求和偏好</td><td>① 了解客户需求和个人偏好；
② 为客户提供个性化、精准化的信息推送</td><td>触发需求和导入客流</td><td rowspan="3">触发需求阶段</td></tr>
<tr><td>寻找商品</td><td>① 商品搜索便捷；
② 商品搜索渠道多；
③ 商品信息展示完整、清晰</td><td>① 多渠道展示商品信息；
② 商品信息展示完整、清晰</td><td>展示商品</td></tr>
<tr><td>选择商品</td><td>① 商品能满足个性化需求；
② 商品品质有保证；
③ 商品价格合适；
④ 商家服务好；
⑤ 商品购买方式和支付方式简单、便捷
⑥ 商品配送快捷</td><td>① 能够多渠道、无差别地记录客户的消费行为数据，并对其进行分析，充分了解并掌握客户的消费行为特征；
② 主动采取措施，并吸引客户下单</td><td>说服购买</td></tr>
<tr><td rowspan="3">商品购买阶段</td><td>下单</td><td>① 下单简单、方便；
② 商家备货充足</td><td>① 为客户提供多种便捷的下单方式，各种下单方式能实现无缝对接；
② 通过品类管理和库存管理保证商品供应，使客户能够在各个渠道买到商品</td><td>接受订单</td><td rowspan="3">商品交易阶段</td></tr>
<tr><td>支付</td><td>支付方式简单、方便</td><td>为客户提供多种便捷的支付方式，各种支付方式要能实现无缝对接</td><td>收款</td></tr>
<tr><td>提货或收货</td><td>① 提货或收货方便、快速；
② 流程透明</td><td>① 为客户提供多种配送方式；
② 基于客户位置和库存，为客户提供最佳配送方式</td><td>订单履行或送货</td></tr>
<tr><td rowspan="2">商品使用阶段</td><td>使用商品</td><td>① 退换货方便；
② 服务支持到位</td><td rowspan="2">① 为客户提供多渠道的服务支持，能够对客户的售后问题做出及时、快速的应答和处理；
② 为客户提供便捷的退换货服务；
③ 在售后服务中，多方挖掘和触发客户新的需求；
④ 引导客户对商品或服务做出反馈，并在社交媒体上进行分享</td><td>售后服务</td><td rowspan="2">商品使用阶段</td></tr>
<tr><td>反馈</td><td>① 反馈公开、透明；
② 反馈渠道多样化</td><td>反馈回应</td></tr>
</table>

（3）全面性

在客户的购物过程中，商家需要收集并分析客户在各个渠道中购物的全过程数据，了解和掌握客户的消费行为特征，并在客户的购物过程中与其互动，及时为客户提供个性化的建议，优化客户的购物体验。

6.2.2　不同渠道的特点

随着移动互联网技术的发展，传统渠道之外产生了各类新渠道，形成了全渠道、全场景的零售态势。依据功能的不同，当前市场环境中的各类渠道可分为线下实体门店渠道、电子商务渠道、内容分享型渠道、短视频渠道、O2O 平台渠道、社交媒体渠道等类型。在不同渠道下，不同的场景能够为客户带来不同的购物体验。

1. 线下实体门店渠道

线下实体门店是最传统的一种零售渠道。实体门店能够为客户提供真实的体验，尤其是对一些昂贵或功能复杂的商品，还有一些需要与服务结合的商品来说，实体门店能够让客户更加真切地了解商品。

在实体门店中，客户能够与商家进行面对面的交流，享受一对一的服务。此外，客户去实体门店购物很方便，可以直接获得所要购买的商品，无须等待物流配送。

随着各类技术的发展，线下实体门店也在不断迭代升级，呈现出数字化、场景化、智能化的趋势，能够为客户带来更好的消费体验。

2. 电子商务渠道

电子商务渠道是商家和客户使用频率很高的线上渠道，包括企业自建的电子商务网站和第三方电子商务平台。随着移动互联网技术的迅速发展，电子商务渠道从PC端扩展到移动端，从网页延伸到App。

与其他渠道相比，电子商务渠道具有以下特点。

（1）平台类型多样化，流量大

电子商务平台的类型多种多样，除了淘宝、天猫、京东等传统电商平台，还有以拼团为特色的拼多多、小米有品、网易严选、必要商城等精选电商平台。这些电商平台都有着巨大的流量，是流量的聚集地。

（2）能满足客户的个性化需求

随着消费需求日益多样化，为客户提供个性化商品或服务，精准对接客户需求是各大电商平台开展差异化运营的关键。例如，拼多多以拼团购物为特色；小米有品依托小米生态链体系，定位于精品生活购物平台，服务于追求高性价比、科技感和高品质的生活消费类商品的消费人群；网易严选采取授权贴牌生产模式，从挖掘消费需求出发，按需订制，实现客户与供应商的直连；必要商城采取客户直连制造模式，实现客户与工厂的直连，为客户提供高品质、个性化且专属的商品。不同的电商平台依托各具特色的商品，满足了不同客户的需求。

（3）商品展示方式多样化

淘宝、天猫、京东等平台不仅能以图文的方式对商品进行展示，还能以短视频的方式让商品获得更加立体、直观的展示，如图6-3所示。

图6-3　以短视频的方式展示商品

3. 内容分享型渠道

现在很多人并不是为了购物而购物，他们更愿意通过分享的方式向其他人推荐好物，而商家也愿意通过深挖商品特点，以内容分享的方式来吸引客户，这些因素催生了蘑菇街之类的内容分享型渠道。

内容分享型渠道具有以下特点。

（1）以某一人群为目标消费群体

蘑菇街是专注于时尚女性客户的内容分享平台，通过种类丰富的时尚商品，结合达人直播、买手选款 + 智能推荐的售卖方式，让客户在分享和发现流行趋势的同时享受购物的乐趣。蘑菇街通过整合电商、社区、内容、时尚达人等资源，在提供商品的同时，传达独立、时尚的女性态度，专注于为女性客户服务。

（2）注重内容分享

在蘑菇街首页，内容的重要性被放大。首页除了上方的电商类目导航，还设置了直播入口等板块，全方位、多角度地为客户展示内容。

作为一个内容分享型平台，蘑菇街为客户提供了一个可以分享购物体验的专业社区。这个社区中有各类客户分享的自己对商品的体验和感受，这些分享可以有效地帮助其他客户解决在选择商品时遇到的各类问题。在购买商品时，客户可以根据自己的需求选择同类商品进行参考，也可以咨询其他客户。通过参考其他客户的分享，客户可以找到最适合自己的商品。

（3）深挖商品特点

内容分享型渠道更加注重深挖商品特点，通过客户对商品特点的分析与分享，其他客户可以从海量商品中找到最适合自己的某款商品。也就是说，通过深挖商品特点和分享内容，蘑菇街可以让客户花较少的钱买到适合自己的、性价比较高的商品。

4. 短视频渠道

移动互联网技术的发展催生并推动了短视频 App 的快速发展，抖音和快手已经成为短视频领域的典型代表，并成为流行的“带货”渠道。

短视频渠道具有以下特点。

（1）流量大，传播范围广，速度快

抖音和快手聚集了大量的用户，已经成为超级流量池。它们通过短视频发布，可以让内容在短时间内传播至所有网络能够覆盖的地方。在抖音和快手上，商品能在一夜之间就被全国的许多客户所知晓，所以它们已经成为快速传播商品信息的有效渠道。

（2）有强大的“带货”能力

海量的用户让抖音和快手拥有强大的变现基础，特别适合打造热门商品。通过名人推荐商品和用户自发推广商品，快速打造热门商品成为这两大短视频平台的特色。

5. O2O 平台渠道

以美团、饿了么、大众点评为代表的 O2O 平台能够为人们提供吃、穿、住、行等生活各领域的服务，既带动了“懒人经济”的发展，也为人们节省了更多的时间。

O2O 平台渠道具有以下特点。

（1）直接连接客户

美团注重吃、穿、住、行生活各领域的团购，而饿了么把重点放在外卖垂直领域。美团外卖和饿了么能够为客户提供外卖到家服务，客户可以通过点评直接为商家打分。这种模式让千万家餐饮店直接触达客户，餐饮品牌可以与客户实现直接连接。大众点评则通过客户的内容分享，吸引其他客户到店体验。

（2）注重客户体验

O2O 平台更加注重客户体验。随着时代的发展，人们的时间会越来越碎片化，人们对服务效率的要求也会越来越高。因此O2O平台的一个重要任务就是提升效率，让客户能够随时随地轻松购物，享受高质量的生活服务。

6. 社交媒体渠道

社交媒体是人们用来分享意见、经验和观点的工具和平台，如微博、微信、论坛等。社交媒体俨然已经成为客户获取信息的主要渠道之一，也成为众多企业开展营销活动的重要渠道之一。

社交媒体与电子商务的融合形成了社交电商。社交电商是指借助微信、微博等社交媒体的传播途径，通过社交互动、用户自生内容等手段来辅助商品的购买和销售行为，并将关注、分享、沟通、讨论与互动等社交化的元素应用于电子商务交易过程的模式。图6-4所示为微信群商品推广与销售，图6-5所示为朋友圈商品推广。

图6-4　微信群商品推广与销售

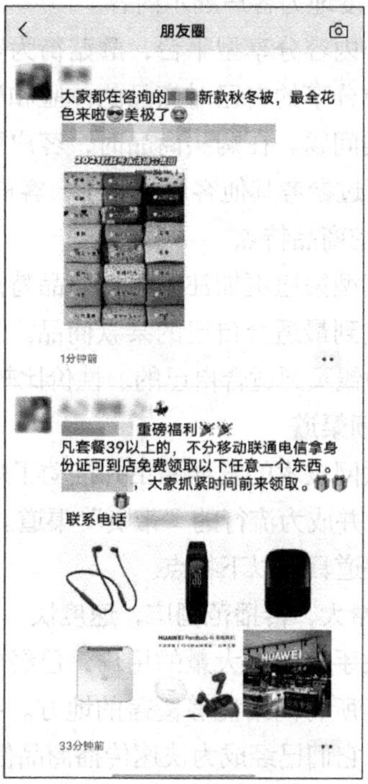

图6-5　朋友圈商品推广

从客户的角度来说，社交电商就是能让客户在购物的过程中，通过即时通信、论坛讨论等方式与商家进行交流与互动，还能在购买商品后进行评价与分享；从品牌商和企业的角度来说，社交电商就是通过应用社会化工具以及与社会化媒体的合作来完成销售和推广等业务。

社交电商具有以下特点。

（1）获客成本低

社交电商注重人与人之间的沟通，借助人与人之间的信任与强社交关系引流，并形成层层裂变，从而形成巨大的社交网络，然后在社交网络中获得客户，并将其沉淀为忠实粉丝。例如，客户在某个平台上看中了一条裙子，并将其直接分享到了自己的好友群，对这件商品有兴趣的好友看到之后就会主动购买。这种传播方式大大地节省了企业的时间、人力与推广成本。

（2）能实现商品信息的即时推广和“裂变式”扩张

社交的核心是人与人之间的信任，社交电商是在信任的基础上形成的交易模式。社交电商的购物圈是沿着社交工具中人与人之间的关系链进行拓展的，企业由此可以实现商品信息的即时推广和“裂变式”扩张，从而吸引更多的流量。

6.3 CRM 主动营销

主动营销是 CRM 营销中最常见且最常使用的营销方式之一。主动营销是指对客户的消费行为进行分析，寻找并发现客户需求，进而满足客户需求，以客户需求为基础创造营销点，结合商品和品牌与客户之间存在的接触点主动出击，向客户推荐适合他们的营销内容和商品，以此促进客户回购。

6.3.1 主动营销的必要性

按照一般逻辑，如果商家提供的商品或服务没有问题，客户在某一个店铺购买过一次商品或服务后，当有二次需求时应该还会回到该店铺进行购买，但现实情况往往不是这样。很多客户在二次购买时往往不会选择曾经购买过的店铺，这是很多商家面临的一个问题。

要想解决这个问题，商家需要主动出击，挖掘并抓住客户的需求，向客户开展主动营销。开展主动营销已经成为当前商家的必然选择，这主要有以下 3 个方面的原因，如图 6-6 所示。

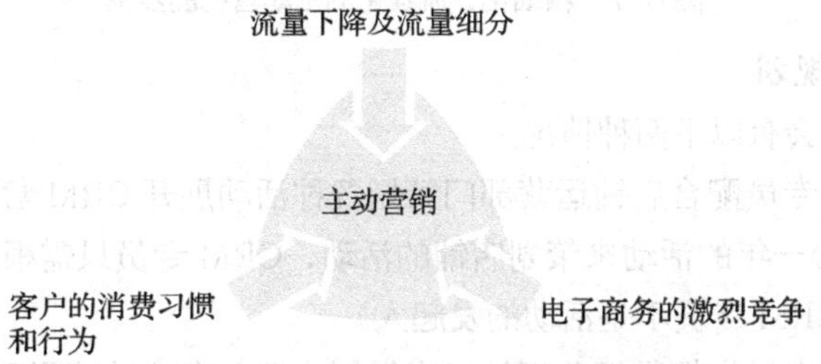

图 6-6 商家开展主动营销的原因

1. 流量下降及流量细分

当前电子商务已经告别了流量暴增的时代，流量日趋平稳，且流量入口被进一步细分。因此，商家不能再采取粗暴营销的方式，流量的下降及流量来源的细分要求商家做好老客户营销，以主动营销的方式吸引老客户进行二次回购。

2. 客户的消费习惯和行为

在电子商务中，各种平台、各种店铺、各种商品应有尽有，于是客户可选择的范围更广，平台之间、店铺之间的激烈竞争让客户形成了货比三家及弱化品牌的消费观。

客户在网上购物时，通常不会直接搜索某个店铺的名称或某个店铺的网址，而会直接搜索自己想要购买的商品，然后对搜索结果进行对比与筛选，从中选出自己想要的商品；或者客户其实一开始并没有打算购买某件商品，但当他看到该商品的一则广告并被其吸引时，就购买了该商品。而客户在需要再次购买该商品时，多会采取第一种购买行为，即直接搜索商品名，然后对比筛选并最终选购。这应该是绝大多数客户的消费习惯，而客户的这种消费习惯往往会让商家失去一个将新客户转化为老客户的机会。

为了应对客户的这种消费习惯，商家需要在客户购买自己的商品后为客户提供各种超值服务并对其开展营销，让客户记住自己，同时要主动挖掘并满足客户的需求，让客户在有需求时优先选择自己的店铺。而要做到这些，商家就需要学会主动营销，在客户做出选择前就让其了解和选择自家店铺。

3. 电子商务的激烈竞争

当前电子商务行业的竞争日趋激烈，商家如果不学会主动出击，就可能被别人抢先。因此，商家要想守护自己的客户资源，就要学会主动出击，让客户记住自己，更要让客户帮助自己做宣传。

6.3.2 主动营销的流程和细节

很多商家都知道要做营销，也做过营销，如开展各种促销活动、进行日常客户关怀等，但很少有商家能做好营销。因为多数商家在开展营销活动时对整体细节缺乏有效把控和深入挖掘，也没有制订行之有效的流程和方法。当前电子商务讲究的是精细化的运营，简单粗暴的主动营销已经无法适应现在电子商务的发展趋势。因此，商家需要抛弃以前简单粗暴的营销方式，向精细化、流程化的营销方式转变，把控主动营销的各个细节。

精细化、流程化的主动营销包括以下步骤，如图6-7所示。

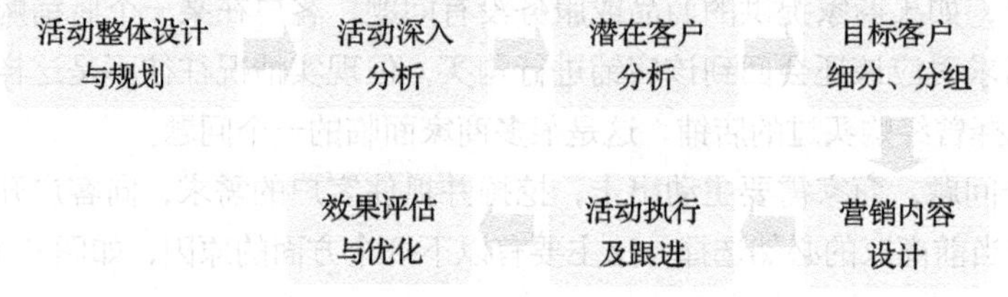

图6-7 精细化、流程化的主动营销的步骤

1. 活动整体设计与规划

开展CRM营销一般会有以下两种情况。

第一种情况是CRM专员配合店铺运营部门策划各种活动展开CRM营销。在这种情况下，通常由运营部门根据电商平台一年的活动来策划店铺的活动，CRM专员只需根据相应活动来考虑如何开展客户营销即可，所以CRM专员不是活动的发起人。

第二种情况是CRM专员根据数据分析结果来策划活动。在这种情况下，通常由CRM专员负责整个活动的策划工作，如客户专享优惠设计、老客户激活唤醒等。因此，做好主动营销的第一步就是规划好整体活动细节，然后以活动策划为根据分析如何开展面向老客户的主动营销。

每个店铺都有属于自己的沟通流程和信息反馈机制，无论对于何种活动，CRM专员都需要提前对活动的整体情况有所了解，或者将活动整体策划分享给其他部门。因此，店铺在活动策划过程中必须要做好信息的沟通和传递工作，以便CRM专员能够快速地了解活动规划，做好客户营销分析准备。

表6-3所示为某店铺的主动营销活动流程设计，供读者参考。

表6-3 某店铺的主动营销活动流程设计

流程步骤	主要内容	执行者
明确主题	根据活动情况明确活动主题，如年中大促	活动发起人
确定活动时间	确定活动时间，至少要在活动开始前3天通知CRM专员	运营部门
确定活动卖点	挖掘并确定活动卖点，如打折策略、包邮策略等	运营部门、CRM专员
确定活动推送方式	确定采取何种方式向客户推送活动信息，如短信、微淘、直通车等	CRM专员
确定营销预算	明确活动预算，并清楚地计算出来	运营部门、CRM专员
预估短信或邮件的发送量	根据对活动效果的评估，对短信或邮件的发送量做出预估	运营部门、CRM专员
确定目标客户	根据活动主题及活动预算确定活动的目标客户	CRM专员
客户细分	对客户进行细分，以便进行个性化推荐	CRM专员
文案策划	设计文案内容，保证文案内容具有针对性和个性	CRM专员
确定发送时间	确定推送活动内容的时间，以及是否需要预热	CRM专员

2. 活动深入分析

在对活动整体策划有了全面了解之后，商家需要对活动进行深入分析。深入分析活动的目的，如图 6-8 所示。

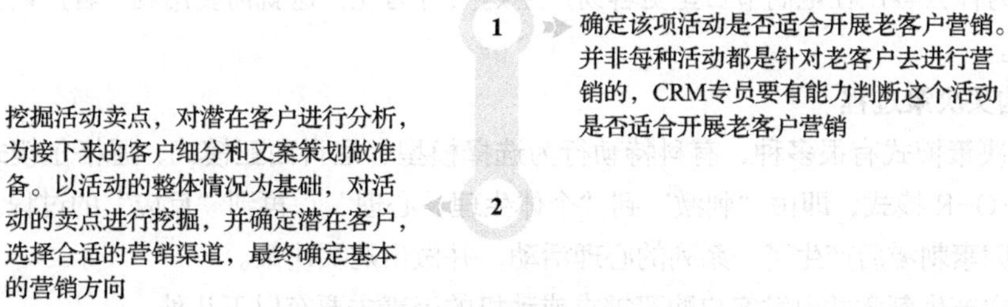
1
确定该项活动是否适合开展老客户营销。并非每种活动都是针对老客户去进行营销的，CRM专员要有能力判断这个活动是否适合开展老客户营销
2
挖掘活动卖点，对潜在客户进行分析，为接下来的客户细分和文案策划做准备。以活动的整体情况为基础，对活动的卖点进行挖掘，并确定潜在客户，选择合适的营销渠道，最终确定基本的营销方向

图 6-8　深入分析活动的目的

3. 潜在客户分析

开展任何营销活动都需要对活动的目标群体有清晰的认识和预判，也就是要找到活动的潜在客户。商家可通过分析活动、挖掘卖点及分析客户特征来确定某项活动的潜在客户。商家对活动的潜在客户有了大致的认识后，再借助工具、运用数据库确定目标客户。

例如，商家要开展一次聚划算活动，就需要思考此次活动是否能唤醒沉睡客户，活动的目标人群是否要包含刚购买过类似商品的客户。要做好这些，商家就需要对自己店铺的商品和客户情况有综合的了解，对数据有综合的认知，知道自己的店铺有多少沉睡客户、客单价的范围、有多少活跃客户及流失客户等。

4. 目标客户细分、分组

在确定了活动的潜在客户之后，商家需要对潜在客户进行细分，即依据互动主题确定目标客户范围，再根据目标客户的不同属性从中筛选出最优质的目标客户，并对其进行分组。将目标客户分组后，商家应再分析每个组的细分条件，了解目标客户组的消费行为和属性，以便针对不同的客户组采取不同的营销策略，如确定是通过短信还是邮件向客户推送活动信息、是活动当天推送还是提前推送等。

5. 营销内容设计

前面一系列工作，如活动深入分析以及目标客户细分、分组等，最终目的是希望能给客户提供不一样的营销服务，从而提升营销活动的投资回报率（Return On Investment，ROI）。因此，商家需要设计出符合营销主题的，且差异化、个性化的文案内容来吸引客户的关注，从而提升营销转化率。

商家要想让客户真正感受到自己的用心，关键在于对客户“说”正确的东西。因此，对客户进行细分不是目的，真正的目的是通过客户细分为不同细分组的客户制订不同的营销策略。

6. 活动执行及跟进

商家将一切准备工作做好之后，最后应进行活动执行，即将活动信息推送出去，让客户了解活动；同时对活动进行跟进，并在跟进的过程中对客户的动向进行实时监控，尤其是对营销的目标客户的购买动向，也就是对营销效果进行监控，以此来快速判断是否需要对客户进行二次营销，是否需要做订单催付，是否需要加大活动当天的营销力度等。效果监控时间可以设定为到活动截止日期的后一天，以便获得更好的监控效果。

7. 效果评估与优化

营销活动完成后，商家需要对此次活动的效果进行评估，并优化相关内容，为下次开展活动积累经验。

6.3.3 运用客户购买心理决策开展营销

在年中大促、“双十一”和“双十二”这种大型的电商节日里，我们能够看到各个电商平台的成交额节节攀升。除了节日当天的促销能够吸引大量的客户，节日的气氛也会使一些客户忍不住买上一些东西。为什么客户在电商节日里更容易产生购买行为呢？这就需要用到“客户购买决策模式”来分析原因了。

1. 客户购买决策过程

客户购买决策模式有很多种，有科特勒行为选择模型、尼科西亚模式、恩格尔模式等，而最基本的模式是S-O-R模式，即由“刺激”到“个体生理、心理”，再到“反应”的过程。也就是说，客户在被某种因素刺激后产生了一系列的心理活动，并做出购买决策。

能够对客户产生刺激并引发客户购买需求或动机的因素主要有以下几种。

（1）商品本身的因素，如外观、质量、功能、品牌等方面的吸引力。

（2）商家的营销手段，如促销、打折等各种各样的优惠活动。

（3）客户个人因素，如生病、结婚、生子等。

（4）社会文化氛围，如流行趋势、节日送礼、社会热点等。

（5）自然环境变化，如天气变化导致升温、降温、下雨等。

以上几种因素会使客户产生一系列的心理活动，并刺激他们考虑购买哪些商品。而这些心理活动会受到客户的文化、认知、经济水平等个人属性特征的影响。具体来说，这些心理活动可以分为4个阶段，如图6-9所示。

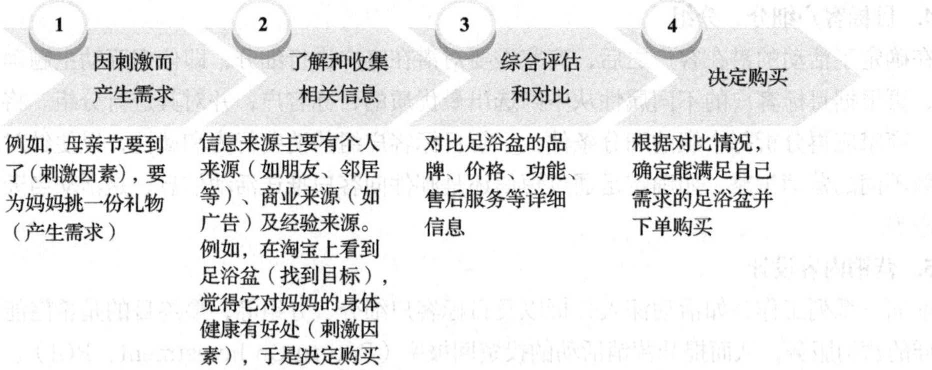
1
因刺激而产生需求
2
了解和收集相关信息
3
综合评估和对比
4
决定购买
例如，母亲节要到了（刺激因素），要为妈妈挑一份礼物（产生需求）
信息来源主要有个人来源（如朋友、邻居等）、商业来源（如广告）及经验来源。例如，在淘宝上看到足浴盆（找到目标），觉得它对妈妈的身体健康有好处（刺激因素），于是决定购买
对比足浴盆的品牌、价格、功能、售后服务等详细信息
根据对比情况，确定能满足自己需求的足浴盆并下单购买

图6-9 客户购物心理活动阶段

了解影响客户购买决策的因素及客户购物心理活动后，我们再来分析年中大促、“双十一”和“双十二”这种电商节日更容易让客户产生购买行为的原因。原因除了这时候购买商品有各种打折优惠之外，还有电商平台和商家一起营造了一种“紧张”的抢购气氛，这让客户缩短了思考的时间快速决策，甚至让有些客户不做出周到的思考而冲动消费。

2. 刺激客户缩短决策时间的策略

客户在日常购物过程中，即使对某一件商品有需求往往也不会在短时间内就做出决策并下单购买，而要经过一段时间的观望，看看商品会不会降价、听听朋友的意见，或者对多件商品进行对比等。其实，商家可以采取一些方法刺激客户缩短决策时间，甚至让其冲动消费。

（1）为客户营造“商品稀缺”的紧张氛围，缩短他们的思考时间

在店铺页面中展示已经售罄的商品，能让客户产生一种遗憾的心理。采用这种做法的关键之处

在于挑选几款销量高、折扣力度大、受欢迎的商品，当其卖完之后在页面上进行展示，如图 6-10 所示。客户在看到自己心仪的商品已经售罄时，往往会产生遗憾的心理，进而快速地选择其他心仪的商品下单，以防该商品也售罄。

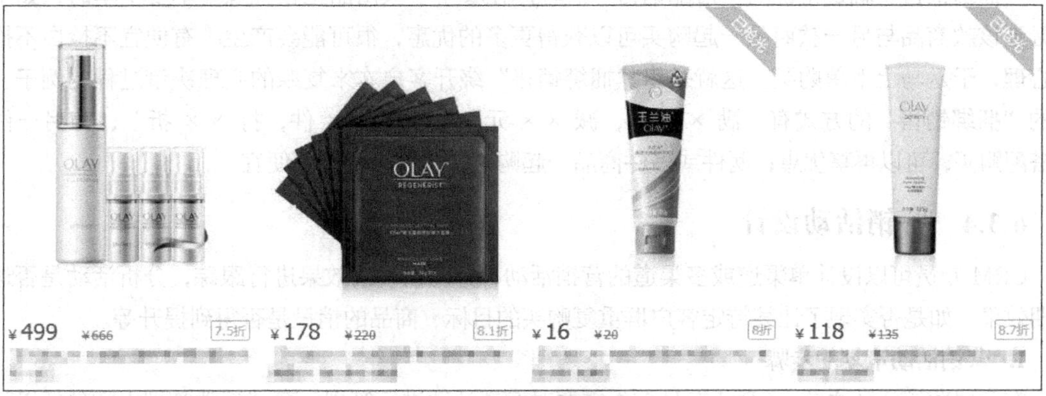

图 6-10　展示售罄商品

（2）利用客户的“心理账户”

每个人在心理上都存在着不同的账户，有时我们给自己买一件一两千元的衣服可能会觉得比较贵，但如果是给爱人或父母买这件衣服，往往会毫不犹豫地购买。这就是因为人们将这两类支出归入不同的“心理账户”，买给自己的衣服是“日常衣物支出”，但买给爱人或父母的衣服则会被归为“人情或情感维系支出”，大多数人会更舍得为后者花钱。

同样，对于免费或意外所得的东西，人们也会因“心理账户”不同而产生不同的行为。例如，我们免费得到一张价值 50 元的电影票，就算不去看也不会觉得很可惜，但是如果我们是自己花钱订了票之后不去看，往往就会觉得很可惜，原因就是我们把前者归为免费的意外所得，而后者是自己付出金钱所购买的。

那么，在设计商品页面时应怎样利用客户的这种心理来提高商品的销量呢？下面以图 6-11 所示的自然堂“母亲节”的营销活动文案为例进行分析。

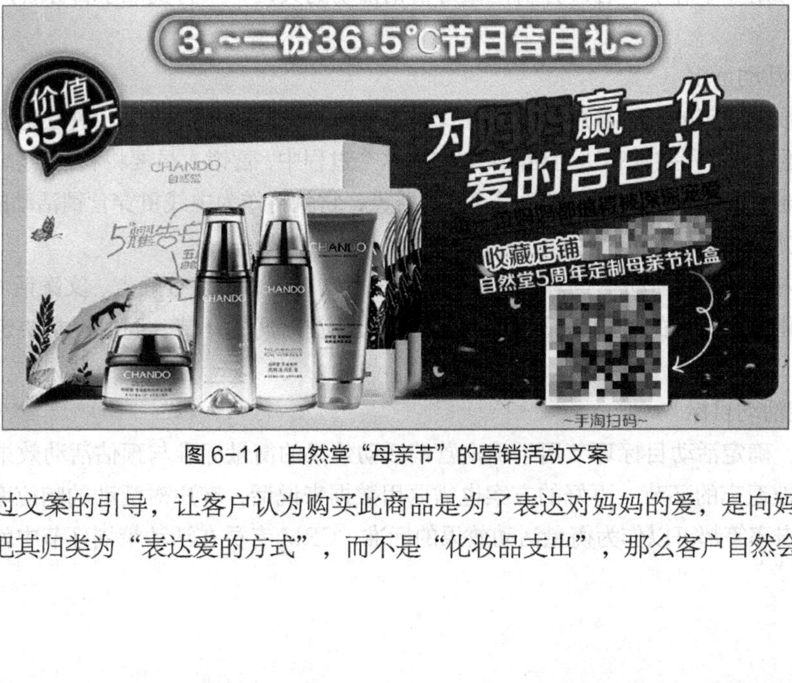

图 6-11　自然堂“母亲节”的营销活动文案

自然堂通过文案的引导，让客户认为购买此商品是为了表达对妈妈的爱，是向妈妈的告白，让客户在心理上把其归类为“表达爱的方式”，而不是“化妆品支出”，那么客户自然会更舍得花钱。

因此，我们在做广告或设计页面时要调查客户到底有哪几种“心理账户”，这样才能针对更利于消费的“心理账户”来对客户进行引导。

（3）巧用“捆绑销售”，绕开客户犹豫心理，促成意外购买

“捆绑销售”就是常说的“搭配销售”。客户在看中一款商品正在犹豫要不要下单时，如果突然看到该款商品与另一款商品一起购买可以获得更多的优惠，很可能会产生“有便宜不捡白不捡”的心理，于是马上下单购买。这就是用“捆绑销售”绕开客户本来复杂的心理决策过程的例子。常用的“捆绑销售”的方式有“满××元，减××元”或“满××件，打××折”；与另一件商品搭配购买，可以再享优惠；两件或多件商品一起购买，比单个分开买便宜。

6.3.4 营销活动设计

CRM 专员可以设计单渠道或多渠道的营销活动，并对活动的效果进行跟踪，分析活动是否达到预期效果，如是否实现了让某特定客户群重复购买的目标、商品的销量是否得到提升等。

1. 营销活动策划的步骤

在开展营销活动之前，CRM 专员首先需要对营销活动进行策划。营销活动策划大致包括以下步骤，如图 6-12 所示。

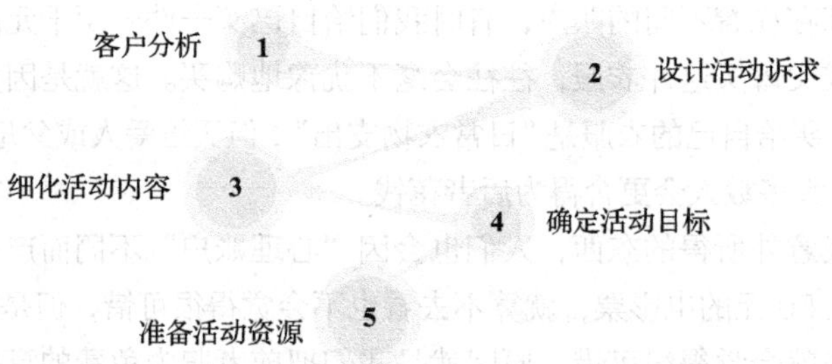

图 6-12 营销活动策划的步骤

（1）客户分析

在开展营销活动之前，CRM 专员必须先开展客户分析。客户分析要经过客户细分、客户特征分析及目标客户圈定 3 个环节。客户分析是做好营销活动的关键，只有找准了目标客户，才能让营销活动更加精准。

（2）设计活动诉求

营销人员根据圈定的目标客户的特征寻找能与客户产生共鸣的诉求点，决定是通过情感刺激达到活动目的，还是借助利益诱惑达到活动目的。在这个过程中，营销人员要将利益点转化为活动主题，以便将其有效地传达给客户。一旦有了明确的利益点，它就将作为主线贯穿营销活动的全过程。

（3）细化活动内容

细化活动内容就是以活动主题为导向来细化营销活动时间、渠道接触点、文案话术、促销优惠、效果分析。细化活动内容的过程是整个策划活动中最耗费时间的环节，同时也是决定活动质量的关键环节。

（4）确定活动目标

确切地说，确定活动目标环节用于确定营销活动效果的衡量标准与预估活动效果，这是一个非常重要但容易被遗忘的环节。再好的方案也需要用数据来说话，客户对活动的响应率、ROI 或邮件的打开率、点击率等都可以作为衡量活动效果的标准，CRM 专员在活动策划环节中就需要明确这些

衡量标准和具体的期望。

（5）准备活动资源

CRM 强调的是“以客户为中心”的职能协作，营销活动的参与者并非只有 CRM 专员，在营销活动中，CRM 专员更多地起到活动的发起者和执行协调者的作用。因此，准备活动的资源需求也是活动策划的一部分。

一般来说，一个完整的活动策划应该包括表 6-4 所列举的内容。

表 6-4　活动策划的构成内容

构成内容	说明
活动对象	活动的目标群体，CRM 专员可以使用 RFM 模型或细分客户维度来进行目标客户的筛选
活动主题	活动文案的一部分，要能让客户看懂，并且具有吸引力
活动时间	活动的开始时间、结束时间及具体优惠的截止时间
活动描述	活动文案的组成部分，要能让客户看懂，让客户决定要不要参与并让客户知道如何参与
规则详情	既要让客户看得懂，也要让内部人员看得懂，以确保整个营销活动过程清晰、有序
投放渠道	确定投放时间、投放渠道及投放预算
检测指标	检测活动营销效果的指标，帮助商家通过数据分析找到自身存在的问题，并寻找方法及时解决这些问题
成本预估	用于明确活动预算，监控活动投入
效果评估	有成本就会有收益，要明白开展活动对哪些指标的优化有帮助，这种帮助是如何体现的
常见问题解答（Frequently Asked Questions，FAQ）	FAQ 要标准、详细，可以另外准备一个文档，提供给客服或相关负责人员，帮助他们回答或解决客户在参与活动中提出的问题

2. 如何有效开展促销活动

在营销中，促销指营销者向客户传递有关店铺及商品的各种信息，说服或吸引客户购买其商品，以达到增加商品销售量的目的。根据利润公式“利润 = 销售额 × 利润率”，可见销售额是衡量促销效果的重要指标，而“销售额 = 客单价 × 销售量”，因此要增加销售额，需要从图 6-13 所示的 3 个方面入手，这就需要商家有效开展促销活动。

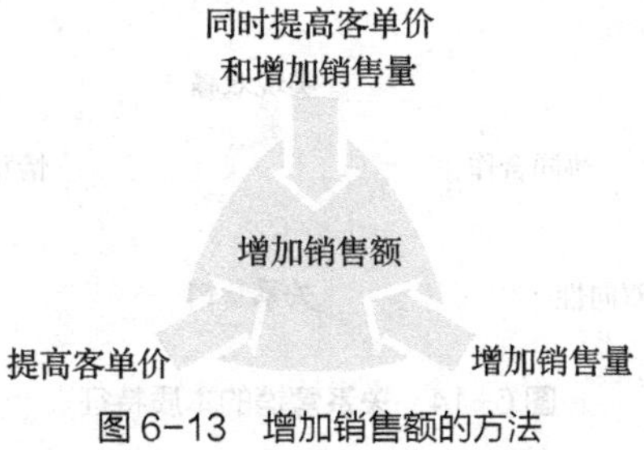

图 6-13　增加销售额的方法

（1）找到合理的促销理由

促销需要有合理的理由，即“凭什么促销”。无缘无故地打折，只会让客户感觉莫名其妙。因此，促销需要有一个名正言顺的理由，如店庆、节假日、清仓、新货上架等都可以作为理由。此外，促销理由合理性的“强弱”会直接影响客户对促销力度的判断。

（2）促销的有效方式

在电子商务中，常见的促销方式有“全场 ×× 折”“满 ×× 送 / 减 ××”“买 ×× 送 ××”

“原价××，现价××”，以及积分换购、赠送优惠券等。其实，促销有一个有效的方式，各位商家可以尝试使用，就是将“只要________，就能________，还能________。”补充完整。这也是客户最容易理解的促销手段，如“只要消费满500元，就能获得一台吹风机，还能参加抽奖”。

此外，“只要……”“就能……”“还能……”的侧重点有所不同。

“只要……”说的是商家的利益，是商家想获得的东西。从客户的角度看，这是条件，而且是与客户最直接相关的条件。它也是商家的促销目的，如果是增加客单价，那就是“买满××元”。我们通过分析可以发现，这个条件需要略高于客户现在能达到的状态，但不能设置得太高。如果设置得太高，客户感觉自己无法达到，也就不会去努力尝试。这个条件要求客户达到“跳一跳就能够着”的状态，如店铺的平均客单价是100元，可以将条件设计为“满120元”，客户会觉得不用费力就可以凑够20元；如果将条件设置为“满500元”，客户就会觉得这是一个难以达到的要求。

“就能……”说的是客户的利益，是商家需要付出的代价。这个“利益”的设置很重要，它决定了客户会不会为之付出努力。

“还能……”是一个附加条件，也可以没有。商家通常在“就能……”部分的吸引力不够强大的情况下会用到“还能……”部分，可以将这个部分理解成对促销的补充。简单的促销多数不会这么复杂，通常“还能……”部分也有相应的条件，用于区分一些客户。

6.4 CRM关系营销

关系营销就是把营销活动看成店铺与客户、供应商、分销商、竞争对手、政府机关及其他公众发生互动作用的过程，最大限度地提高客户的终身价值是关系营销的基本目标。客户的终身价值是把某一客户可能在未来为店铺带来的净利润转换成净现值之后以货币形式表现的金额。

6.4.1 关系营销的本质特征

发现市场需求、满足市场需求及培育客户忠诚度是关系营销的三大核心内容。关系营销的本质特征可以概括为5个方面，如图6-14所示。

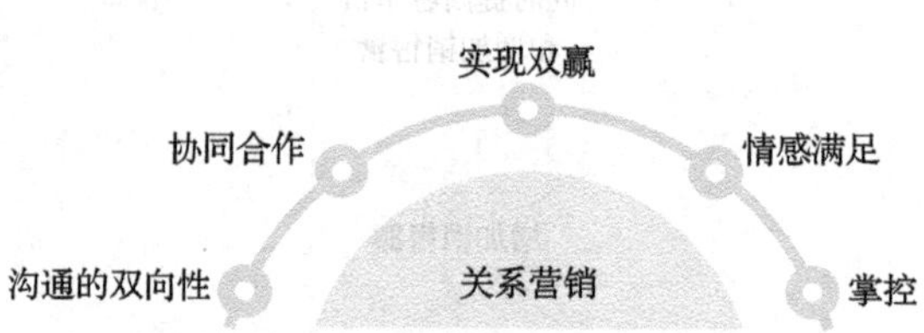

图6-14 关系营销的本质特征

1. 沟通的双向性

在关系营销中，沟通是双向的而非单向的。只有进行广泛的信息交流和信息共享，商家才可能赢得各个利益相关者的支持与合作。

2. 协同合作

一般来说，关系存在两种基本状态，即对立和合作。商家只有通过合作才能实现协同，所以协同合作是实现双赢的基础。

3. 实现双赢

关系营销旨在通过合作增加关系各方的利益，而不是通过损害其中一方或多方的利益来增加其他各方的利益。

4. 情感满足

关系能否得到稳定和发展，情感因素在其中起着重要作用。因此，关系营销不只是要实现关系各方在物质利益方面的互惠，还必须让各方能够从关系中获得情感需求的满足。

5. 掌控

关系营销要求商家建立专门的部门，用于跟踪客户、分销商、供应商及营销系统中其他参与者的态度，由此了解关系的动态变化，并及时采取措施消除关系中的不稳定因素和不利于关系各方利益共同增长的因素。

6.4.2 关系营销的 3 个层次

企业为客户提供价值是建立和维护客户关系的基础，这种价值可以通过客户从拥有、使用某种商品或服务中所获得的收益，与客户为获得该商品或服务而付出的成本之差来衡量。商品或服务的质量，以及良好的客户满意度和口碑等，都是增加客户价值与吸引新客户的重要因素，同时它们能够有效地提升老客户对企业的信任度。关系营销梯度推进的过程实际上就是一个不断增加客户价值的过程。按企业创造客户价值的方式不同，关系营销可以分为 3 个层次。

1. 一级关系营销

在客户市场中，一级关系营销经常被称作频繁市场营销或频率市场营销，这是最低层次的关系营销。它是指企业通过价值上的让渡吸引客户，以此与客户建立长期的交易关系。它维持客户关系的主要手段是价格刺激，通过价格优惠等财务措施来形成客户价值和客户满意，从而维系企业与客户的关系。例如，商家为常客提供的包邮服务或降价服务，为会员提供的折扣价格，等等。

2. 二级关系营销

二级关系营销是指企业不仅用财务上的价值让渡吸引客户，而且尽量了解各个客户的需求和愿望，使自己的服务更加个性化和人格化，以此来强化企业和客户的社会关系。营销人员可以通过了解单个客户的需求和愿望，为他们提供人性化服务来强化企业与客户的社会关系。例如，企业主动与客户保持联系，不断了解客户的需求，并为他们提供相应的服务；企业向老客户赠送礼品或贺卡，表示关怀和感谢。

3. 三级关系营销

三级关系营销是指通过与客户建立结构性的纽带关系，同时增加客户附加财务利益和社会利益来创造客户价值。企业利用高新技术成果精心设计服务体系，使客户得到更多的利益，以增进与客户的关系。例如，电子商务平台通过计算机数据交换系统帮助各个入驻商家客户做好订货管理、存货管理、发货管理、信贷等一系列工作，各个商家利用数据库存储的客户信息为再次光临的老客户提供个性化定制商品或服务等。

6.4.3 做好关系营销的策略

关系营销是商家为实现自身目标和增进社会福利而与相关市场建立和维持互利合作关系的过程。做好关系营销的策略包括以下 5 个方面。

1. 建立质量和品牌优势

质量是一种商品或服务的特色和品质的总和，这些特色和品质将会对商品或服务满足客户需求的能力造成直接影响。这里的质量是指全面的质量，包括3个方面，如表6-5所示。

表6-5 质量的内容

质量的内容	释义
商品或服务本身的质量	指商品或服务功能的完善程度、外观的美观程度、使用安全程度、制作材料的优质与否等，这些都是质量的外在表现
店铺每一项活动的质量	指店铺的营销活动质量、客户服务质量、售后服务质量等，这些都是质量的内在表现
“速度”质量	质量的本质是在“以客户为核心”的前提下做到价值创新，而速度是店铺经营过程中不可忽视的因素。商家除了要能快速获取客户的期望，为客户提供令其满意的商品外，还要能不断进行价值创新

2. 实行会员制度

实行会员制度的目的在于与会员客户建立长期、稳定的关系。在吸收会员时，商家既可以采取免费入会的办法，也可以采取交费入会的办法，对会员客户在购买时给予适当的优惠或一定的“特权”，从而使他们忠于店铺。

3. 实行累进制策略

累进制策略是指对频繁购买及按稳定数量进行购买的客户给予奖励。商家可分别制订几个界限，即当客户累计购买的商品数量超过某一界限时，可以给予客户一定的物质奖励，并对超过不同界限的客户给予价值不同的奖励，从而促使客户长期地购买店铺的商品。

4. 实行体验营销策略

体验营销策略是指通过使客户的精神得到满足来达到营销的目的，这种策略更重视客户的感觉。这里的体验包括感官体验、情感体验、思考体验、行动体验和关系体验等。电子商务商家在建立品牌方面要时刻想着能给客户提供什么样的体验，给客户带来的感觉如何，只有这样才能让自己的品牌与客户形成良好的关系。

5. 实行定制营销策略

定制营销策略是指根据每个客户的不同为其制造个性化商品，并开展相应的营销活动，这种策略的优越性是能通过为客户提供特色商品和超值服务满足客户的个性化需求，提高客户的忠诚度。实行定制营销策略需要商家建立完整的客户购物档案，加强与客户的联系，合理完善售后服务，提高服务质量。

6.4.4 关系营销的原则

关系营销的实质是在市场营销中与各关系方建立长期稳定的相互依存的营销关系，以求彼此协调发展，因此关系营销必须遵循3个原则，如图6-15所示。

图6-15 关系营销的原则

1. 主动沟通原则

在关系营销中，各关系方都应主动与其他关系方接触和联系，相互沟通信息、了解情况，形成制度或以合同形式定期或不定期碰头，相互交流各关系方的需求变化情况，主动为关系方服务或为关系方解决困难和问题，增强合作关系。

2. 承诺信任原则

在关系营销中，各关系方相互之间都应做出一系列书面或口头承诺，并切实履行承诺，以赢得关系方的信任。承诺实质上是自信的表现，履行承诺就是将誓言变成行动，是维护和尊重关系方利益的体现，也是获得关系方信任的关键，更是商家与关系方保持融洽的伙伴关系的基础。

3. 互惠原则

各关系方在交往的过程中，必须做到相互满足经济利益，并在公平、公正、公开的条件下进行成熟、高质量的商品或价值交换，以使各关系方都能得到实惠。

6.5 CRM 互动营销

从事电子商务行业，商家不仅要把商品做好，还要努力将服务做好。商家在做这些事时也要注意与客户保持互动，让客户有归属感和认同感。这些行为从营销的层面来说属于互动营销，可以让老客户的黏性更强，也能让新客户加深对店铺的记忆，成功地达到推广店铺品牌的效果。

要有效开展互动营销，关键是要有一个有效的方案。如果没有有效的方案，再好的执行和服务也发挥不了其与客户互动和宣传品牌的作用。从策划的角度来讲，店铺在策划互动营销时必须要考虑 3 个因素，如图 6-16 所示。

图 6-16　策划互动营销需要考虑的因素

1. 活动定位：老客户帮商家定方向

开展互动营销的第一步是明确“我与谁互动”这个问题，即先了解自己的客户群喜欢的是什么。以一家受季节影响极大的皮草店铺为例，该店铺于 2020 年年初开始转型经营高端女装，由于店铺客单价较高，商家分析了自己店铺的老客户消费数据后，将互动营销活动的参与者设定为有消费能力的 30 ～ 35 岁的都市女性。

随后，该商家根据这部分客户进行活动策划、奖品设置、活动规则设置，通过对这部分客户的消费行为特点进行分析，发现她们青睐的关键词是“优雅”“时尚”等，因此旅游装备、有氧运动装备就受到了她们的喜欢。

2. 活动渠道：活动落地有不同

互动活动可以落地在微博，也可以落地在论坛，这样都能引流、发挥品牌效应。如果采用微博这样的社交网络沟通渠道，优点是互动快、辐射强，缺点是商家接触的客户群可能会比较分散，并且如今部分客户对微博营销的感觉已经近乎麻木，很多时候即使参与了活动，转头也就忘记了那是哪家店铺。

此外，很多客户参与互动往往是为了获得奖品，因此商家开展微博互动营销要注意将自己的营销目的与互动捆绑起来。如果商家选择的是论坛渠道，则应以一些老客户为主，提升客户活跃度和品牌忠诚度就更为重要。

以某品牌在淘宝开展的“双十一”预热活动为例，该品牌为奖品获取设置了较高的门槛，除了要求客户在为了赢取奖品而玩游戏的同时必须登录淘宝收藏 5 家该品牌的店铺，还要求客户关注店铺微博、分享活动。尽管该品牌为客户设置了多重限制，但客户的参与度依然很高，最终该品牌的微博转发量超过 35 万次，参与互动的人数超过 10 万人，最重要的是该品牌的淘宝店铺的收藏量暴增 44 万次，为“双十一”大促做好了预热。

3. 活动形式：互动营销的 3 种方式

既然是互动营销，那么激发客户的互动参与热情就尤为重要。一般来说，从沟通上来看，电商的互动营销方式有以下 3 种。

（1）问答

这种方式比较适用于美容、母婴、珠宝手表、运动户外、家电等类目，可以让客户对店铺商品的详情进行了解。商家在运用这种方式时可以设计一些比较简单的问题来考验客户。

参与这种活动的客户一般有一定的知识基础，因此商家通过活动获取的客户使用数据、消费体验更加直观。但这种方式缺乏互动性，不容易吸引新客户参与，所以需要商家制订一定的策略来激活新客户，如增强奖品的诱惑力、增强问答抽奖的不确定性等。图 6-17 所示为某女装店铺发起的“找不同”活动。

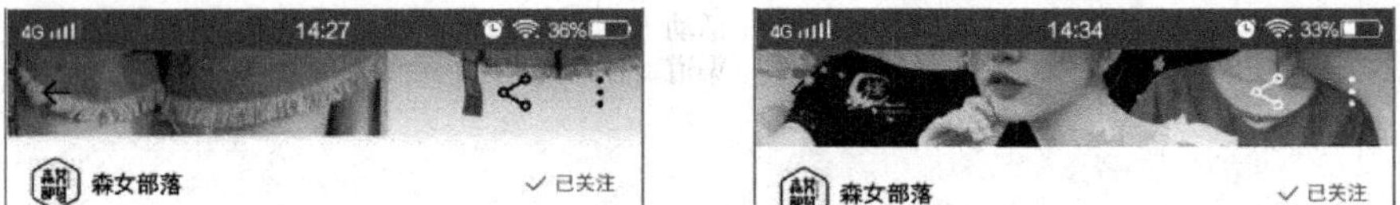

图 6-17　某女装店铺发起的“找不同”活动

（2）创作 / 动手

这种方式适用于食品、文化、玩具、服装鞋帽等类目，但互动门槛更高。商家要想让“懒惰”

的客户参与，除非为他们设置非常具有吸引力的奖品。例如，某销售女装的商家，每个季度都会举行一次大型“潮拍”活动，评选最“潮”的搭配，让客户踊跃参与，并让被选中者作为时尚达人帮助店铺进行推广。

（3）游戏/投票

这种方式的门槛不高，所以适用的类目很多，是目前商家们最常使用的一种营销方式。商家设计一个游戏或投票活动让客户参与，可以在微博进行，也可以在店铺内进行。这种方式的特点是客户很轻松地就能参与其中，有趣的游戏会让客户的停留时间大大延长，也让其黏性增强——很多客户为了获得奖品会多次玩游戏或积极投票。图6-18所示为两个淘宝店铺在微淘中发起的投票活动。

图6-18 两个淘宝店铺在微淘中发起的投票活动

6.6 客户关系生命周期营销

客户关系生命周期是指客户关系随着时间变化的发展轨迹，它描述了客户关系从一种状态（一个阶段）向另一种状态（另一个阶段）运动的总体特征。在CRM营销规划中，针对客户关系在生命周期不同阶段的特点，通常会有相应的营销策略与之匹配。

6.6.1 客户关系生命周期阶段划分

客户关系生命周期可以划分为4个阶段，在不同的阶段，客户与商家之间的关系有着不同的表现。

1. 识别期

识别期是客户关系的探索和试验阶段。商家对目标市场进行细分，确定其商品或服务的潜在客户，从潜在客户中选择目标客户并对其进行培育。在此阶段，商家尚不能从客户身上获得现实利润，但商家与客户之间的关系是有发展前景的，双方未来有可能形成良好的关系。

2. 发展期

发展期是客户关系快速发展的阶段。此阶段的客户已经成为商家的现实客户，他们在店铺的购买规模不断扩大。商家开始从客户身上获得利润，利润虽然不高，但保持着持续增长的态势。

3. 稳定期

经过一段时间的发展后，商家与客户之间的关系进入稳定发展期。这个阶段的客户一般是商家的忠诚客户，虽然他们与商家之间的交易已经不再具有明显的成长性，但他们一旦对商品有需求就会选择该商家，为商家创造了大部分现实利润，对商家而言属于最有价值的客户。

4. 衰退期

衰退期是客户关系发生逆转的阶段，是客户关系的回落阶段。在此阶段，商家的商品或服务对客户的吸引力有所下降，结果导致客户价值下降。此时，商家需要判断客户关系是否值得保持，以便采取终止策略或恢复策略。如果能成功挽回客户，客户关系可能会重新进入发展期。

6.6.2 客户关系生命周期不同阶段的 CRM 营销策略

客户关系生命周期描述了理想状态下客户关系发展的一般规律，在不同的阶段，客户与商家的关系的紧密程度是不同的。因此，商家应该针对客户关系生命周期各个阶段的特点制订不同的 CRM 营销策略。

1. 客户关系识别期的 CRM 营销策略

在客户关系识别期，说服和刺激潜在客户与店铺建立关系是 CRM 营销的中心任务。

（1）说服客户

由于信息的泛滥和不对称，当潜在客户对某种商品或服务产生需求时，他们往往难以找到有效的信息。因此，商家应该设法通过各种有效渠道向潜在客户传递信息，使其了解并相信店铺的商品或服务能够满足他们的需求。

首先，商家可以通过打广告、开展促销活动等方式向潜在客户承诺自己店铺中商品或服务的质量，让客户相信自己具有满足他们需求的能力；其次，可以由中立的第三方直接向潜在客户推荐店铺的商品或服务。此外，客户正面的口碑宣传具有很强的说服力，因此商家要通过各种措施说服现有客户为自己的商品或服务做口碑宣传。

（2）刺激客户

在客户关系识别期，除了说服客户信任自己店铺的商品或服务外，商家还要通过各种措施，如限期折扣、赠送优惠券、商品组合销售、赠送积分等方式，刺激客户尽快购买并使用或体验店铺的商品或服务。有效的措施能够刺激客户与商家建立长期的关系，并刺激客户重复购买和交叉购买自己的商品或服务。

2. 客户关系发展期的 CRM 营销策略

处于此阶段的客户还有很强的波动性，随着消费经验的积累和自身价值评估能力的提升，他们不再局限于某一个商家或企业，往往会寻找可替代商家或企业。如果可替代商家或企业做得更好，他们就会放弃与现有商家或企业的关系，转向其他商家或企业。

在此阶段，商家的任务是不断为客户提供更高水平的服务，赢得客户满意，巩固和加强在识别期建立的客户信任，培育客户忠诚。商家要尽快了解并满足客户的个性化需求。个性化增值是提升客户价值的有效切入点，因为“个性化”不易被模仿，有利于商家保持竞争优势。此外，商家可通过有效的沟通使客户明白：我们是最好的商家，能够比我们的竞争对手更好地满足你的独特需求。

3. 客户关系稳定期的 CRM 营销策略

使客户关系长期处于稳定期是每个商家所希望的，商家要实现这一目标应采取以下措施，如图 6-19 所示。

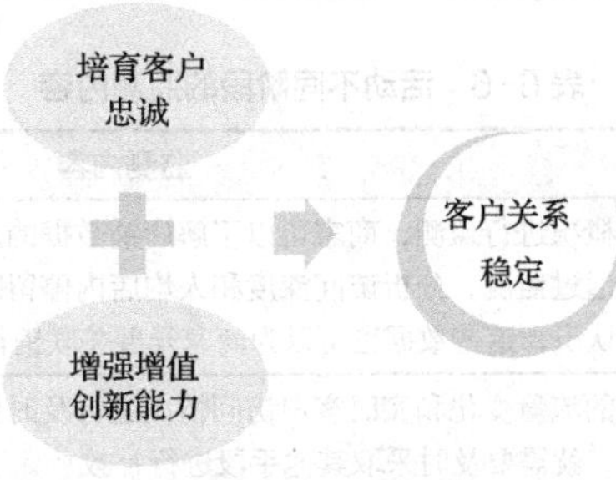

图 6-19　保持客户关系稳定的策略

（1）培育客户忠诚

培育客户忠诚的基础是持续为客户提供超越期望价值，使客户坚信自己选择的商家是最有价值的，由此对店铺、店铺员工、店铺商品或服务产生一种强烈的感情依附，进而发展为忠诚。

忠诚是一种长期稳定的客户关系，忠诚的客户不仅有很高的经济转移成本，而且面临着很高的心理和精神转移成本，更重要的是其对双方长期关系的收益非常有信心。

（2）增强增值创新能力

商家应持续向客户提供超越期望价值，这是建立客户忠诚的基础。增值创新能力是超越期望价值的源泉，因为随着客户价值的不断提升和技术的标准化、服务的同质化，原先的超越期望价值会逐渐退化为期望价值甚至基本价值。

增值创新能力的形成基于两点：一是竞争对手也能做到的公共增值项目（如商品质量、发货速度、价格、售后服务、技术支持等），我们必须始终做得最好；二是尽量增加个性化增值的份额。

个性化增值不但是维持增值创新能力的良好途径，而且在无形中增加了客户终止关系的成本。同时，个性化增值会为商家在客户的心目中树立这样一个良好的形象：我们投入了大量的资金、时间和精力来开发独特的客户价值，我们对客户是真诚的、重视的，为客户谋利益是不惜代价的。因此，增强增值创新能力有助于培养并不断提升客户的忠诚度。

4. 客户关系衰退期的 CRM 营销策略

即使商家采取了保持客户关系稳定的种种措施，由于种种原因仍无法完全阻止客户的流失。在这一阶段，商家应该采取客户关系恢复策略，其目的是充分挖掘客户价值，尽可能减少客户流失给自己带来的不良影响，认真分析客户流失的原因，总结经验，改进服务质量。客户关系恢复策略针对不同的客户要有所不同，即对于有价值的客户，要想方设法恢复关系；对于价值小或价值为负的客户，可以考虑放弃。

6.7 CRM 营销效果分析

与传统的营销方式相比，CRM 营销最大的优势在于商家可以对营销效果进行更全面、更及时和更精确的分析，以便更好地评估营销活动的开展情况，及时对营销方案做出调整和优化。通常来说，对 CRM 营销效果进行分析可以从 4 个方面入手，即流量变化分析、参与客户特点分析、参与客户订单分析及活动商品数据分析。

6.7.1 流量变化分析

分析任何营销活动都可以通过观察活动开始前、活动进行中、活动结束后的流量变化来了解活动的情况和发展趋势，具体的监测内容如表 6-6 所示。

表 6-6 活动不同阶段的监测内容

活动阶段	监测内容
活动开始前	通过对店铺流量概况进行监测，商家可以了解店铺数据的总体变化情况，分析活动预热是否达到预期效果。此外，通过监测、分析访问深度和人均店内停留时间等数据，商家可以对客户的喜好和访问轨迹有清晰的认识，这些数据也可以为商家开展关联销售提供有力的数据支持
活动进行中	对店铺每个小时的流量变化和实时客户访问情况进行及时监测和分析，如果发现流量和成交转化没有达到预期效果，就需要及时采取其他手段进行补救
活动结束后	对活动期间的流量数据进行分析、总结，并将其与活动开始前的数据进行对比，对流量来源进行分析，分析哪种流量来源较多、哪种流量来源较少，以找到推广的薄弱环节

6.7.2 参与客户特点分析

通过分析客户的地域分布、性别占比、年龄占比等数据，商家可以了解参与营销活动的客户的特点，以便更好地制订个性化营销策略。表 6-7 所示为参与客户特点分析的指标。

表 6-7 参与客户特点分析的指标

指标名称	指标释义
客户会员等级	参与营销活动的客户中，普通会员、高级会员、VIP 会员及尊贵 VIP 会员的人数
客户性别占比	参与营销活动的客户中，男性客户和女性客户的占比
客户年龄占比	参与营销活动的客户中，青年人、中年人及老年人的占比
客户地域分布	参与营销活动的客户分布最多的省市

除了表 6-6 列举的 4 个指标，商家还可以根据其他指标对参与营销活动的客户进行分析，如客户对男装风格的喜好、客户对商品颜色的喜好，以及客户对商品规格的选择（如服装的尺寸、鞋子的尺码）等。

6.7.3 参与客户订单分析

商家可以借助 ROI 从数值的角度对营销活动的效果进行分析，计算公式为“ROI= 销售总额 / 营销成本 ×100%”。当然，除了 ROI，商家还可以通过一些更为详细的指标来分析营销活动的效果，如表 6-8 所示。

表 6-8 参与客户订单分析的指标

指标名称	指标释义
下单客户数	本次营销活动中的下单客户总数，包括下单新客户数和下单老客户数
下单客户数占比	本次营销活动中，下单客户总数在目标客户数中的占比
成交客户数	本次营销活动中达成交易的客户总数，包括成交新客户数和成交老客户数
成交客户数占比	本次营销活动中，达成交易的客户总数在目标客户数中的占比
成交订单数	本次营销活动中的成交订单总数，包括成交新客户订单数和成交老客户订单数
成交金额	本次营销活动的成交总金额，包括成交新客户的金额和成交老客户的金额

6.7.4 活动商品数据分析

商家在营销活动中的选品对营销活动的成败有着直接影响，所以对参与营销活动的商品及关联商品进行分析很有必要。活动商品数据分析的指标如表 6-9 所示。

表 6-9 活动商品数据分析的指标

指标名称	指标释义
商品成交件数	本次营销活动中，活动商品单品成交的总件数
商品成交金额	本次营销活动中，活动商品单品成交总金额
商品搭配销售占比	本次营销活动中，被其他商品关联带销的活动商品的占比
商品评价	本次营销活动中，客户对活动商品的评价
商品收藏量	本次营销活动中，活动商品被客户收藏的数量
商品购物车量	本次营销活动中，活动商品被加入购物车的数量

案例分析 花西子：东方彩妆营销的“破圈”之路

花西子成立于 2017 年 3 月，它首次提出“东方彩妆，以花养妆”的品牌理念，并且依靠传统文化迅速崛起，成为彩妆领域的现象级新锐品牌。花西子通过实施多种营销策略，全方位赢得更加追求品质的年轻人的拥护。

（1）用户共创，加深品牌与用户之间的联系

当新品的研发进度来到 60% ~ 70% 时，花西子会通过小程序“花西子体验官”招募并筛选体验官，向体验官免费寄送样品，邀请体验官试用样品并反馈试用体验，然后根据体验官的反馈完成新品后续的研发。

花西子重视用户体验，推出过多次类似“万人体验计划”的活动，购买过或使用过花西子商品的用户都可以参加活动、试用新品。新品获得超过 90% 的用户的认可后，方可继续生产。

花西子通过体验官和“万人体验计划”让用户参与商品测评和研发，提高了用户的参与感，有效地提升了用户对品牌的忠诚度。

（2）私域引流，打造品牌流量池

花西子创造了自己的人格 IP——花小西。花小西注册了微信公众号，该公众号在展示与商品相关的内容的同时，还承担着注册会员卡、提供会员服务与招募体验官等功能。

此外，花西子也开设有自己的视频账号，在账号中发布品牌广告、商品介绍、化妆技巧等内容，并会在这些内容中添加公众号链接，为公众号导流。

关注视频账号的用户可能是花西子的意向客户，关注公众号的用户可能是花西子的粉丝，而他们进入小程序或花西子网上店铺后就会变成潜在客户，由客服人员为他们提供一对一的深度服务。

（3）多平台定制化营销内容

微博、抖音、小红书、哔哩哔哩等平台的属性不同，平台内容和用户群体也有所区别，花西子根据平台属性输出定制化的营销内容，对不同平台的用户形成影响力。

在微博上，花西子侧重于发布抽奖、新品试用、直播预告等活动预告和品牌宣传信息；在抖音上，花西子多发布开箱视频、创意测评等短视频，并发起各类有趣的挑战赛；在小红书上，花西子倾向于发布商品详情、商品使用技巧、商品体验评价等信息；在哔哩哔哩上，花西子会发布仿妆、服装展示、古代食物制作方法等内容。

（4）以精细化营销赢得关注

花西子采取“名人＋头部关键意见领袖（Key Opinion Leader，KOL）＋腰部KOL”组合的营销策略，引发用户对品牌的关注。首先，花西子选择与品牌气质相符的名人作为品牌代言人，强化用户对品牌的认知，借助名人效应深耕粉丝经济；其次，花西子与头部KOL合作，由头部KOL通过制造话题、专业测评、讲解美妆方法等方式为用户“种草”，提高用户对品牌的认知度和认可度；最后，花西子与腰部KOL合作，承接头部KOL产生的热度，持续提升品牌的影响力。

（5）打通线上线下营销闭环

在布局线上营销链路的同时，花西子也没有忽视对线下渠道营销的布局。花西子进军社区，在楼宇电梯内投放了大量的电视广告，在线下提升品牌影响力，打通了线上线下营销闭环。

阅读以上内容，分析花西子采用了哪些营销策略，以及这些营销策略是如何吸引用户的。

【课后习题】

1. 简述CRM营销三要素。
2. 尝试为某个女包店铺设计一个年终大促的活动方案。
3. 客户在购买商品时会经历怎样的心理决策过程？如何运用客户购买心理决策开展营销活动？

第 7 章

智能客服：优化购物体验，降本增效新路径

学习目标

- 了解智能客服的类型及其与传统客服的区别。
- 掌握智能客服的价值和应用策略。
- 了解人工智能训练师的职责。
- 了解人工智能训练师的职业能力要求。
- 了解人工智能训练师必备的能力。

在电子商务交易中，客户购买的不只是商品，还包括服务。优质的客户服务系统不仅有利于企业维护客户关系，帮助企业树立良好的形象，还能为企业赢得更多的商机。随着人工智能技术的发展，智能客服系统得到了广泛应用，它不仅能为电子商务企业节约经营成本，提高企业的营销转化率，还能为客户带来更优质的客服体验，增强客户对企业的黏性。

案例导入

Babycare：运用智能客服破解客服效率难题

Babycare是一个母婴品牌，在京东上开设有“Babycare旗舰店”，主营婴幼儿日常护理用品、儿童餐具、洗护用品、纸尿裤等商品。

在店铺运营中，Babycare非常重视客户体验和服务效率，组建了覆盖售前、售中、售后各个环节的专业客服团队，为客户提供高质量的服务。但是，随着店铺业务量的增多，店铺内每日客户咨询量不断攀升，日常每个人工客服每天需要接待500～600个客户，在大促活动期间，每个人工客服接待客户的数量更是呈爆发式增长。由于人工客服工作量大，客服及时响应难以保障，更无法实现深度挖掘客户需求；但是引入更多的人工客服，势必会增加店铺的人力成本。

面对这些难题，Babycare引入了智能客服——京小智。Babycare旗舰店使用京小智一年多，使店铺的客服效率得到了明显提升：更多的人工客服从日常烦琐、简单的咨询服务中解放出来，专注于为客户提供更专业、更个性化的咨询指导；店铺服务满意度得到明显提升，客服30秒应答率从87%提升到了95%，售前满意度达到90%，比以前提升了10个百分点；由京小智代替了人工客服，店铺运营的人力成本得到有效控制。

Babycare希望将智能客服打造成专业的咨询顾问，为此组建了专业的人工智能训练师团队，负责对京小智进行优化。

与一些店铺喜欢为智能客服配置通用答案不同，Babycare的人工智能训练师更倾向于为京小智进行精细化的配置，让京小智变得更“通”人性、更有温度。Babycare的人工智能训练师会按照客户生命周期来梳理高频咨询场景，并为问题配置更加精准的答案，让回复话术更专业、更精准，从而能更有效地解决客户的问题。

在关注客户服务质量的同时，Babycare也非常关注客服环节中的营销转化率。在使用京小智之前，店铺需要专门安排客服人员负责跟进咨询未下单、下单未付款的客户，对客户进行催拍、催付。使用京小智的“全链跟单”功能之后，店铺管理者只需将京小智中“催拍”“催付”场景的“开关”打开，京小智系统就可以自动识别不同场景中的成交意向较强的客户，并完成催拍、催付等行为，这不仅大大缓解了人工客服的压力，还有效地提高了店铺的营销转化率。

7.1 智能客服

近年来，人工智能技术在多个领域得到广泛应用，智能客服是人工智能技术商业化应用较为成熟的领域之一。在客服领域，智能客服是人力的重要辅助，能有效提高商家与客户的交互率。

7.1.1 初识智能客服

智能客服是指依托大数据、人工智能、云计算等技术，运用客服机器人协助人工与客户进行对话，为客户提供相关服务，从而节约人力资源，提高客服响应效率的客户服务形式。随着各类技术的不断发展，智能客服的外延也不断拓展，它不仅包括商家提供的客户服务，还包括客户服务系统的管理及优化。

1. 智能客服的类型

从应用场景来看，智能客服分为语音智能客服和在线智能客服。语音智能客服应用的主要是语音识别、自然语言处理等技术，它能运用机器话术与客户对话，引导客户回答问题，根据客户的回答识别、理解客户的意图，并对客户进行分类，筛选出意向客户。语音智能客服一般应用于外呼电话销售、保险回访、教育培训邀约等业务场景中。

在线智能客服主要通过智能机器人与客户进行沟通，帮助客户解决问题。客户通过文本或语音输入问题，在线智能客服将问题转换成自己能理解的形式，并通过模型对问题进行解析，将其匹配到知识库中，从知识库中搜索与问题相似度最高的标准问句，并找到与问句相匹配的答案，然后将答案发送给客户。在线智能客服的工作流程如图 7-1 所示。

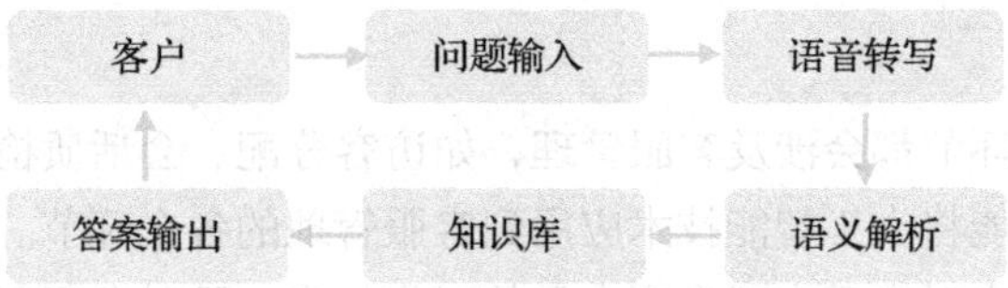

图 7-1　在线智能客服的工作流程

2. 智能客服系统的功能

智能客服系统是综合了大量客服日常工作所需功能的软件平台，且各项功能更加智能化。一款成熟的智能客服系统应该具备以下功能。

（1）在线客服对话

智能客服系统的在线客服对话功能支持客户与客服双方在线通过文字、图片、表情、音频、视频、文件等方式进行互动交流。

（2）多渠道接入

智能客服系统支持多渠道接入，能将在微信、微博、抖音等多种第三方平台产生的对话信息统一接入智能客服系统，并在后台实施统一管理，借助智能客服的消息快捷回复、客服机器人等功能为客户提供咨询解答和业务引导。

在智能客服系统的支持下，人工坐席可以在系统中及时回复不同平台上的客户咨询，而无须分别在不同的平台进行回复，从而有效缩短客户的等待时间，提高客服工作效率。

（3）智能客服机器人

智能客服机器人分为表单问答机器人和人工智能机器人。表单问答机器人依托简单关键词匹配的表单自动回复功能，引导客户进行自助查询，多用于重复率高的问题的回复场景中。

人工智能机器人能更好地识别客户的咨询意图，并为客户做出有效回复，还能自动向客户索要联系方式，它通常能代替人工坐席完成大部分的客户咨询。当人工智能机器人无法回复客户的咨询时，客户即可转到人工坐席。

（4）知识库

智能客服机器人对客户咨询所做出的回复，其答案都来源于知识库。使用智能客服系统的商家可以预先设置好答案，当有客户咨询时，智能客服机器人就可以根据关键词在知识库中搜索相关问题和答案，对客户咨询做出回复。

（5）呼叫中心

呼叫中心包括智能外呼和呼入转接两项功能。智能外呼能过滤无效的客户号码，实现对有效客户号码的主动呼叫。呼入转接则能根据客户的语音内容进行声纹识别，然后将客户的呼入电话转接至对应的业务办理渠道，由该渠道为客户提供更加专业的服务。

（6）CRM 系统

智能客服系统整合了 CRM 系统，能为咨询过的客户添加自定义标签，并将其添加至 CRM 系统进行管理，实现对客户数据的有效、快速规整，让商家无须再将客户信息转移至第三方 CRM 系统进行规整。

（7）工单系统

在客服工作中，客服人员经常会遇到当下无法解决的问题，需要将问题转送至其他部门，而接收问题的部门无法准确跟踪问题的解决进度，这就容易导致问题解决效率低下，给客户带来不良体验。智能客服系统具备工单系统，能够创建工单，将工单分配给相应的部门，并通知各部门及时跟进问题，从而让问题得到及时解决。

（8）客服管理

在客服工作中，每个环节都会涉及客服管理，如访客分配、会话质检、客服绩效管理等。智能客服系统的客服管理功能能将人工智能技术应用到客服管理的各个环节。例如，在访客分配环节，智能客服系统能让管理者实时查看人工坐席人员的工作状态，及时发现工作异常人员；在会话质检环节，智能客服系统能通过语音、语义识别技术对人工坐席人员的会话详情进行质检，发现人工坐席人员在会话中存在的问题，并及时予以解决；在客服绩效管理环节，智能客服系统能生成不同种类的统计报表，为商家复盘和分析客服人员的绩效提供数据支持。

3. 智能客服与传统客服的区别

智能客服的核心在于加强商家与客户之间的交互，商家使用智能客服，通过文字、语音、图片等方式与客户产生联系，为客户提供售前咨询、售中答疑、售后关怀等服务。与传统客服相比，智能客服在多个方面具有突出优势，如表 7-1 所示。

表 7-1 智能客服与传统客服的对比

对比项目	智能客服	传统客服
运作原理	依托人工智能、大数据、云计算等技术，通过智能机器人为客户提供服务	依托呼叫中心，通过人工为客户提供服务
接入渠道	接入渠道多元化，可将微信、小程序、微博等渠道接入客服系统，且各个渠道互通，商家可以实现用一个系统管理多个渠道的客户服务	以电话为主，接入渠道单一
沟通方式	沟通方式多样，客服系统不仅支持发送文字、图片，还支持发送语音、视频等	沟通形式单一，客服系统通常只支持发送文字、图片
系统集成	智能客服系统集成了 CRM 系统、工单系统等多个系统，能让客户的问题在最短的时间内抵达相关部门并得到解决，从而实现不同系统之间业务的流转和联动	难以实现系统集成，各个系统之间难以实现业务的流转和联动
响应效率	可以实现 7×24 小时响应，响应效率高	难以实现全天候响应，响应效率容易受到人工客服工作能力的影响
数据处理	数据处理迅速；能对数据实施统一管理	数据处理环节较多，效率较低；数据分散，不易实施统一管理

4. 智能客服在电子商务中的应用

目前，智能客服在金融、房地产、教育、电子商务等多个领域都得到了应用。在电子商务零售行业，商家直接与购买商品的客户对接，天然具有客服属性，所以电子商务零售商家在为客户提供服务的过程中，对客服的及时性和高效性有着更高的要求。当前，在电子商务领域，很多商家面临着两大问题，即客服人力成本居高不下和数据分散以致难以得到高效利用，具体表现如图 7-2 所示。

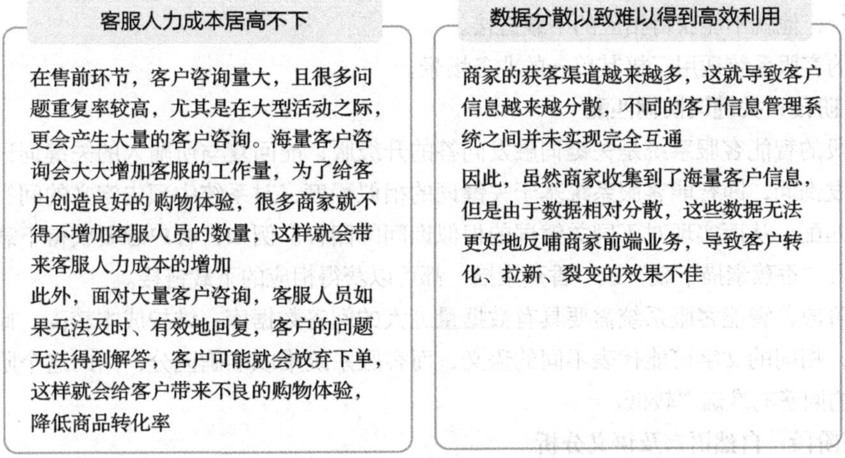
客服人力成本居高不下
在售前环节，客户咨询量大，且很多问题重复率较高，尤其是在大型活动之际，更会产生大量的客户咨询。海量客户咨询会大大增加客服的工作量，为了给客户创造良好的购物体验，很多商家就不得不增加客服人员的数量，这样就会带来客服人力成本的增加
此外，面对大量客户咨询，客服人员如果无法及时、有效地回复，客户的问题无法得到解答，客户可能就会放弃下单，这样就会给客户带来不良的购物体验，降低商品转化率
数据分散以致难以得到高效利用
商家的获客渠道越来越多，这就导致客户信息越来越分散，不同的客户信息管理系统之间并未实现完全互通
因此，虽然商家收集到了海量客户信息，但是由于数据相对分散，这些数据无法更好地反哺商家前端业务，导致客户转化、拉新、裂变的效果不佳

图 7-2　许多电子商务商家面临的问题

智能客服在电子商务中的应用有效降低了商家的客服人力成本，帮助商家打造消费数据资产。智能客服在有效减轻人工坐席人员回答重复性问题的压力的同时，能整合多渠道消费数据，覆盖售前、售中、售后各个环节，如图 7-3 所示。

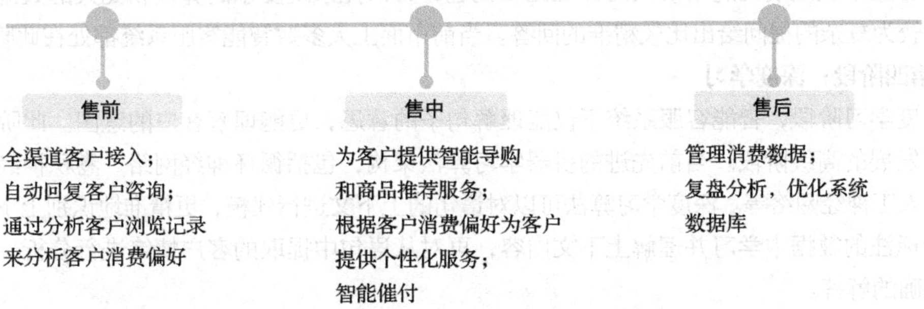
售前
全渠道客户接入；
自动回复客户咨询；
通过分析客户浏览记录来分析客户消费偏好
售中
为客户提供智能导购和商品推荐服务；
根据客户消费偏好为客户提供个性化服务；
智能催付
售后
管理消费数据；
复盘分析，优化系统数据库

图 7-3　智能客服在电子商务中的应用

7.1.2　智能客服系统的发展历程

智能客服系统的发展经历了 4 个阶段，如图 7-4 所示。

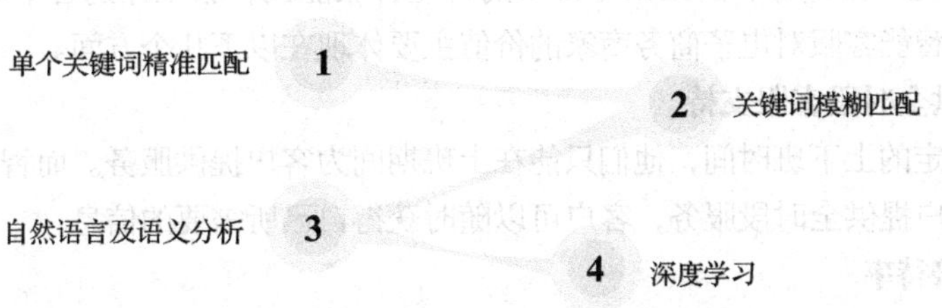
单个关键词精准匹配　1
2　关键词模糊匹配
自然语言及语义分析　3
4　深度学习

图 7-4　智能客服系统的发展历程

1. 第一阶段：单个关键词精准匹配

在第一阶段，从严格意义上来讲，此时的客服系统还不能被称为智能客服，而应该被称为机械客服机器人。此类机器人是基于单个关键词的精准匹配来回复客户关键词触发询问的，它的运作原理与微信公众号后台的关键词回复类似：客户只有输入精准的关键词，客服系统才能弹出相应的解答；如果客户输入的关键词稍有偏差，则无法获得相应的解答。例如，某个客户想要获得下载香蕉素描的链接，那么他输入“香蕉素描下载”就可以获得相应的下载链接；但如果该客户输入的关键词是“香蕉”，他就不能获得相应的下载链接。

此阶段的客服系统适用于极其单一的业务场景。

2. 第二阶段：关键词模糊匹配

第二阶段的智能客服系统是关键词触发问答的升级版，能回复与所输入的关键词词义相近的客户关键词触发询问，即智能客服系统基于关键词的相似程度，对系统中预先定义的问答数据与关键词进行模糊匹配，从而实现对不同关键词的相似询问的回答。例如，客户想要获得下载香蕉素描的链接，他输入“香蕉素描下载”或“香蕉素描”都可以获得相应的下载链接。

在这个阶段，智能客服系统需要具有数据量庞大的问答数据库，维护成本较高。此外，由于汉语博大精深，相同的文字可能代表不同的语义，而客服系统难以准确区分，因此这个阶段的智能客服系统做出的回答的准确率较低。

3. 第三阶段：自然语言及语义分析

自然语言分析是指智能客服系统将一个句子进行拆分，然后对每一个词语进行分析，并给每一个词语赋予一定的权重，根据权重的综合算法来匹配系统数据库中的答案。例如，智能客服系统的数据库中设定了一个语句“我要去除冰箱异味”，当客户输入“如何去除冰箱异味”时，智能客服系统就可以理解这句话的意思，并给出相应的答案。

智能客服系统发展到这个阶段时已经比较先进，其依托系统复杂的算法和庞大的数据库，能够针对客户较为复杂的提问给出比较精准的回答。当前市面上大多数智能客服系统都处在此阶段。

4. 第四阶段：深度学习

在深度学习阶段，智能客服系统不仅能理解句子的意思，更能理解客户的意图。此阶段是智能客服系统发展的高级阶段。当前先进的机器学习算法架构，包括循环神经网络、卷积神经网络、长短期记忆人工神经网络等。深度学习算法可以对语句的上下文进行建模，更精准地识别上下文语义，从大量未标注的数据中学习并理解上下文内容，再对从语句中提取的客户情绪进行分析，从而对语句给出准确的解答。

当前，部分智能客服系统运用了深度学习技术，但对深度学习的运用仍处于浅层，足够智能、易用的智能客服系统尚在开发中。

7.1.3 智能客服的价值

融合了人工智能、云计算、大数据等技术的智能客服能让客服工作的各个环节实现自动化和智能化。具体来说，智能客服对电子商务商家的价值主要体现在以下几个方面。

1. 为客户提供全时段客服支持

人工客服有固定的上下班时间，他们只能在上班期间为客户提供服务。而智能客服能保持 7×24 小时在线，能为客户提供全时段服务，客户可以随时获得自己所需要的信息。

2. 提高客服接待率

智能客服能独立接待客户，引导客户进行自主查询，快速获得相关信息，从而提高客服接待率。

智能客服能帮助人工客服解决一些答案标准且重复率高的问题，使人工客服专注于处理更加复杂、个性化程度更高的客户咨询，从而有效提高客服接待率。

3. 节约人力成本

客服接待率的提高同样也会减少商家对人工客服的需求，从而帮助商家节约人力成本。此外，客服中心的工作人员的离职率一般较高，人工客服的离职在无形中会增加商家招聘和培训人工客服的成本。而智能客服具有较高的稳定性，可以使商家减少对人工客服的需求，这能在一定程度上降低商家招聘和培训人工客服的成本。

4. 提高客户服务质量

智能客服能从多个方面提高商家的客户服务质量。首先，在售前客服环节，智能客服能根据客户与智能机器人的交互行为、交互内容对客户进行分类，将客户分配给对应的人工客服，从而确保为客户提供更有针对性的服务。其次，在售中客服环节，智能客服能对客服对话实施监控，及时发现客服对话中的问题并预警，让客服管理人员快速介入并解决问题，保证问题解决的及时性和准确率，从而提高客户满意度。再次，在接待客户的过程中，智能客服能为客户提供标准化、规范化的回复，让回复更加准确。最后，在客服质检过程中，与人工质检相比，智能客服的质检成本更低、效率更高、质检范围更广，能更好地提升人工客服的工作能力。

5. 提升访客转化率

在电子商务交易中，智能客服有利于提升访客转化率，这主要表现在以下 5 个方面。

（1）主动建立联系

当客户访问网页时，智能客服能主动向客户发起会话，吸引客户的注意力，与客户建立初步联系。

（2）提供全程服务

在客户浏览网页的过程中，智能客服能全程为客户提供服务，为客户购物提供必要的指导，避免客户由于提出咨询却无法获得及时回复而退出的情况出现。

（3）提供个性化服务

智能客服能有效提高客服的响应速度和服务效率，能让更多的人工客服去为客户提供个性化、高附加值的服务，解决更多与客户转化相关的问题，从而促进访客转化率的提升。

（4）精准推荐

随着人工智能、云计算、大数据等技术的不断发展，智能客服的功能不断完善，使用体验也不断优化。智能客服能抓取客户行为数据，结合客户历史消费数据构建客户画像，为客户进行个性化推荐，并根据客户的反馈不断优化客户画像，为客户进行更精准的推荐，促进客户转化。

（5）提升复购率

智能客服的价值不仅仅在于能促进访客转化率的提升，更重要的是它有助于提高客户忠诚度，从而提升客户的生命周期价值。在客户购物的过程中，智能客服能为客户提供全流程服务，为客户创造良好的购物体验，提升客户忠诚度。

客户完成购物后，智能客服能为客户提供物流信息、退换货处理等相关问题的查询，为客户提供良好的售后服务，提高客户满意度。客户的满意度和忠诚度对客户的复购率有直接影响，客户的满意度和忠诚度越高，越可能形成二次转化，重复地来店购买商品。

6. 支持商业决策

在与客户对话的过程中，智能客服能进行自主学习，不断完善知识库。此外，智能客服还能通过规则模型和深度学习来跟踪销售线索，并对销售线索进行分析，智能识别高价值客户，为商家做出商业决策提供支持。

7.1.4 影响智能客服服务质量的关键要素

在智能客服运作与发展的过程中，影响智能客服服务质量的关键要素有两个：一是智能服务产品，二是人工智能训练师。

1. 智能服务产品

随着人工智能技术的不断发展和应用落地，各类智能服务产品也不断出现，如智能在线机器人、智能语音机器人、智能质检设备、智能预判设备、人机辅助设备等。但是，在各类智能服务产品不断发展和落地应用的过程中，却出现了一个怪异的现象：商家的客户服务中心或使用智能服务产品的商家对智能服务产品所提供的服务越来越不满意。

出现这种现象的原因是一些商家认为智能服务产品的技术尚不成熟，很多产品的功能有待完善，于是他们开始不断地升级智能服务产品，不断地更换智能服务系统。其实这是一种错误的认知，智能服务产品服务质量较低的根本原因是智能服务产品背后运营体系的搭建和运作存在不足之处，运营人员的能力有待提升。

智能服务产品好比一种“武器”，智能服务产品运营体系的搭建过程就是学习使用这种“武器”的过程，运营人员提升自身能力的过程就是修炼“内功心法”的过程。如果一个人只有功能强大的“武器”，却没有使用这种“武器”的能力和“内功”的支持，那么这个“武器”就只是一个无法发挥功效的工具而已。因此，商家要想使这个功能强大的“武器”发挥功效，就要搭建与之匹配的运营体系，并提升运营人员的能力。

2. 人工智能训练师

人是使用“武器”并让其充分发挥功效的关键要素，对智能客服来说，人才即人工智能训练师是保证智能客服产品良好运作的关键要素之一。

人工智能训练师需要对人工智能行业涉及的知识有一定的认知，了解人工智能的业务需求，明白人工智能的落地场景，根据不同的技术实现逻辑提供相应的结构化数据。简单来说，人工智能训练师通过不断地对人工智能的数据端进行分析与优化，不断地调整参数、优化算法，从而让人工智能变得更“聪明”，更好地为人们提供服务。

以电子商务应用场景中的智能客服为例，人工智能训练师必须要了解电子商务客服人员在售前、售后等不同环节经常处理的问题，然后将可以由智能客服解答的问题筛选出来并进行整理，作为智能客服知识库中的素材。此外，人工智能训练师需要根据智能客服知识库中问题的脉络和预期的实现效果来判断问题解答的技术实现方式。

由此可见，人工智能训练师在智能客服的落地应用中发挥着至关重要的作用。企业要想让智能客服充分发挥作用，就必须对人工智能训练师予以高度重视。

7.1.5 智能客服的应用

智能客服在电子商务领域的应用大大缓解了人工客服的工作压力，有效地提高了商家的客户服务质量，提升了客户的满意度。随着智能客服的价值被越来越多的电子商务企业所认可，众多企业纷纷开始将智能客服应用于业务运营之中。

1. 智能客服的实施流程

一般来说，企业实施智能客服分为初始搭建、上线运营、效果优化、持续维护 4 个阶段，在不同的实施阶段，企业需要完成不同的任务，具体如表 7-2 所示。

表 7-2　企业实施智能客服的流程

实施阶段	实施任务
初始搭建	制订智能客服冷启动实施方案，除了智能客服系统供应商提供的线上标准化产品，企业还应配置由专业的人工智能训练师、数据分析师、算法工程师等组成的专业团队，由这支专业团队与智能客服系统供应商一起梳理企业的业务流程、业务知识等，并整理、扩充语料，搭建数据指标，为智能客服上线提供保障
上线运营	智能客服正式上线运营，在保证客户体验的前提下，用智能客服为客户提供服务
效果优化	针对具体应用场景，结合数据指标监控体系，对智能客服系统的算法、知识库、运行流程等进行优化，以让智能客服为客户带来更好的服务体验
持续维护	企业利用智能交互平台，根据自身业务的变化持续优化智能客服知识库、运行流程等，从业务知识、交互体验、人工智能算法等多个角度持续提高智能客服的服务质量，为客户提供更加优质的服务

2. 智能客服系统的选择

智能客服系统涉及人工智能技术的应用，以及知识库的搭建和机器人的长期训练，开发门槛较高，且开发周期长、资金投入多，一般只有巨型科技企业或在人工智能领域布局的企业才会投入资金进行自主研发。对中小型企业来说，比较科学的选择是从智能客服系统供应商处购买标准化的智能客服系统。

电子商务企业在选择智能客服系统时，需要重点考虑以下几个因素。

（1）对接渠道

当前，电子商务企业的营销渠道除了企业官方网站以外，还有微信、微博等。为了与客户实现多渠道沟通，智能客服系统最好能覆盖企业官方网站、微信公众号、微信小程序、微博等渠道。

① 官方网站

在官方网站嵌入在线客服是一种常见的方式。在电子商务运营中，企业需要在售前、售后等多个环节与客户建立联系，所以企业在选择智能客服系统时要选择能实现实时对话的。要想实时对话的效果更好，企业可以选择具备定制对话框功能的智能客服系统。

② 微信公众号

企业不仅要判断智能客服系统是否能与微信公众号实现对接，还要判断智能客服系统与微信公众号对接后所具备的功能，判断智能客服系统是否能 24 小时在线、是否能发送模板消息等。

③ 微信小程序

如果将智能客服系统与微信小程序进行对接，企业要判断是将智能客服系统嵌入网页，还是直接绑定至微信后台，如果能两者兼具则效果更佳。

④ 微博

如果将智能客服系统与微博进行对接，企业最好选择能统一接入转发、评论、点赞、@ 等类型的消息的智能客服系统，这样更便于客服人员的操作。

（2）操作的简便性

在与客户沟通的过程中，客服的响应速度非常重要。如果智能客服系统的工作后台界面非常复杂，客户备注、访客对话、快捷短语等功能切换不便，就会增加客服人员的工作压力，降低客服的响应速度。因此，企业在选择智能客服系统时，最好选择操作界面简单、功能相对集中的，这样既能降低客服人员的学习成本，也便于客服人员操作，从而提高工作效率。

（3）系统的稳定性

智能客服系统的稳定性是保证客服工作顺利进行的基础，如果智能客服系统的稳定性较差，经常出现消息延迟、消息发送失败等情况，不仅无法实现与客户良好沟通的目的，还容易导致客户对企业产生不良的印象。因此，企业在选择智能客服系统时，不要忽视系统的稳定性，要考察智能客服系统的消息接入是否及时。

3. 智能客服系统性能的评判

为了更好地优化智能客服系统，企业在使用智能客服系统的过程中需要对其性能进行评判，以了解智能客服系统的使用效果，发现系统的薄弱之处，并有针对性地进行优化。企业可以从两个角度对智能客服系统的性能进行评判，一是基于服务质量的评判，二是基于客户反馈的评判。

（1）基于服务质量的评判

智能客服系统能够帮助企业提高客户服务效率，降低人工成本。从服务质量的角度来说，评判智能客服系统性能的常用指标如表 7-3 所示。

表 7-3 评判智能客服系统性能的常用指标

指标名称	指标说明
匹配率	智能客服系统可以匹配到的问题数与客户提出的问题总数的比值。这一指标反映了智能客服系统知识库是否完善，是否包含了绝大多数客户会提出的问题。具有机器学习能力的智能客服系统能够主动进行学习，能主动整理知识库未涉及的客户提问，并交由人工客服将这些问题添加至知识库，从而不断丰富知识库中的问题，提高智能客服系统的匹配率
解决率	智能客服系统成功解决的问题数与客户提出的问题总数的比值
召回率	智能客服系统能回答的问题数与客户提出的问题总数的比值
准确率	智能客服系统准确回答的问题数与客户提出的问题总数的比值
拒识率	智能客服系统未能回答的问题数与客户提出的问题总数的比值

（2）基于客户反馈的评判

应用智能客服系统的最终目的是帮助客户解决问题，因此客户作为智能客服系统的体验者所给出的使用反馈也是评判智能客服系统性能的有效参考之一。企业可让客户发表自己使用智能客服系统的感受，例如，企业的人工客服在与客户结束聊天之后，向客户发送评价卡，邀请客户对智能客服系统的服务进行评价，包括智能客服系统的响应是否及时、提供的答案是否准确等，然后由人工客服对客户的反馈进行总结和统计，从而了解客户对智能客服系统的满意度。

7.2 客服领域人工智能训练师

人工智能训练师是随着人工智能技术广泛应用而产生的新兴职业，被形象地称为“机器人饲养员”。他们的存在就是为了让人工智能更“通”情理，更“懂”人性，更好地为人们服务。人们熟悉的天猫精灵、菜鸟语音助手、阿里小蜜等智能产品的背后，都有人工智能训练师的身影。

7.2.1 人工智能训练师的职责

根据中国国际贸易促进委员会商业行业委员会发布的《人工智能训练师职业能力要求》中的定义，人工智能训练师是指使用智能训练软件，在人工智能产品实际使用过程中进行数据库管理、算法参数设置、人机交互设计、性能测试跟踪及其他辅助作业的人员。

人工智能训练师属于软件和信息技术服务业，根据《人工智能训练师职业能力要求》的规定，人工智能训练师的主要工作任务有 5 项，如图 7-5 所示。

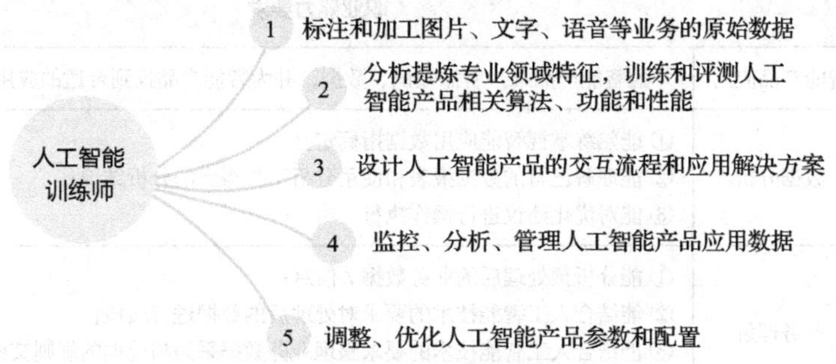

图 7-5 人工智能训练师的主要工作任务

总体来说，人工智能训练师的主要职责集中在以下 3 个方面。

（1）提出数据标注规则

运用聚类算法、标注分析等方式，从数据中提取行业特殊场景，在结合行业知识的基础上，提出逻辑清晰、表达准确的数据标注规则，以保证数据训练效果能满足人工智能产品的需求。

（2）验收与管理数据

参与搭建模型与验收数据，并负责对核心指标和数据进行日常跟踪和维护。

（3）积累领域通用数据

在分析细分领域的数据应用要求的基础上，从已有数据中挑选适用于相同领域内不同用户的通用数据，形成数据的沉淀和积累。

7.2.2 人工智能训练师的职业能力要求

根据《人工智能训练师职业能力要求》的规定，人工智能训练师应具备的基本素质包括但不限于以下内容。

- 具备相关业务理解能力。
- 具备良好的学习能力和判断能力。
- 具备计算机操作及相关工具使用能力。

根据智能产品应用、数据分析、业务理解、智能训练 4 个维度，我们可以将人工智能训练师划分为 5 个等级，技能要求依次递进，L1 级人工智能训练师为最高级别，高级别人员应满足低级别人员的要求。L5 ~ L1 级别人工智能训练师的职业能力要求如表 7-4 所示。

表 7-4 L5 ~ L1 级别人工智能训练师的职业能力要求

人工智能训练师级别	职业能力要求	
L5 级人工智能训练师	智能产品应用	能在指导下进行智能产品功能的开启和简单使用
	业务理解	① 能采集人工智能技术所需的业务领域数据； ② 能结合人工智能技术的要求对业务数据进行整理与汇总； ③ 能对处理后的业务数据进行统计； ④ 能使用常用统计工具
	智能训练	① 能熟练掌握数据特征定义； ② 能运用工具按照特征定义完成定量的数据清洗和标注任务

续表

人工智能训练师级别	职业能力要求	
L4级人工智能训练师	智能产品应用	掌握智能产品维护所需知识、数据，并为智能产品找到合适的应用场景
	数据分析	① 能熟练掌握智能应用数据指标定义； ② 能理解已有的数据报表和使用分析工具得出的分析结论； ③ 能对优化建议进行操作执行
	业务理解	① 能分析预处理后的业务数据 / 信息； ② 能结合人工智能技术的要求对处理后的数据进行质检； ③ 能结合人工智能技术的要求整理业务数据采集与处理的规则文档； ④ 能结合业务数据采集与处理的流程和结果提出效果优化建议
	智能训练	① 能运用工具分析信息内在的关联； ② 能运用工具对信息进行基础分析和分类； ③ 能运用工具分析算法中错误案例产生的原因； ④ 能运用工具对算法的错误案例进行纠正
L3级人工智能训练师	智能产品应用	① 能针对复杂业务数据或特殊数据，以及预期要解决的问题设计最优的智能解决方案； ② 能在实际运营和分析过程中将方法论沉淀下来并固化成书面的产品需求，输出简单的工具需求文档； ③ 能基于业务理解，通过数据分析找到人工和智能交互最优的方式，并且设计流程和应用
	数据分析	① 能对基础人工智能运营数据进行统计分析，生成报表； ② 能根据不同运营目标对数据分析结论输出改善建议并进行改进
	业务理解	① 能结合业务知识找出业务流程中某个模块的业务痛点，并结合人工智能技术设计业务模块优化方案； ② 能结合人工智能技术要求和业务特征设计整套业务数据采集、处理、质检流程； ③ 能深入分析业务数据采集、处理、质检流程，输出工作效率优化方法论
	智能训练	① 能构建知识图谱； ② 能根据日常工作流程，提出智能训练工具的优化需求并推动实现
L2级人工智能训练师	智能产品应用	① 能在某一业务领域跨多个智能产品设计方案解决业务问题； ② 能将解决方案转化成产品功能需求，且呈现设计方案； ③ 能基于某一业务领域情况，创新设计新的全链路智能应用流程
	数据分析	① 能熟练运用各种数据工具和分析方法； ② 能跨多产品建立业务的体系化数据分析和方法论； ③ 能快速独立发现某一业务领域中的问题的关键点或机会点； ④ 能在项目中通过数据分析结果推进项目产生突破性进展
	业务理解	① 能掌握基本行业业务知识内容和核心业务流程； ② 能综合业务流程、大类及重难点，构建合理的业务数据运营管理框架； ③ 能充分理解所负责的业务及其关联的业务； ④ 能在业务中挖掘潜在机会点及隐藏价值，根据目标产出对应的策略和抓手实现业务目标
	智能训练	① 能结合业务特征构建算法的高质量训练集，并使之成为算法的核心竞争力； ② 能结合业务特征构建算法的黄金测试集，并作为算法上线前的质量保障； ③ 能结合算法模型的训练推动算法训练平台优化，且能针对算法模型进行分享，并有一定的影响力

续表

人工智能训练师级别	职业能力要求	
L1 级人工智能训练师	智能产品应用	① 能设计跨业务领域多个智能产品相结合的复杂项目的解决方案； ② 能对不同业务领域和智能领域有深入的了解，对未来发展具有前瞻性认识； ③ 能将方法论进行沉淀，并将其应用到智能算法或知识体系中，并给业务带来变革； ④ 能独立统筹并推动项目的进行，推动产品的一系列运营及知识库建设
	数据分析	① 能对复杂业务场景和跨业务单元场景形成深入理解； ② 能搭建业务分析框架，为所负责业务线的业务提出具有前瞻性的业务发展规划建议
	业务理解	① 能利用人工智能技术对现有业务流程进行重构，提升业务在该行业中的竞争力； ② 能结合先进的人工智能技术在业务流程中发现创新点，整合、推动行业的创新； ③ 能结合人工智能技术前瞻性地洞察行业业务战略方案； ④ 能整合跨行业资源，并进行战略落地； ⑤ 能制订行业业务规则标准
	智能训练	① 能根据对算法的前瞻性认知制订智能训练平台的整体产品能力矩阵； ② 能根据对算法的前瞻性认知制订智能训练平台的整体迭代优化节奏； ③ 能结合不同的算法模型和业务目标制订智能训练的指标标准； ④ 能制订训练集、测试集的标准

7.2.3　人工智能训练师的能力培养

基于人工智能训练师的职业能力要求，一名合格的人工智能训练师需要培养以下几项能力。

1. 扎实的人工智能技术基础和强大的钻研能力

人工智能和大数据等技术都在不断朝着更加智慧、更加便捷的方向发展，人工智能产品也变得越来越聪慧。人工智能训练师需要具备扎实的人工智能技术基础和强大的钻研能力，不断提升自身实力，熟练地掌握数据库管理、算法参数设置、人机交互设计、性能测试跟踪等技能，以“调教”出更出色、更能满足实际需求的人工智能产品。

2. 基本的软件使用能力

以物体标注为例，数据标注员每天要将成百上千幅图片中的物体分门别类并进行标注，如云朵、天空、苹果、树叶等，标注好的图片会被存储到数据库中作为人工智能产品的学习素材。例如，当人工智能被看了足够多的被标注为苹果的物体之后，它就能学习到什么是苹果，并能自动识别苹果。因此，为了做好物体标注，人工智能训练师应该具备基本的 Photoshop、数据处理软件等工具软件的应用能力。

3. 突出的逻辑思维能力

作为一名合格的“机器人饲养员”，人工智能训练师必须要知道自己“饲养”的对象想要的是什么，什么样的“饲养”方式更容易让“饲养”对象接受、理解。因此，人工智能训练师要具备突出的逻辑思维能力，能选择最合理的方式、最佳的内容来“饲养”人工智能产品，从而不断提升人工智能产品的能力。

4. 出众的感知力和观察力

人工智能产品处于不断优化和进步之中，会随着时代的进步和技术的发展逐渐成熟和完善。人工智能训练师要具备出众的感知力和观察力，能敏锐地预知和判断新时代对人工智能产品的需求，并根据时代需求对人工智能产品进行新的设定和补充，以不断完善人工智能产品的功能。

7.2.4 人工智能训练师的职业前景

2020年2月，人工智能训练师正式成为新职业。随着人工智能技术在智能制造、智慧城市、客户服务等领域的广泛应用，越来越多的企业开始设置人工智能训练师职位，市场对人工智能训练师的需求量呈上升趋势。

从行业现状来看，大多数应聘人工智能训练师的人员都不属于人工智能专业领域或具有人工智能相关领域从业经历，因此很多企业在选拔人工智能训练师时更加看重应聘者在数据领域和产品领域的相关经验。一般来说，人工智能训练师的人才来源主要有3个，如图7-6所示。

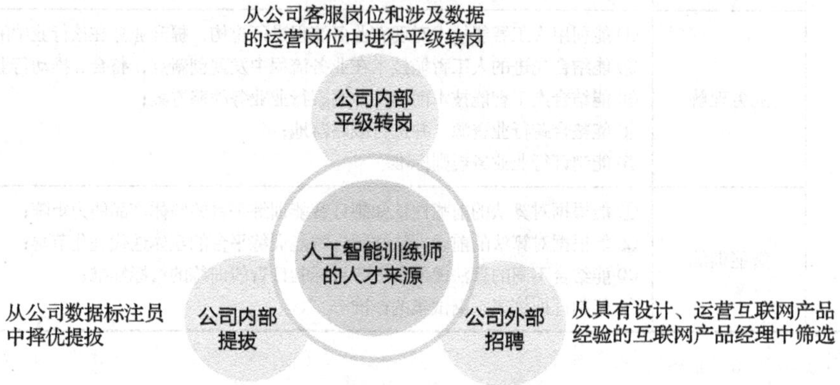

图7-6 人工智能训练师的人才来源

一般来说，具有1年及以上从业经验的互联网产品经理已经能胜任人工智能训练师。此外，从当前的市场环境来看，互联网产品经理面临着供大于求的现状，所以具有相关从业经验的互联网产品经理最有可能成为人工智能训练师的主要人才来源。

在升职方向上，人工智能训练师最常见的升职方向是人工智能产品经理。与人工智能训练师相比，市场对人工智能产品经理的能力要求更高。人工智能产品经理不仅要具备数据分析能力、人工智能训练师相关从业经验等，还要具备人工智能技术理解能力、人工智能人机交互设计能力、人工智能行业理解能力等更高级别的能力。人工智能产品经理更加关注人工智能产品的体验性和商业价值，为企业创造的价值也更大。

案例分析 唐狮：高效配置智能客服，打造优质的品牌服务

唐狮是国内知名服装品牌，该品牌不仅建有品牌官方网站，还在天猫、京东等电子商务平台开设了旗舰店。为了给客户提供更加优质的服务，唐狮引入了智能客服——乐言机器人。

2020年，唐狮电商客服团队有90人左右，其中40多人负责天猫旗舰店的客户服务，15个人负责天猫平台外的其他平台的客户服务，20多人专门负责售后服务，2个人专门负责配置乐言机器人。在乐言机器人的支持下，虽然业务量在不断增长，但是唐狮在人工客服上并没有花费更多的成本，乐言机器人大概帮唐狮省下了30个人力。

使用乐言机器人之后，唐狮客服的响应速度得到了很大的提高，响应速度由120秒变成19秒左右，每个人工客服每天的接待量最高可达1700人次。

唐狮电商客服团队设有人工智能训练师岗位，其专门负责配置乐言机器人。与其他商家从外面招聘的人工智能训练师不同，唐狮电商客服团队中的人工智能训练师都是由客服团队中的客服人员

转岗而来的，他们从基层客服做起，成长为客服主管，再转岗为人工智能训练师。客服主管了解客服的痛点，对客服环节中容易出现的问题有着深刻的认知，他们能针对客服的痛点来更好地配置乐言机器人。

在店铺客服工作质检上，唐狮电商客服团队之前采取由客服组长抽查的方式进行质检，这种人工质检的方式不仅耗费人力、速度缓慢，而且容易遗漏。使用乐言机器人以后，唐狮电商客服团队开始使用乐言机器人的质检功能进行质检，效率显著提高，而且不容易遗漏问题。人工智能训练师在质检环节发现问题后会与相应的客服人员进行沟通；对于在质检环节发现的共性问题，客服团队领导会针对问题对所有客服人员进行培训。

乐言机器人帮助唐狮解决了 70% 的售前客服问题，而唐狮电商客服团队对乐言机器人的高要求、高配置最大化地发挥了智能客服在客服环节中的作用，也对人工客服提出了更高的要求。

（1）阅读以上内容，说一说智能客服在电子商务客服环节中的作用。

（2）对于人工智能训练师的人才来源，公司外部招聘和公司内部平级转岗各有什么优缺点？

【课后习题】

1. 什么是智能客服？智能客服与传统客服有什么区别？
2. 智能客服对电子商务运营有什么价值？
3. 电子商务企业在选择智能客服系统时应当考虑哪些因素？
4. 什么是人工智能训练师？人工智能训练师应该具备哪些能力？

第8章

客户服务管理：打造“以客户为中心”的体验服务

学习目标

- 了解客户服务的概念、类型，以及客户服务管理的特点。
- 掌握客户服务的岗位职责和售前、售后客户服务的工作流程。
- 掌握有效建设客户体验的方法。
- 掌握打造高质量客户体验的方法。
- 了解售前、售后客服人员服务规范。
- 掌握售前客服人员的销售及沟通技巧，以及售后客服人员处理客户差评或投诉的方法。
- 了解激励与考核客服人员的方法。

一个品牌、一家电子商务企业如果没有一个合理、规范、有触动性的客户服务模式，势必是难以存活的。如果品牌、电子商务企业在搭建客户服务模式的过程中只注重经济利益，而不以大部分客户的需求为中心，不注重客户的购物体验建设，那么这个品牌或电子商务企业势必无法发展壮大。由此可见，如果品牌、电子商务企业提供的客户服务不尽如人意，让客户在购物过程中产生不满，那么它是无法留住自己的老客户，无法实现有效的客户关系管理的。

案例导入

旺旺：“老品牌”的客服革新之路

旺旺集团（以下简称旺旺）成立于1962年，创造了旺旺仙贝、旺仔小馒头、旺仔牛奶等多款“爆品”。时代在不断发展，零食行业也发生了翻天覆地的变化，层出不穷的新品牌、新品类不断获得客户的支持。然而，在这场激烈的“客户争夺战”中，旺旺并没有被时代遗忘，反而成为当下极受年轻人喜爱的品牌。2021年“双十一”期间，旺旺电商更是收获了不凡的成绩。在这些成绩的背后，旺旺的客服理念和做法发挥了极其重要的作用。

旺旺的管理者要求客服人员学会思考，在客户到来之后懂得如何留住客户。在客户咨询时，客服人员会给客户提供一些建议，例如客户适合购买哪款商品，为什么适合购买这款商品，与客户建立一种强关系。针对店铺的老客户，客服人员会在一些细节上让老客户觉得客服人员是在用心地为他提供服务。

在对客服人员进行培训、质检时，旺旺的管理者会让客服人员学会站在客户的角度看问题。例如，一个客户在店铺购买了一箱牛奶，但他一直没有拆箱，后来拆箱时发现有一瓶牛奶漏液了，按照退换货标准，该客户购买牛奶的时间已经超过15天，不符合退换货标准。但是，旺旺的管理者认为，站在客户的角度看，无论是否是因为客户或物流的问题而出现牛奶漏液，从客户发送过来的图片看，牛奶的包装箱是完整的，箱子打开后确实有一瓶牛奶漏液，因此品牌方应该为客户解决问题，让客户体验到品牌提供的超值服务。但对于严重损害品牌声誉的事情，品牌方也有自己坚持的原则。

针对客户反馈的商品品质问题，旺旺的管理者会如实向生产部门进行反馈，并拍摄商品生产现场的照片，找到问题产生的原因。如果确实是商品存在问题，旺旺不会逃避责任，会在第一时间帮助客户解决问题。对于一些恶意评价，旺旺也会让客服人员与客户进行沟通，向客户了解具体的问题。

8.1 初识客户服务

“客户服务是商品的重要组成部分”这一观点被越来越多的企业接受和认可。如今的市场竞争日趋激烈，同行业的企业除了在商品的质量、价格等方面进行竞争外，还越来越重视在客户服务方面展开竞争。新颖和完善的客户服务已经成为企业制胜的关键，客户服务的差异性形成了商品的差异性，所以客户服务对企业来说是至关重要的。

8.1.1 客户服务的概念、类型

客户服务主要体现了一种以客户满意为导向的价值观，它整合及管理在预先设定的最优成本——服务组合中的客户界面的所有要素。客户服务是展现商家和店铺形象的窗口，日渐成为商家争取和保持客户的重要手段。

1. 客户服务的概念

关于客户服务的概念，不同的人有着不同的观点，常见的有以下几种。

第一种，客户服务指的是企业为客户提供有偿的技术或智力上的帮助。它强调服务是有价的，

而不是无偿的。

第二种，客户服务就是企业致力于使客户满意并继续购买企业商品或服务的一切活动的统称。

第三种，客户服务就是为客户创造价值。它强调企业为客户提供优质服务，使客户获得商品或服务本身以外的辅助服务和尽可能多的便利，减少客户的支出，并在为客户提供优质服务的同时使客户得到精神上的满足。

第四种，客户服务就是企业以客户为对象，以商品或服务为依托，以挖掘和开发客户的潜在价值为目标，为客户开展的各项服务活动。它强调客户服务的目标是挖掘和开发客户的潜在价值，开展客户服务的方式可以是具体的服务行为，也可以是信息支持，还可以是价值引导。

基于以上阐述，本书认为客户服务是企业在适当的时间和地点，以适当的方式和价格，为目标客户提供适当的商品或服务，满足客户的适当需求，使企业和客户的价值都得到提升的活动过程。企业开展客户服务工作必须考虑客户在时间和地点上的便利性，提供服务必须以客户能接受的方式进行，收取的服务费用必须是客户能接受的、合理的，为客户提供的商品或服务必须能满足客户实际和适当的需要，最终通过为客户提供优质、令客户满意的服务使企业和客户的价值都得到提升。

2. 客户服务的类型

按照不同的分类标准，客户服务可以分为不同的类型，常见的类型如表8-1所示。

表8-1 客户服务的类型

分类标准	客户服务的类型	说明
按照服务的时序分类	售前服务	企业销售商品或服务前所提供的服务，如调查客户需求、设计商品或服务等
	售中服务	企业在销售商品或服务的过程中提供的服务，如生产与配送商品、处理订单等
	售后服务	企业完成商品或服务销售后提供的服务，如安装商品、提供商品使用培训、进行商品使用跟踪等
按照服务是否收费分类	免费服务	企业提供的不收取费用的服务，通常是企业提供的附加的、义务性的服务
	收费服务	企业提供的收费的服务，是除商品价值之外的加价服务
按照服务的次数分类	一次性服务	一次性提供完的服务，如送货上门、安装商品
	经常性服务	需要企业多次提供的服务，如商品定期检修
按照服务的性质分类	技术性服务	企业提供的与商品的技术和效用有关的服务，一般由企业中相关的专业技术人员来提供，如安装、调试、维修商品，以及进行技术咨询、技术培训等
	非技术性服务	企业提供的与商品的技术和效用无关的服务，如商品广告宣传、送货上门、分期付款等

8.1.2 客户服务管理的特点

此处所说的客户服务管理特指电子商务客户服务管理，它是在传统环境下的客户服务管理的基础上，以信息技术和网络技术为平台的一种新的客户服务管理理念和模式，是指企业借助网络技术，充分利用数据库和数据挖掘等先进的智能化信息处理技术，把大量客户资料加工成信息和知识，为企业经营决策提供支持，以提升客户满意度和企业竞争力的过程或系统解决方案。

客户服务管理主要有4个特点，如图8-1所示。

1. 管理理念的转变

互联网不仅给企业带来了先进的技术手段，还引发了企业革新组织架构、重组工作流程，以及整个社会发生思想变革。企业在引入客户服务管理理念和技术时，必然要转变原来的管理理念，创新的思想能让企业的员工更好地接受变革，而对业务流程进行重组则为转变管理理念提供了思路和方法。

图 8-1　客户服务管理的特点

在当前的市场环境中，“以客户为中心”的管理理念占据主导地位，企业应该与客户建立合作关系，达到双赢的效果，而非一味地从客户身上谋取利益，这也是电子商务客户服务管理的一个特点。

2. 企业信息化水平较高

当前，很多企业基本上都实现了网络化、信息化的管理，具有较高的信息化管理水平。电子商务正在改变企业的经营模式，企业通过互联网向客户展示商品信息，开展营销活动，为客户提供售后服务，以较低的成本搜集客户信息，为客户提供更优质的服务。企业信息化水平、管理水平的提高及企业员工计算机应用能力的提升都有利于企业客户服务管理的实现。

3. 信息沟通更高效

互联网技术让客户能够随时随地访问企业信息，客户进入企业网站或企业在第三方电子商务平台开设的网店就能了解到企业各种商品和服务的相关信息，然后根据自己的需求自行选择，完成购买活动。同时，借助先进的互联网技术，营销人员可以及时、全面地掌握企业的运行情况，把握客户的需求，从而为客户提供更加有效的信息，改善企业与客户信息沟通的效果。

4. 客户服务管理成本较低

在电子商务的模式下，任何个人或组织都能借助网络以较低的成本获得自己想要的信息。在这种环境下，建立客户服务管理系统是企业满足广大在线客户的需求的必然选择。因此，在与客户保持充分沟通的基础上，企业和客服需要充分了解客户的价值追求和利益所在，寻找能够实现双赢的合作方式。

8.1.3　客户服务的岗位职责

在电子商务中，客户服务岗位的工作内容包括多个方面，如解答客户咨询、促进商品销售、处理商品售后问题、监控运营管理，以及与各部门沟通、协调。

1. 解答客户咨询

解答客户咨询包括两个方面的内容，一是解答关于商品的问题，二是解答关于商品服务的问题。

（1）解答关于商品的问题

客户在购物的过程中，可能会对商品的尺码、功能、设计特点、材质、使用方法、保养方法、安装方法等存在疑问，于是他们就会咨询客服人员。此时，客服人员就需要对客户咨询做出专业、准确的解答，消除客户的疑虑，帮助客户更加全面地了解商品。

（2）解答关于商品服务的问题

在购物过程中，一些客户也会关心订单支付方式、物流运输方式、物流运输时效、商品售后保障等与商品服务相关的问题，这些也需要客服人员为客户进行专业的解答。而当客户在使用商品的过程中遇到问题时，客服人员也需要为他们提供有效的解决方案，从而降低售后服务成本，提升客户的购物体验。

2. 促进商品销售

在电子商务中，如果客服人员能够充分发挥自身的积极主动性，主动促成订单交易，就能有效提高企业的销量。优秀的客服人员具备主动营销的意识和技巧，能够将零散客户中的潜在小额客户发展为实际的、稳定的长期客户，这就是客户服务岗位的促进商品销售的职责。

3. 处理商品售后问题

在电子商务交易中，客户联系商家通常是因为商品本身出现了问题，或者是物流运输出现了问题，或者是企业提供的其他服务出现了重大问题，而这些问题客户无法自己解决，这就会导致一种现象的产生：在电子商务中，客户联系客服人员，通常就是为了投诉。也就是说，电子商务中的客服人员主要的日常工作就是解决各种售后问题，处理客户投诉。

4. 监控运营管理

电子商务涉及的环节众多、问题复杂，一旦企业在某个环节出现问题后无法将责任确认到位，就更容易导致问题进一步恶化。如果企业的运营管理存在问题却无法被发现并得到有效的解决，就随时可能给企业造成损失。因此对企业来说，建立一套完整的问题发现和解决机制是非常有必要的。

客户服务岗位就非常适合扮演发现问题者的角色。客服人员作为能够直接与客户进行接触的人，能够直接聆听客户提出的问题，从而有效帮助企业及时发现运营管理中存在的问题。因此，在电子商务运营团队中，客服人员需要发挥监控运营管理的职能，定期整理和总结客户提出的问题，并及时向团队负责人进行反馈，为管理者优化组织结构和工作流程提供重要的参考依据。

客服人员在发现问题和反馈问题上不能简单地“一事一报”，而应遵循“发现—统计—反馈”这一制度。客服人员通过客户的投诉发现问题，并将问题进行分类，明确问题涉及的具体部门，同时统计所涉及的损失。客服人员可以通过建立 Excel 表格，对遇到的问题分门别类地进行统计，包括日期、订单号、问题描述、处理办法、涉及费用、涉及的相关部门，如图 8-2 所示，以便管理者对问题进行筛选、总结，并寻找解决管理问题的方法。

	A	B	C	D	E	F
1	日期	订单号	问题描述	处理办法	涉及费用	涉及部门
2	10月5日	######	裤子尺寸不合适，推荐尺寸太小	重发	运费，3元	客户服务部门，仓储部门
3	10月10日	######	商品发错了地址，应该发往陕西，错发至山西	重发	运费，3元	仓储部门
4	10月12日	######	帽子的颜色发错了，客户要的是黄色的，错发成黑色的	全额退款	商品费用，39元	仓储部门

图 8-2 问题统计 Excel 表格

一般来说，客服人员以一周或半个月为一个周期向上汇报问题，管理者对出现问题的环节进行修正。为了使问题得到最及时的解决，客服人员在发现问题后往往还需要及时与问题涉及的相关部门进行沟通，要求该部门及时更正错误，并防止类似错误再次出现。

5. 与各部门沟通、协调

无论是进行问题分类统计并向上级汇报，还是与问题涉及部门进行沟通，客户服务岗位都扮演着重要的“交易信息提供者”的角色，该岗位的客服人员要与其他部门保持良好的沟通，以做好各项问题的协调处理工作。同时，管理者应该对客服人员进行培训，帮助他们处理好与各部门沟通的问题，也要让其他部门的工作人员意识到客户服务岗位所反馈的问题对整个团队发展的重要性。

8.1.4 客户服务的工作流程

电子商务中的客服人员并不只是和客户聊天、为客户介绍商品。作为直接与客户沟通且与客户关系最紧密的一个环节，客户服务在购物体验建设的过程中承担着极其重要的责任。尤其是在客户浏览商品并进入询单环节后，客户服务环节的作用不可估量。

在客户服务环节，客户的满意度越高，越容易促成交易的最终达成。而商家要想通过提升客户服务专业性来优化客户体验，就要在店内建立高效、标准化的客户服务流程，让客户享受到标准化、专业化的服务，让客户感受到可靠性。

1. 售前客户服务工作流程

售前服务就是商家在客户确定购买何种商品前为他们提供的一系列服务，从客户进店咨询到拍下订单付款的整个工作环节都属于售前客户服务的工作范畴。售前客户服务提供的主要是引导性的服务，主要是为了刺激客户产生购买欲望。

在售前服务中，客服人员要与客户进行沟通，了解客户的需求，如客户想要购买什么商品、看重商品的哪些方面等，然后根据了解到的情况制订有针对性的销售策略。售前客户服务工作流程如图 8-3 所示。

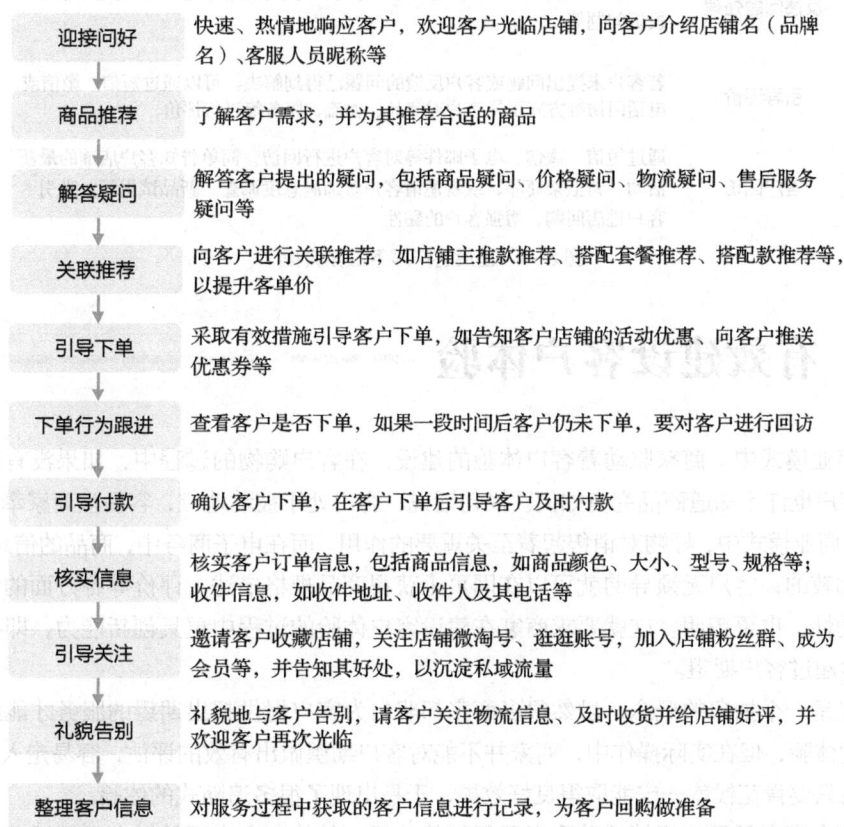

迎接问好	快速、热情地响应客户，欢迎客户光临店铺，向客户介绍店铺名（品牌名）、客服人员昵称等
商品推荐	了解客户需求，并为其推荐合适的商品
解答疑问	解答客户提出的疑问，包括商品疑问、价格疑问、物流疑问、售后服务疑问等
关联推荐	向客户进行关联推荐，如店铺主推款推荐、搭配套餐推荐、搭配款推荐等，以提升客单价
引导下单	采取有效措施引导客户下单，如告知客户店铺的活动优惠、向客户推送优惠券等
下单行为跟进	查看客户是否下单，如果一段时间后客户仍未下单，要对客户进行回访
引导付款	确认客户下单，在客户下单后引导客户及时付款
核实信息	核实客户订单信息，包括商品信息，如商品颜色、大小、型号、规格等；收件信息，如收件地址、收件人及其电话等
引导关注	邀请客户收藏店铺，关注店铺微淘号、逛逛账号，加入店铺粉丝群、成为会员等，并告知其好处，以沉淀私域流量
礼貌告别	礼貌地与客户告别，请客户关注物流信息、及时收货并给店铺好评，并欢迎客户再次光临
整理客户信息	对服务过程中获取的客户信息进行记录，为客户回购做准备

图 8-3　售前客户服务工作流程

当然，售前客户服务要做的不只是和客户聊天，还需要在与客户聊天的过程中获取各种有效信息，搜集客户的属性信息，对客户进行识别和细分，分析哪些客户是普通客户，哪些客户是重点客户，并对询单进行分析，分析客户的主要关注点是什么，以及客户对商品有什么具体要求等。

2. 售后客户服务工作流程

售后客户服务是指商家在将商品销售出去以后为客户提供的所有服务。良好的售后服务有利于提升客户满意度，并达到营造品牌信誉，再通过品牌影响获得更多的客户的目的。售后客户服务工作流程如图 8-4 所示。

确认订单	确认订单信息，包括商品信息、收货地址、快递信息和发货时间等
商品发货	通知物流公司揽货，对订单进行发货处理。发货时要注意客户的备注信息，如包装要求、地址更改、物流要求等
订单跟踪	及时跟踪物流信息，若物流运输中发生意外事件要及时查明原因，向客户说明情况，并联系物流公司，尽快解决问题
收货提醒	当商品开始配送后，可以采取适当的方式通知客户商品马上就要进行配送了。商品配送完成后，提醒客户及时收货
收货确认	系统显示商品签收成功后，若客户未在系统中确认收货，要及时提醒客户在系统中确认收货
反馈问题处理	处理客户反馈的问题，如指导客户安装、使用商品，处理退、换货问题和投诉问题等
引导评价	若客户未提出问题或客户反馈的问题已得到解决，可以通过短信、微信或电话回访等方式引导客户对商品、物流、服务等进行评价
客户回访	通过短信、微信、电子邮件等对客户进行回访，简单告知客户店铺的最新活动、新上架商品，或者邀请客户参加满意度调查、新品试用等，吸引客户进店回购，增强客户的黏性

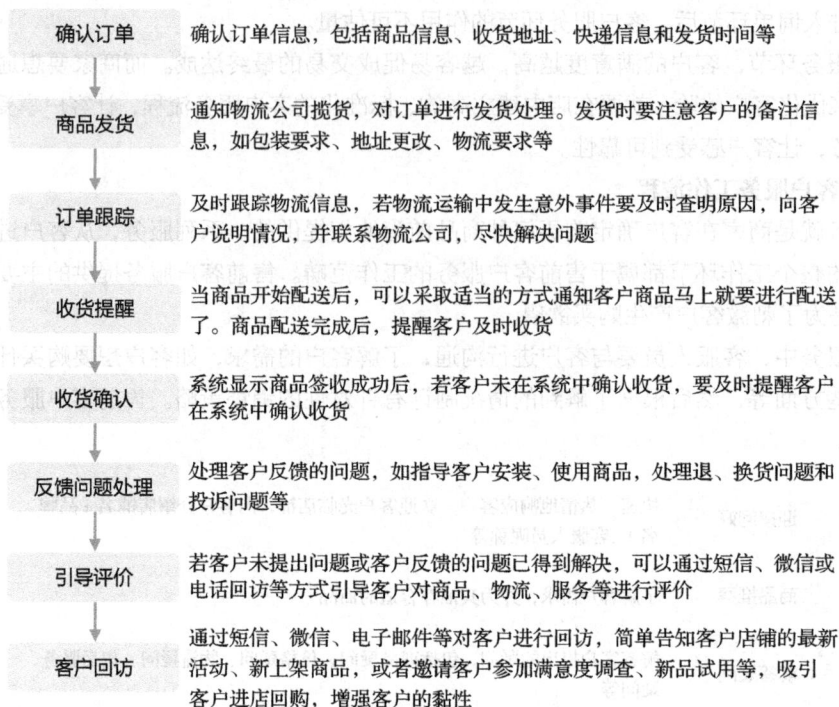

图 8-4　售后客户服务工作流程

8.2　有效建设客户体验

在传统商业模式中，商家驱动着客户体验的建设，在客户购物的过程中，如果没有商家对商品进行介绍，客户也许不知道商品究竟如何。换句话说，客户处于被动地位，容易被商家牵着鼻子走。因此，在传统商业模式中，导购对销售起着至关重要的作用。而在电子商务中，商品的信息是透明的，是可以互相比较的，客户无须导购就可以在网页上获得商品规格描述、评价等各方面的信息，因此客户更具主动性，也更精明。这就要求商家在建设客户体验的过程中更具创新能力，即要使自己打造的客户体验超过客户期望。

客户期望是一个抽象的概念，虽然很多商家都明白为客户提供超出期望的服务才能给他们带来惊喜和良好的体验，但在实际操作中，商家并不能对客户期望做出有效的评估，容易走入“想当然”的误区，认为只要肯花钱就一定能取得良好效果，于是出现了很多追随式的体验。

例如，某个商家开展的促销活动取得了很好的效果，其他商家也开始举办促销活动；某个商家在赠品方面做得好，其他商家也开始打“赠品”牌，最终大家都开始拼价格、拼赠品，试图通过高成本的投入打造良好的客户体验，但往往都以失败告终。由此可见，商家要建设好的客户体验，除了需要进行一定的投入，还需要有创新思维。总结起来，电子商务中好的客户体验应该具备两个关键特征：一是勇于打破现有服务模式，二是具有标新立异的创造性。

8.2.1　创新运营和服务模式

互联网思维对每个行业都造成了巨大的影响，而对互联网思维的理解，往往是仁者见仁，智者见智。因此，在互联网思维的推动下，不同行业形成了各种创新式运营模式和服务模式，而不同行业的互相学习与融合，就是一种有效的建设创新式运营模式和服务模式的方法。

例如，传统餐饮行业中的雕爷牛腩，运用互联网思维构建了具有创新特色的服务模式和营销体系，并获得了良好效果。

所谓轻奢餐，拥有介于快餐和正餐之间的用餐感受，比低价位的快餐要美味和优雅，又比豪华正餐节省时间和金钱。雕爷牛腩坚持的是“把一种食物，探索到细致入微，雕琢出大巧大拙”的理念，所追求的是“无一物无来历，无一处无典故”。雕爷牛腩在开业前进行了半年的“封测期”，邀请数百位美食达人前来试菜。

雕爷牛腩设置了一个独特的岗位——首席体验官（Chief Experience Officer，CEO）。餐厅 CEO 会从顾客的角度去感知餐厅服务，不断反馈顾客的意见以改进服务，并有权为顾客喜爱的甜点和小菜免单。这也是雕爷牛腩的企业愿景——以求“道”之态度做一碗牛腩，并给予顾客惊喜与感动。图 8-5 所示为雕爷牛腩的“食神”咖喱牛腩。

图 8-5　雕爷牛腩的“食神”咖喱牛腩

在雕爷牛腩，顾客甚至可以决定菜品的去留，不被喜爱的菜品会被“逐出”菜单。同时菜单按照一月一小换、一季度一大换的节奏不断更新，根据时令为顾客打造新鲜的味觉体验。

雕爷牛腩所用的筷子甄选特殊木材，上面有激光蚀刻的“雕爷牛腩”Logo。每双筷子都是全新的，顾客用餐完毕后可以将筷子套上特制筷套带回家。图 8-6 所示为雕爷牛腩的特制筷子。

图 8-6　雕爷牛腩的特制筷子

雕爷牛腩从视觉、味觉、服务等各个环节进行创新，为顾客创造了超出其期望的创新式的用餐体验，获得了营销成功。

8.2.2　运用极致思维

现在越来越多的电商商家认识到 CRM 的重要性，纷纷设置 CRM 专员负责进行客户需求的挖掘与分析，以求更好地满足客户的需求、提高客户的忠诚度。为客户提供超越想象的购物体验，能让他们在购物中产生惊喜感。而这种超越想象的购物体验来源于商家对每个购物细节的敏锐把握和高要求，它渗透在店铺运营的每一个环节中。对每个环节提出更高的要求，就是一种运用极致思维的态度，如要求客服人员的回应速度再快一些，与客户沟通的态度和语言再亲切、友好一些，商品的包装再美观、精致一些，发货的速度再快一些，售后服务再全面一些，过程再简单一些等。

在每个环节追求提供更好的服务，这样的思维模式是每个商家在运营过程中都必须要坚持的。想到客户没有想到的，为客户提供其没有想到的服务，这样就能为客户制造惊喜。

例如，淘宝上的精油品牌阿芙，就将从吸引客户购买、购买行为发生、收货到二次购买这一循环的客户体验提到了一个新的高度。

1. 借助口碑营销，吸引客户购买

在上线的最初阶段，阿芙在网上通过500名女性消费者，利用口碑营销宣传精油产品的功效，宣传品牌，借助具有网络发言权的博客达人的推荐带动网友自发对相关话题进行转发、讨论。低成本的口碑宣传给阿芙带来了高质量的流量，阿芙最初的一批客户开始聚集。2009年，阿芙在淘宝上线1周，其网店的信誉直接升到“4颗钻”，一个月后升到了“1个皇冠”。

2. 提供具有特色的客户服务

在客户购买的过程中，阿芙的客服人员起到了关键作用。他们轮流上班，使用窗口切换更加方便、快捷的便携式计算机工作，更加快速地对客户的询问做出回应。客服人员可以根据自己的性格特点选择到各个组别工作，客户也可以根据自己喜欢的性格类型来挑选客服人员。阿芙的每个客服人员都配备视频设备，可以远程看到客户的皮肤状态，从而为他们提供销售建议，消除了网购的距离感，优化了客户体验。

3. 提供独特、有趣的送货方式

阿芙的送货方式也体现了其对客户体验的重视。阿芙的送货员会化妆成动漫里的角色为客户送货上门，不仅带给客户惊喜，还具有极强的话题性。在送货上门时，送货员经常会拿出一副扑克牌铺开，让客户抽一张，如果客户抽到“大王”会免单，抽到“小王”则会给予5折优惠。不管客户抽到什么，都会收到“奇奇怪怪”的赠品、奖励。有些客户甚至会为了体验这个独特的减免方式再下一单。

4. 刺激客户二次购买

在刺激客户二次购买的环节，阿芙对客户体验的重视更是达到了极致，这表现在3个方面，如图8-7所示。

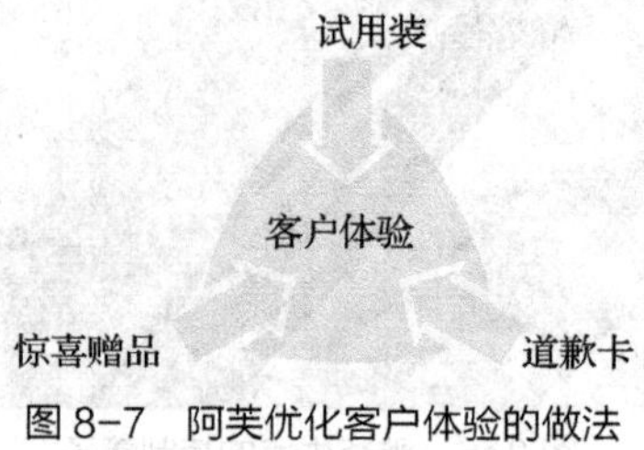

图8-7 阿芙优化客户体验的做法

（1）试用装

客户体验是电商的短板，这在化妆品行业中表现得尤其突出。客户在网上购买化妆品无法试用，缺乏良好的客户体验。为了克服电商的这一缺点，阿芙会在发给客户的包裹中放上各种试用装。即使客户只买一种产品，试用装也多达五六种。客户免费获得试用装，不仅会感到很满意，还能通过试用装尝试其他产品，进而引发二次购买。

（2）惊喜赠品

除了随包裹给客户寄试用装，阿芙的客服人员还会在包裹中加入各种让客户感到惊喜的赠品，如大丝瓜手套、面部小按摩锤等。这些颇费心思的小赠品都成为阿芙的间接营销工具，吸引着客户再次购买。分享阿芙开箱照片甚至成为一些粉丝的习惯动作。

（3）道歉卡

为了减少网购中因物流造成的快递延误给客户带来的不满，阿芙的包裹中还常常包括一张“跪地求饶卡”或一封“心碎道歉信”。实际上网购难免会出现快递延误这种让客户不舒服而商家又无力控制的问题，而阿芙却以一番巧思赢得了客户的好感。

5. 设置首席惊喜官

除了在购买过程中为客户创造极致的体验，阿芙还设置了首席惊喜官。他们每天在客户留言里寻找有价值的客户，猜测哪一个客户可能是一个潜在的推销员、专家或联系人。找到客户之后，首席惊喜官就会询问客户的地址并向他们寄出包裹，为这个可能的“意见领袖”制造惊喜，进而使阿芙获得更大的曝光量和推荐概率。

8.2.3　做体验服务的首创者

在网店运营过程中，很多商家喜欢通过学习一些成功商家的运营方法来提升自己店铺的运营能力，这种做法确实能在一定程度上提升商家的运营能力。但是商家在客户体验服务的模仿上需要慎重，客户体验服务的设计要具有独创性，商家要做体验服务的首创者。

所谓首创者，就是要做体验服务的设计者、创建者，而不是抄袭者，如“东方甄选”的泛知识、美学式直播。

首先，“东方甄选”双语直播是其一大特色，也是其直播间与其他直播间形成鲜明差异的主要原因。在“东方甄选”直播间中，主播在介绍商品的时候通常是中英双语，偶尔还会为用户讲解英文单词或句子，如图 8-8 所示。用户在观看直播时，即使不购买商品，也能学到有用的知识。

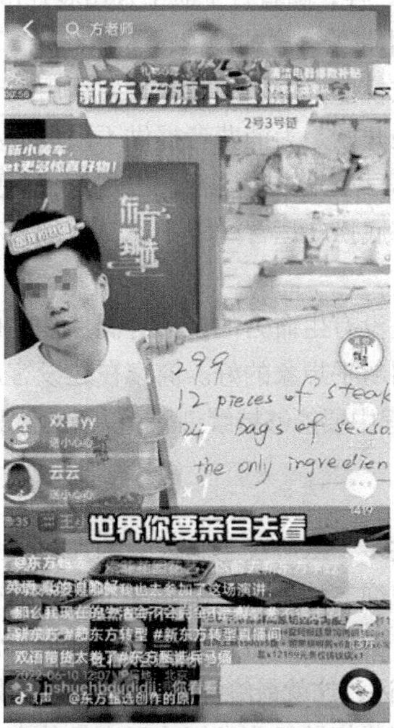

图 8-8　讲解英文单词或句子

其次，主播们在讲解商品时不会单纯地介绍商品的特点，还会分享自己的经历、故事，给用户带来心灵上的慰藉。很多主播多才多艺，在讲解商品时还会表演才艺，例如，一位主播在直播带货一款电子钢琴时，随手就弹奏起了《卡农》，直播到高兴处，还边弹边唱歌。

最后，与其他直播间中“买买买”“3、2、1，上链接”“咆哮式”的直播模式不同，“东方甄选”直播间给用户带来的是美学式的直播观看体验。例如，主播介绍一款牛排时，这样说：“美好就如山泉，就如明月，就如穿过峡谷的风，就如仲夏夜的梦……”介绍一款大米时，这样说：“我没有带你去长白山看过皑皑白雪，我没有带你去感受过十月田间吹过的微风，我也没有带你去看过沉甸甸的弯下腰犹如智者一般的稻穗，我没有带你去见证过一切，但我可以让你去品尝这大米。”主播用优美的语言描述出美好的画面，引出他要卖的产品，让观看直播的用户在文化的熏陶中将大米收入囊中。在“东方甄选”直播间中，各类商品在主播的形容下变得唯美又高级。

“咆哮式”的直播带货让很多用户觉得低价只不过是一种宣传手段，而“东方甄选”直播间没有让用户快速下单的催促声，有的是主播在带货的同时高密度、高水平的知识输出，有的是生活常识、文化典故的分享，让用户在观看直播时不仅能购买到物美价廉的商品，还能学到有用的知识。“东方甄选”正是凭借独特的“诗词歌赋 + 人生哲学”的带货模式成为直播电商圈的一股“清流”，给用户带来了全新的直播观看体验，让直播不再是单纯的卖货，还能让人们获得美学享受。

在电子商务中，信息高度透明，很多具有创新性的体验方法很容易被别人模仿，因此商家在打造客户体验服务的同时，要懂得对体验进行保护，将具有首创性的体验与店铺或品牌紧密地联系在一起。

8.2.4 体验要持续创新

任何东西都会有一定的生命周期，今天看似效果良好的客户体验，明天也许就无法继续引起客户的共鸣。很多商家都会面临体验效果逐渐变差的情况，这主要有以下两个方面的原因。

一是客户体验建设随着效果的显现，会引起其他人的模仿，于是市场上会出现越来越多的相同或类似的客户体验服务，体验服务原本的增值措施逐渐被“平民化”，其给客户带来的优越感会逐渐减弱。就好像最初专属于富人的飞机旅行一样，随着各个航空公司展开市场竞争，很多航线的价格非常低，甚至低于高铁。于是，飞机旅行原本带给客户的优越感逐渐减弱，飞机旅行逐渐走向平民化。

二是即使客户体验服务没有被模仿，但如果商家长期运用同一种服务模式，也会让客户产生疲劳感。例如海底捞的等位服务，最开始是为消费者提供不限量的小吃、饮料等，消费者第一次来就餐感觉这种服务很好，第二次、第三次来觉得还行，但是随着消费者来店用餐次数的增多，他们就会对这种服务习以为常。因此，海底捞在运营过程中不断地翻新花样，为消费者提供擦皮鞋、美甲等丰富多样的等位服务。

不懂得持续创新的体验建设是没有生命力的，具有偶然性的体验才能创造惊喜。惊喜感是超出客户期望的体验，即让客户感觉到超乎想象的好。商家在建设客户体验时，要认识到惊喜感是会逐渐减弱的，在惊喜感逐渐减弱的过程中要能够持续创新，以新的体验服务为客户持续不断地带来惊喜。

8.2.5 持续优化细节

木桶定律讲的是一只水桶能装多少水取决于它最短的那块木板。在打造客户体验时，很多商家容易忽视一个至关重要的因素，即细节的处理。例如某个商家的商品品质非常好，其在整个营销过程中也为客户提供了优质的服务，但是在最后客户的收货环节，快递员送上的包裹有破损，这让客户感到非常不快，最后给了商家差评，这就最终导致商家前面所做的所有体验工作都白费了。

在网购中，商家只有在各个环节都做得非常好才更容易从客户处获得好评，但只要商家在某个环节做得不好，就很容易得到差评甚至是投诉，即一个小细节上的失误，就会破坏商家苦心经营的整个体验过程。因此，商家在构建任何体验之前，都要消除自身存在的负面影响，如保证商品质量、做好商品包装等，并要长久地保持这种状态。一个商家如果没有优点，客户可能只是认为这个商家很一般，但如果有一个缺点，就很容易引起客户的质疑，对客户造成负面影响。

8.3 打造高质量的客户体验

客户体验的打造需要商家具备一些核心要素和一些基础的思维模式，但是在实际操作中，很多商家无法准确地找到打造客户体验的切入点。下面将从实践的角度阐述商家应该从哪些角度切入并完善客户体验的建设，从而更好地建设客户体验，提升客户的满意度。

8.3.1 全方位识别客户

店铺中每个客户的“画像”是不同的，客服人员在面对不同“画像”的客户时，为其提供的服务应该有所区别。因此，店铺在形成了流程化、标准化的服务模式后，就应该考虑建设个性化服务模式。

对客户“画像”进行管理，其实就是在客户服务过程中为客户提供具有创造性、记忆点的个性化服务，这就要求店铺要深度挖掘客户情报。所谓在客户服务过程中挖掘客户情报，就是要了解客户、识别客户。

1. 进行客户识别的目的

在了解客户识别的方法之前，商家首先要明确进行客户识别的目的，即客户识别对商家店铺的运营有哪些帮助，如图 8-9 所示。

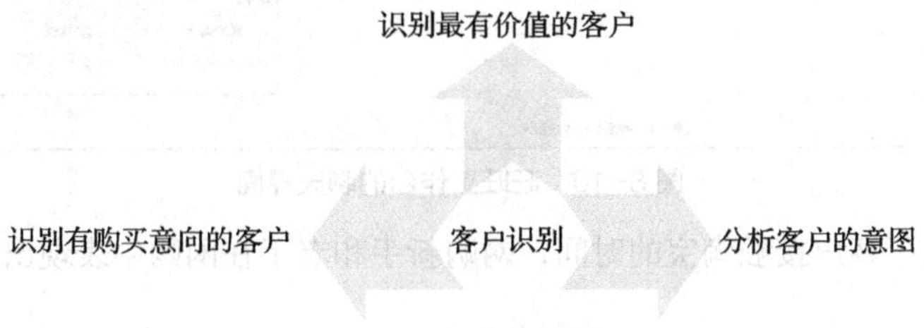

图 8-9　客户识别的目的

（1）识别有购买意向的客户

在每天的客户服务中，对商家来说，并不是所有的客户都是重要的。网购平台上同样存在只“逛”不买的客户，通过客户识别，商家可以将这些“无用”的客户剔除，筛选出有购买意向的客户。

（2）识别最有价值的客户

所谓客户价值的识别，就是发现客户有能力花费多少钱，愿意花费多少钱。客单价是售前客服需要重点监控的一项指标，因此引导高价值的客户在店铺中产生尽可能高的客单价也是客户识别的重要内容。

（3）分析客户的意图

客户的意图是指客户的期望，分析客户意图是进行客户体验建设的关键。因为商家只有对客户的意图有清晰的认识，才能在客户体验建设中找到客户关心的焦点，进而更好地满足客户的需求，让客户感动，并将这种感动延伸为满意。

2. 识别客户的方法

在传统线下的导购服务中，识别客户就是察言观色。而在电子商务中，客服人员主要通过即时通信工具与客户沟通，这种沟通多是文本沟通，反馈的信息较少，不便于客服人员开展客户识别。

那么，面对电子商务的这种特点，售前客服应该如何开展客户识别工作呢？其实电子商务是建立在数据基础上的购物通道，海量的数据存储就是电子商务的一大优势，这种优势为开展客户识别提供了有利条件。售前客服可以通过分析客户在购物平台上的相关数据特征，如聊天工具数据（如淘宝的千牛）、会员数据、聊天过程中的文本信息特征、客户订单特征等，来判断客户的商品偏好、购买意图、消费能力、沟通特点等，从而提高订单成交的概率。

（1）分析聊天工具数据

以淘宝为例，旺旺工作台右侧展现的客户信息就是最重要且获取成本最低的数据。图 8-10 所示为旺旺工作台的聊天界面。客服人员可以在与客户聊天的过程中查看客户的相关信息，将其作为识别客户的依据。

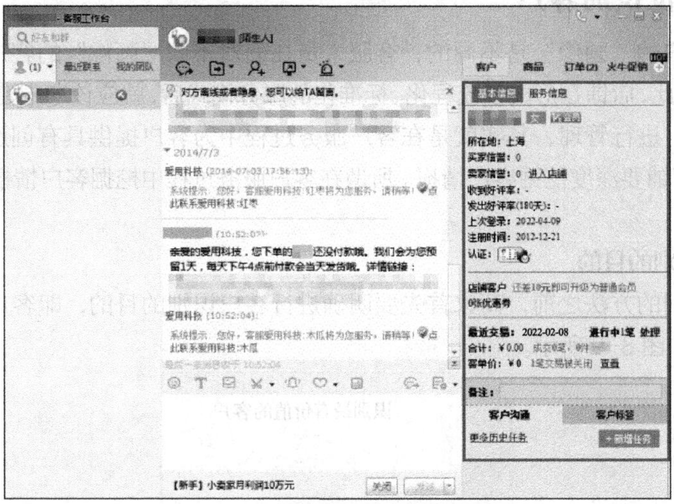

图 8-10　旺旺工作台的聊天界面

注册时间：反映了客户接触淘宝的时间，网购新手和老手在网购中表现出的行为反应是迥然不同的。

上次登录：反映了客户使用旺旺的活跃度，这主要可以反馈两个方面的信息。如果客户注册时间较早，上次登录的时间距离现在很近，说明该客户在购物时习惯使用旺旺，即通常会在向客服人员进行咨询后再下单；如果客户注册时间较早，上次登录的时间距离现在很远，说明该客户更习惯静默下单，可能只有在遇到一些关键性的问题时才会向客服人员咨询。

买家信誉：客户使用支付宝每完成一次交易，系统就会对其进行一次信用评价并给出相应的分数，随后根据分数给出相应的信用标志。我们可以将其视为客户在淘宝平台上的购物次数，买家信誉等级越高，其购买频次就越高。

（2）分析会员数据

客户在店铺中的会员数据也是进行客户识别的有效参考依据。尤其是老客户，其会员数据所包含的购物信息更加详细，其购物倾向也就更加容易判断。图 8-11 所示为会员数据的主要内容。

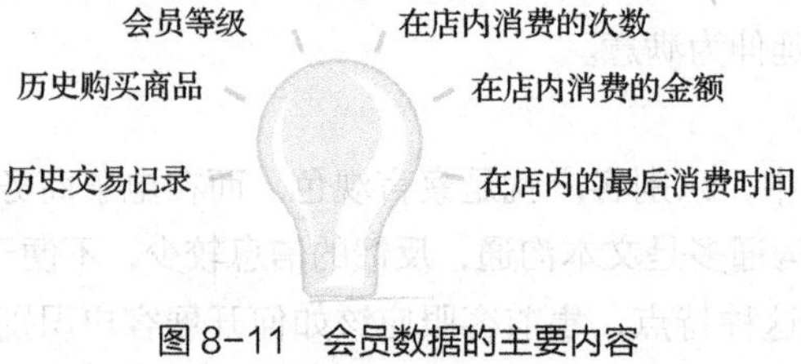

图 8-11　会员数据的主要内容

（3）分析聊天过程中的文本信息特征

前面介绍的聊天工具数据、会员数据等数据反映的都是固定信息，在客户识别过程中相对有章可循，即什么样的数据可以对应什么特点的客户。而通过分析聊天过程中的文本信息特征来进行客户识别，往往带有较强的感性特征。与在现实中面对面沟通一样，每个人的聊天风格能体现其所具有的一些特质。

例如下面两份聊天记录。

聊天记录一如下。

客户：“店家在吗？”

客服：“在的，亲！”

客户：“我选好了商品，已经下单了，什么时候可以发货？”

客服：“今天 17:00 之前就可以为您安排发货哦。”

客户：“好的。（笑脸表情）”

客服：“感谢您的光临。”

聊天记录二如下。

客户：“裙子和 T 恤搭配买要多少钱？”

客服：“69 元 +39 元 =108 元，亲。”

客户：“哦，好的，能优惠一些吗？”

客服：“亲，可以给您打 9 折哦！”

客户：“打 9 折后是多少钱？”

客服：“打 9 折后是 97.2 元，给您算 97 元，亲。”

客户：“哦。”

客服：“我们这款裙子上的刺绣是全手工制作，衣服的料子非常好。而且这两款都是今年的新款，一般新款是不会有折扣的呢！”

客户：“但我还是觉得有点儿贵，我再考虑考虑吧。”

客服：“好的，亲，您也可以看看我们店里的其他商品，也许会有喜欢的呢！”

客户：“好的。”

我们通过分析以上两份聊天记录可以看出，聊天记录一中的客户比较爽快，简短的语言、利落的下单行为体现出客户属于“友好”“不纠结”型客户，发送的笑脸表情也可以反映出这个客户现在处于比较愉悦的状态。在这种状况下，客服人员可以和客户进行进一步的沟通，以增强客户对店铺的黏性，促使客户回购。

而在聊天记录二中，我们可以看出该客户对商品的价格比较敏感。在这种情况下，客服人员就需要将客户的价格敏感特征标示出来，以便后续询单跟进和分析。在实际操作中，商家不能将价格敏感性客户定义为低价值客户。因为这样的客户的需求非常明显，只要商品符合他的需求，且给出一个能让他接受的价格，通常他的复购率会比其他没有任何特征的客户更加高。

（4）分析客户订单特征

一般商家运用以上方法已经可以帮助自己构建一个比较具体的客户“画像”，能在很大程度上提高客户服务水平。如果想要制订更精细、详尽的客户体验规划，如根据客户的朋友圈、职业等来为其制订更具深度的体验规划，商家就需要有效利用客户订单特征。

通过对订单中的信息进行分析，商家可以进一步完善客户“画像”。订单中的有效客户数据包括客户的基础信息、商品信息、购物行为等内容，图 8-12 所示为订单中的有效客户数据。

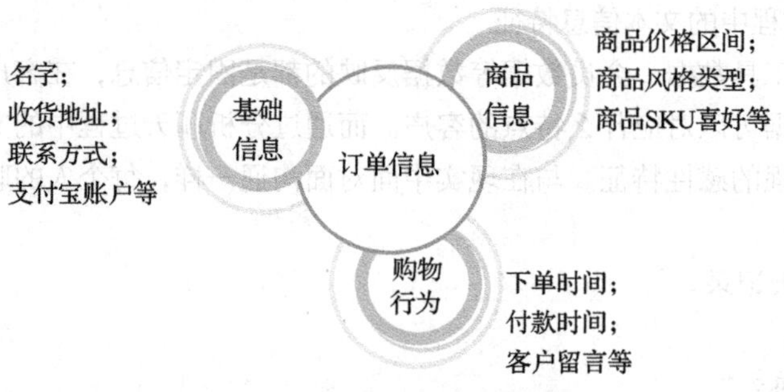

图 8-12　订单中的有效客户数据

在打造客户体验的过程中，商家需要将客户“画像”作为参考，分析并确定客户的真正需求，进而找到能打动客户的关键点。

客服人员完成客户识别后，基本上也就完成了客户“画像”的构建，随后在为客户提供服务的环节中通过有针对性的操作很容易给客户带来惊喜。例如，针对一位姓吕的男性客户，客服人员在服务的过程中将欢迎语设计为：“您好，吕先生，欢迎再次光临小店！很高兴为您效劳。”简单的用语调整就能给客户带去惊喜，让其感受到店铺的周到。

同样，如果客户曾经在店铺内购买过某种风格的衣服，客服人员在回复其咨询时有针对性地对其进行商品推荐，可以有效地优化客户体验。图 8-13 所示为淘宝某店铺的客服人员与客户的聊天记录。首先，该客服人员使用有针对性的欢迎语，让客户感到惊喜；其次，客服人员根据客户之前的购物记录，有针对性地向该客户推荐其可能会喜欢的休闲类夹克，为客户创造了很好的购物体验。

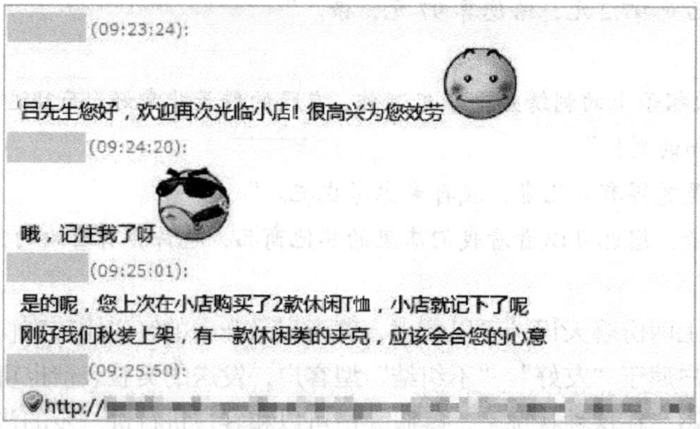

图 8-13　某店铺的客服人员与客户的聊天记录

总之，在进行客户识别后，客服人员应转变为顾问，将与客户的沟通变成朋友间的沟通，而不是进行机械式的服务应答。商家提供顾问式的客户服务，有利于提高客户满意度，以及提高老客户的询单转化率。

8.3.2　设计分层服务

客服人员通过进行客户识别已经完成了对客户的初步细分，而且在服务流程中也能为客户提供个性化的服务。但是，在很多情况下，由于各种客观原因的影响，客服人员并不能有效地做好针对每个客户的个性化服务。

在实际工作过程中，售前客服对客户的服务往往是一对多的关系，甚至会出现一个客服人员同时为十几个客户服务的情况。尤其是一些规模比较大的店铺，客户的咨询量会更大，客服人员的工作强度非常大。如果商家要求客服人员在高强度的工作中为客户提供针对性的服务，尤其是使用前面介绍的客户识别技巧，就很难保证客服人员对客户咨询的响应速度。

如果客户等待回复的时间较长，客户很可能会产生不满。在服务过程中，如何解决客户心理期待的回复时间与客服实际回复时间之间的矛盾，是商家在客户服务过程中优化客户体验需要解决的关键问题。

为了有效落实为客户提供个性化服务的策略，商家在客户服务环节应该坚持“着重关注”原则，对客户进行分层，更加关注 4 类重点客户，降低他们的流失率，如图 8-14 所示。

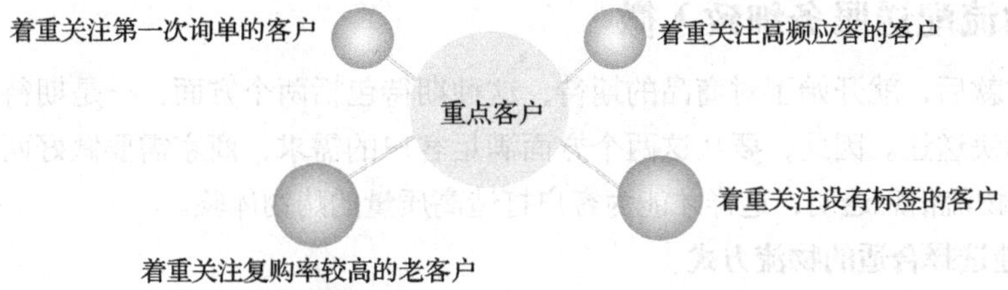

图 8-14 “着重关注”原则

1. 着重关注第一次询单的客户

通常来说，第一次到店铺询单的客户对店铺的回应速度的期望是最高的，所以对于第一次询单的客户，商家应该确保客户能得到快速的响应。

很多商家会设置自动应答来实现对客户首次接入的及时响应。虽然自动应答能保证客户得到快速应答，但是对刚开始接触网购的客户来说，由于首次咨询得到回应的速度很快，客户会认为客服人员一心一意地在为自己一个人服务，一旦客服人员随后响应的速度有所减慢，就会形成心理落差，影响购物体验。而老客户一眼就能识别客服人员的回复是不是自动回复，那自动回复也就不会产生多大的意义。因此，首次接入自动回复的内容最好相对保守，避免因为后续无法及时对客户做出响应而让客户产生不快。

例如，商家可以将首次接入自动回复的内容设置为“您好，欢迎光临 ×× 旗舰店，您可以先看一下我们店铺的自助购物指南哦（后附自助购物指南链接）”，这样引导首次接入的客户先查看自助购物指南，可以帮助他们解决一部分问题，随后客服人员及时跟进，再详细地为客户解答自助购物指南无法解决的问题。

2. 着重关注复购率较高的老客户

对商家来说，通常老客户成交的概率比较大，且客单价也比较高，因此客服人员应该对店铺老客户的询单给予更多的关注。尤其是对店铺会员特权认识比较明确的老客户的询单，在很多时候也会给客服人员带来风险——一旦处理不好，很容易造成客户流失。

一般来说，老客户对店铺购物体验的期望要高于一般客户。如果客户的期望没有被事先发现并满足，那么客户就容易感到失望，进而影响购物体验。例如，某个店铺的 VIP 客户对店铺的服务抱有很高的期望，在购买某件商品时向客服人员提出希望能享受折扣。面对这种情况，一旦客服人员处理不当，回复时生硬地拒绝客户的要求，就容易激怒客户，进而导致客户流失。如果客户认为享受某种服务理所当然，而客服人员却不以为然，店铺就很难再打造超出客户期望的体验。遇到这种情况时，客服人员可以通过灵活的方式从另一个角度为客户创造优越感，如赠送客户一个小赠品、为客户提供包邮服务等。

3. 着重关注设有标签的客户

为客户设置标签是为了将客户分为不同的类型，如成交意向强烈、犹豫观望需二次跟进、下单未付款等，以便后续进行有针对性的跟进。客服人员应该树立“凡是标签客户，必有原因”的观念，不忽视任何一个标签客户，这样在客户服务过程中才能降低遗漏有价值的客户的概率。

4. 着重关注高频应答的客户

在聊天中发言频率较高的客户往往是比较急躁的人，尤其是在客服人员应答后，5 秒之内甚至立即做出应答的客户，可能当前正在非常专心地与客服人员沟通。这类客户在心理上会将客服人员的聊天状态与自己的进行对比，认为客服人员也应该专心地为自己一个人提供咨询服务，因此对客服人员的响应速度会有很高的期望，需要客服人员更加注重响应速度。

8.3.3 物流配送服务细致入微

客户完成付款后，就开始了对商品的期待，这种期待包括两个方面：一是期待商家尽快发货，二是期待商品尽快送达。因此，要从这两个方面满足客户的需求，商家需要做好两个方面的工作，即发货速度快、物流信息透明，这样才能为客户打造高质量的购物体验。

1. 精细化地选择合适的物流方式

作为网店商家，首先要对各种物流方式有准确的了解。发单量比较大的商家一般会同时和多个物流商合作，而对物流商的选择就是一个比较重要的问题。因为商家对物流商的选择将会对店铺的物流成本及客户体验造成影响，所以在为发往不同目的地的包裹选择物流方式时，商家一般会考虑 4 个因素，如图 8-15 所示。

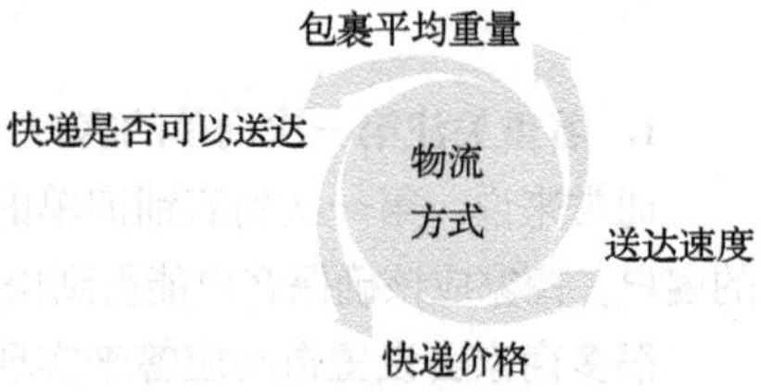

图 8-15 商家选择物流方式时考虑的因素

以上 4 个因素更多体现的是商家对物流方式的主观选择，多数商家没有将客户体验所带来的价值考虑在内。为了打造高质量的客户体验，商家应该针对不同目的地选择适合该目的地的最物美价廉的物流方式。

2. 发货后及时告知客户物流信息

商家不仅要做到快速发货，还应该做到在发货后快速告知客户物理信息。因此，商家在完成发货后，要在第一时间告知客户，满足客户对付款后商家快速发货的期待。告知的内容一般包括发货时间、物流公司、物流单号等，客户凭借这些信息就可以随时查询自己包裹的配送状态。

3. 做好包裹在途关怀

包裹进入运输环节后，客户便迎来了包裹在途期。在此期间，当包裹快要送达时，客户的期待感将会更加强烈，尤其是对贵重物品，客户会比较担忧其在运送途中的安全状况，因此期待值会更高。因此，包裹在途期也是商家开展客户关怀的重要时机，最有效的方式是一旦物流信息更新便及时告知客户。但是这种操作所产生的沟通成本较高，需要客服人员花费很多的时间和精力。为了降低客服人员的工作压力，同时做好客户关怀，商家可以在商品到达客户所在的城市时，给客户发出商品即将到达的提示，告知客户注意保持手机畅通，以免耽误商品的送达和签收。图 8-16 所示为某店铺向客户发出的包裹签收前关怀短信。

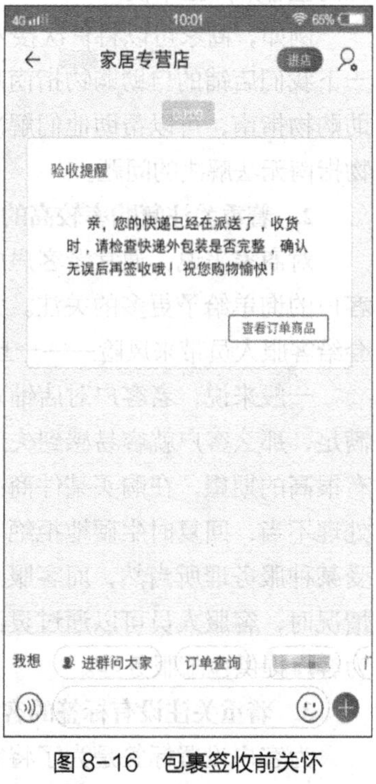

图 8-16 包裹签收前关怀

8.3.4　打造完整、个性化的包裹

包裹签收是客户与店铺进行长期远程沟通后的首个直接接触点，换句话说，包裹签收是客户对店铺第一次产生看得见、摸得着的体验，所以该环节对打造客户体验有着关键性的影响。

1. 包裹的完整性

针对包裹，第一要求就是要具有完整性，即商品经过包装后，在经过长途运输后送到客户手中时要和商品信息描述一致（包括商品的外观和商品的质量等）。这就要求商家在包装商品时注意包装盒是否结实、完整。

为了保证商品的完整性，减少因为包装产生的纠纷和损失，商家在进行商品包装时需要考虑到商品的特性，针对不同的商品选择不同的包装材料。

（1）易变形、易碎的商品

常见的易变形、易碎的商品就是护肤品、化妆品、保健品。针对这些商品，商家可以选择使用报纸、泡沫塑料、泡绵、泡沫网作为内层包装材料，因为这些包装材料重量轻且能起到一定的防震作用。

另外，易碎、怕压的商品周围可以用泡沫网、泡沫块等填充物来充分填充，以减少商品在包装箱内的晃动。包装完成后，最好在外层包装上贴上“易碎”的标签。

（2）首饰类商品

一般来说，首饰类商品需要附送首饰袋或首饰盒。如果是比较贵重的首饰，内层包装可以使用专门的首饰盒，中层包装可以选择用 3 层的 12 号纸箱。

为了避免运输过程中的不确定因素对商品造成不良影响，如其他液体类商品泄露导致商品被影响或被浸泡，最好使用宽胶带将商品的外层包装封好，且中层包装和外层包装之间要用泡沫等物品进行填充，以减轻撞击对商品造成的影响。

（3）皮包、衣服、帽子类商品

对于皮包类商品，可以先用牛皮纸、白纸等单独包好，防止商品污损，再加一层塑料袋用来防潮，最后将商品放在纸盒中。如果是衣服、帽子类商品，要先用防水塑料袋装好，再将其放入纸盒或者袋子中。

（4）食品

食品的包装最重要的是要干净、抗挤压。无论是用来装食物的袋子，还是外层包装使用的纸箱，都要保证干净。

此外，食品的分量一定要足，千万不能缺斤少两。商家最好在包裹中附一张清单，注明食品的品名和购买数量。清单一式两份，给客户一份，商家自己留一份。

（5）电子类商品

对于比较贵重的精密电子类商品，如手表、手机、相机等，商家可以先将商品用防静电袋、气泡膜等材料包装好，再使用瓦楞纸将商品边角或容易磨损的地方保护起来。将商品装入纸箱后，商家要用报纸、海绵、泡沫塑料等材料将纸箱中的空隙填满，以减少商品在纸箱内的晃动。

（6）液体类商品

液体类商品有其独特的包装方法：先将商品用棉花裹好，然后用胶带缠好，再在外层包一层塑料袋，最后装入纸盒中。这样在运输中即使有液体漏出来，也会被棉花吸收，同时还有塑料袋的保护，不会让液体流到纸盒外面污染其他包裹。

2. 包裹的个性化

许多追求极致体验的商家对包裹的要求从来不限于完整，使包裹外观独特、在包裹中夹带赠品都是他们优化客户体验的方式。例如，花西子就拥有独具特色的精美的包裹箱，并利用包裹箱多方输出其品牌信息。例如，在包裹箱上标明品牌名称、包裹箱的原色为品牌商品的代表色等，这些设计承担着品牌信息输出的工作，图 8-17 所示为花西子的包裹箱。

图 8-17 花西子的包裹箱

8.3.5 做好签收关怀

客户在签收包裹之前，往往已经和店铺进行了沟通，并对店铺产生了一定的评价，而在包裹签收之后，就是客户对商品和店铺进行直接评价的阶段。此阶段实际上也是商家消除客户负面情绪的机会。在客户完成包裹签收后，商家需要和客户进行一定的互动，打造行动体验，即引导客户在签收包裹之后产生一定的行动。在打造行动体验之前，商家需要先思考希望客户在签收包裹之后产生什么行动，然后考虑应该采取哪些措施来促使客户完成这样的行动。

客户签收包裹后，商家一是希望客户能正确地使用商品，二是希望客户能给出好评。为了让客户产生这两种行动，很多商家会在包裹中附上商品使用手册、售后服务流程单等物品，以指导客户正确地使用商品和完成评价。但是当前这种方式已经泛滥，并不能产生很好的效果，商家应该选择一种更具亲切感的方式来促使客户产生这两种行动，向客户发送签收关怀信息就是一种不错的方法。

签收关怀信息是指商家在客户完成包裹签收之后向客户发送的信息（如短信、平台消息提醒），其主要作用就是指导客户正确使用商品，引导客户给予好评，以及引导客户顺利找到售后问题的解决方式。

签收关怀信息主要包括两个方面的内容。

1. 售后引导，并引导客户给予好评

客户签收包裹并打开之后，第一反应通常是判断商品是否符合自己的期望，随后会做出不同的行为反应，图 8-18 所示为客户签收包裹后的行为逻辑。

在客户完成签收后，商家应该及时向客户发送签收关怀信息，对客户的行为进行引导。图 8-19 所示为淘宝某店铺向客户发送的平台提醒消息，图 8-20 所示为淘宝某店铺向客户发送的签收提醒短信。

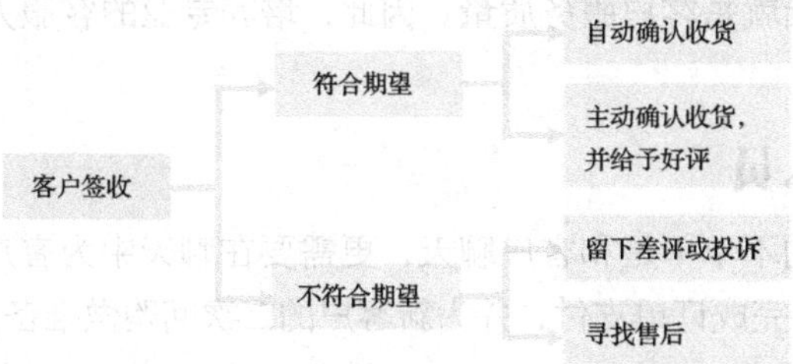

图 8-18　客户签收包裹后的行为逻辑

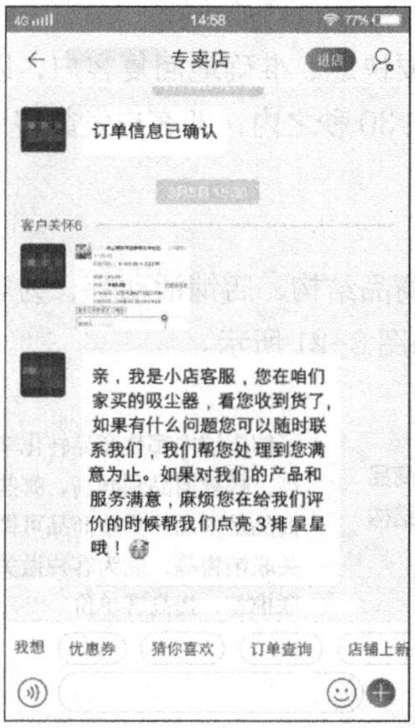

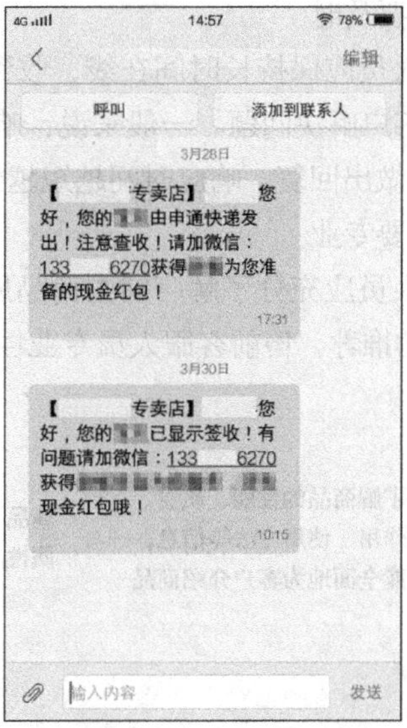

图 8-19　某店铺向客户发送的平台提醒消息　　图 8-20　某店铺向客户发送的签收提醒短信

在图 8-19 所示的沟通过程中，商家以诚恳的态度告知客户若商品有问题店铺会协助解决，从而提高客户的满意度，引导客户给予好评。

2. 说明商品的使用方法，避免因商品使用不当造成客户不满

很多商品在使用过程中具有一定的专业性或复杂性，而客户收到商品不一定能马上掌握商品的使用方法。如果客户在体验商品的过程中不能很好地使用商品，同样可能对商品的功能、性能、功效等产生怀疑，并认为商品存在问题。因此，在签收关怀中，商家可以向客户发送有效的商品使用建议来避免这些情况的产生，提高客户的满意度。例如，某店铺向客户发送了以下商品使用关怀短信。

“亲，快递显示您已经签收包裹，请注意不要用含有漂白剂或荧光剂的洗涤用品清洁包包，可使用干净的布巾擦拭包包。包包不用时，最好将其置于棉布袋中保存，不要放入塑料袋里，因为塑料袋内空气不流通，会使皮革因过干而受损。包内最好塞上一些软卫生纸，以保持包包的形状。”

通过这样简单的引导，客户不仅可以学到商品的正确使用方法，避免了在使用过程中因使用不当导致商品不能正常发挥功效，而且客户满意度会由于客户原来并没有对商品使用建议的期望，商家却为他们提供了这样的服务，而大大地提升。

8.4　专业客服人员的培养与管理

客户服务在电子商务交易中占有非常重要的地位，电子商务企业能将业务发展到什么程度，其中非常关键的一个影响因素就是客户服务质量。因此，培养专业的客服人员是电子商务企业在发展过程中不可忽视的一步。

8.4.1 售前客服人员

售前客服人员需要做的不单单是和客户聊天，更需要在聊天中为客户解答疑问，增强客户下单购买商品的决心，引导客户完成订单支付，并为新客户的二次回购做准备。

1. 售前客服人员服务规范

售前客服人员在为客户提供服务的过程中需要遵守以下规范。

（1）沟通要及时

售前客服人员应保持长时间在线，收到客户咨询后要快速、准确地回复客户，以良好的沟通态度有效地帮助客户解决问题。一般来说，响应时间最好在 30 秒之内，即客户发起咨询后，客服人员要在 30 秒之内做出回复，响应时间越短越好。

（2）沟通要专业

售前客服人员应充分了解店铺内商品属性、店铺内商品结构、店铺活动等，为客户提供专业的商品推荐和活动推荐。售前客服人员专业性的具体表现如图 8-21 所示。

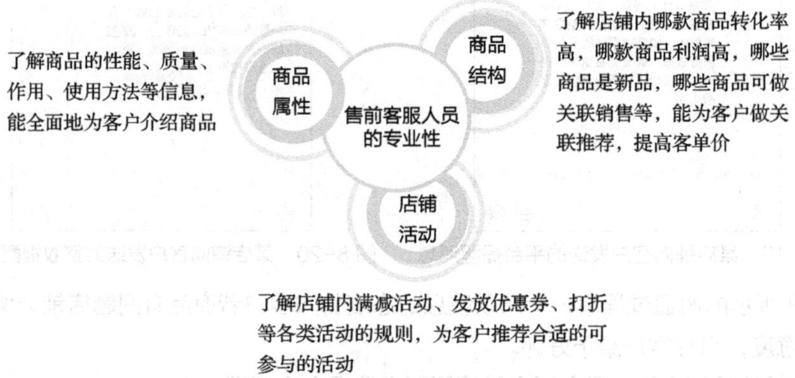
了解商品的性能、质量、作用、使用方法等信息，能全面地为客户介绍商品
商品属性
商品结构
了解店铺内哪款商品转化率高，哪款商品利润高，哪些商品是新品，哪些商品可做关联销售等，能为客户做关联推荐，提高客单价
售前客服人员的专业性
店铺活动
了解店铺内满减活动、发放优惠券、打折等各类活动的规则，为客户推荐合适的可参与的活动

图 8-21 售前客服人员专业性的具体表现

（3）沟通要讲究技巧

在与客户沟通的过程中，售前客服人员不要与客户“硬碰硬”，要用亲切、友善的态度，有技巧地向客户进行商品推荐。在交谈中，售前客服人员切忌对客户做肯定性的承诺，不要使用“肯定”“绝对”“保证”之类的词语，避免因无法兑现承诺而让客户失望，最好使用“努力”“争取”“尽量”等词语，这样既能表达自己的真诚，也能给自己留一些余地。

2. 售前客服人员的销售及沟通技巧

对任何销售模式来说，沟通都是永不过时的话题，售前客服人员做好售前沟通是促成交易、提高商品转化率的关键。

（1）热情迎接、问候客户

及时、快速、热情地迎接、问候客户是吸引客户关注、延长客户在店铺停留时间的有效手段。好的问候语更容易吸引客户继续与售前客服人员交流。下面列举了一些迎接、问候话术以供参考。

① 欢迎光临 ××（店铺名称），现在店铺有活动，付款前先领券（领券链接：×××），跨店铺满 200 元减 30 元，活动日期为 12 月 24 日—1 月 15 日，期待您的参与。

② 您好，欢迎光临本店，我是您的专属客服 001，很高兴为您服务，请问有什么能够帮到您？（可

以在结尾处添加表示“可爱”的表情。）

③ 您好，请问您有什么问题？我们会尽力为您解答。

④ 欢迎光临本店，请问您有什么问题需要咨询？不要忘了关注本店哦。

⑤ 在的，欢迎来到 ××××（店铺名称），001 号客服马上为您服务！请允许我先看下您的聊天记录，找到您的疑惑点立马为您解决。

⑥ 在呢，等您很久啦！有什么可以帮到您？

⑦ 您好，很高兴成为您的贴身导购，有什么可以帮到您的呢？

⑧ 您好！欢迎您前来访问，我是您的专属客服 002 号，很高兴为您服务。（笑脸表情）

（2）及时解决客户提出的疑问

客户在购物过程中可能会对商品或店铺服务提出疑问，这时售前客服人员要及时、有效地为客户解答疑问，吸引客户下单付款。一般来说，客户的疑问通常集中在商品、价格、物流、差评等方面，售前客服人员应对这些疑问的参考话术如表 8-2 所示。

表 8-2 应对疑问的参考话术

客户疑问		参考话术
商品疑问	关于商品是否是新品	① 您好，这款是我们品牌专属设计师最新设计并准备主推的 ×× 系列的新品哦！（如果新品有相应的活动也可以加上。） ② 您看的这款是我们店铺的经典款，不是新品哦。这款卖得非常好，之前购买过这款的人都很喜欢。如果您想看我们店铺的新品，请移步我们的新品专区（附链接）
	关于是否是正品	×× 品牌目前仅有一家旗舰店哦，旗舰店手续齐全、正规开设，您大可放心。所有由我们旗舰店售出的商品都会有品牌 Logo、相应的吊牌及字印，保证是正品。而且我们的商品都是专属设计师的独家设计，商品的款式、设计细节都是独特的。如果您发现有其他商家盗用我们的商品图片，也欢迎您向我们提供线索哦，在此感谢您支持正品
	关于商品质量问题	① 关于质量问题您可以放心，我们的商品的每一道生产工序都有严格的质量监管，每一件商品都经过 ×× 质检，我们也不会上架有质量问题的商品。后期您在使用过程中出现任何问题，都可以随时联系我们哦！ ② 请您放心购买，我们店铺中的所有商品在出厂前都经过了严格的质检，发货前也有专业质检人员对商品进行二次检验，力求做到商品无质量问题，且本店售出的所有商品都支持 7 天无理由退换货。如果您有疑问，请联系我们。 ③ 自您收到商品之日起 7 天之内，只要您对我们的商品有任何不满意，您都可以申请退款，但邮费需要由您承担，请谅解，谢谢。（温馨提示：退回来的商品请保持吊牌完好，不要影响我们的二次销售哦）
	商品尺寸信息、尺寸推荐	① 您好，我们每个商品的详情页中都会有该商品详细的尺寸信息，您在浏览商品的时候可以查找一下。至于您现在看的这款商品的尺寸信息是这个，您看一下。（附商品详情页的尺寸信息截图） ② 您好，我们是根据大多数人的情况来进行尺码推荐的。每个人的具体情况会有所不同，您也可以根据自己的实际情况，参考商品详情页中的尺码表自己选择哦
	关于商品品牌	是的，我们 ××（品牌名称）是一个全新的品牌，我们品牌的设计理念就是 ××，希望您喜欢我们的商品，同时也欢迎您为我们提意见哦
	关于色差	我们所有的商品都是实物拍摄，但可能会因为显示器不同或其他原因出现轻微的色差，这都属于正常现象哦
	商品是否有货	① 您看中的这款商品现在有现货，您可以放心下单哦！ ② 您好，非常抱歉您看中的这款商品已经没有现货了，您可以看一下 ×× 款哦（附商品链接），×× 款商品的款式和价格与您看中的那款商品相差不多呢，而且 ×× 款商品的销量和评价也非常好。 ③ 真的非常抱歉，购买这款商品的客户较多，我们正在加紧补货，但需要一点儿时间。我们店铺有一款与之类似的商品是有货的，我为您介绍一下，您看可以吗

续表

客户疑问		参考话术
价格疑问	客户议价	① 一分钱一分货哦！这一款是我们店里的"爆款"，客户评价很不错，性价比也很高。 ② 真的很抱歉呢，我们商品的价格都是由公司统一制订的，线上线下价格体系相同。除了特殊活动之外，您收到的商品的标签价格就是实际的价格。我们致力于做诚信商家，不愿意给客户制造虚高标价再打折的印象，希望您能谅解呢！ ③ 我非常理解您的心情，但实在不好意思，公司规定不能降价。但是请您放心，我们的商品都有消费者保障服务支持，可让您无任何后顾之忧。 ④ 这款商品的性价比非常高，目前可以参加领券 / 满减活动，折算下来相当优惠哦！ ⑤ 这款商品虽然没有折扣，但我们能为您提供一件赠品，赠品和这款商品完美适配
物流疑问	使用什么快递	您好，为了让您尽快收到商品，我们默认发顺丰，并对商品进行保价。顺丰无法配送的地方则使用邮政速递，您那边能收到顺丰快递吗
	能发 ×× 快递吗	非常抱歉，我们可以给您发邮政速递，邮政速递更加安全。您放心，我们给您发的是邮政航空快件，不是平邮哦，物流速度还是很快的
	什么时候发货	① 您支付后的 24 个小时内就可以为您安排发货。 ② 一般每天 × 点之前完成支付的订单，当天可以发货；× 点之后支付的订单就要第二天发货了
	特殊情况是否能优先发货	鉴于您情况特殊，为了让您按时收到商品，我已经向上级申请，并与仓库进行沟通确认，我们会在今天为您安排发货，请您注意查收哦
	什么时候送到	您好，发货后 ×× 地区一般 1 ~ 2 天可送达，×× 以外的地区一般 3 ~ 5 天可送达，偏远地区 5 ~ 7 天可送达。如遭遇不可抗力因素，物流可能会有所延误，还请您谅解
差评疑问	商品有差评	① 一般所有品牌的商品都会存在差评，与差评相比，您更应该看店铺的服务是否完善。我们店铺里的所有商品均有一年的质保服务，而且配备了专业、强大的售后客服团队为您提供服务。我们始终把商品的质量和服务放在第一位，相信您购买我们的商品是不会失望的。 ② 我们始终坚持以最真诚的态度销售商品，客户在评论区反映的问题我们都会及时解决。销售 ××× 类商品重要的就是售后，我们的售后体系非常完善，请您放心。 ③ 东西再好也会有人不喜欢，众口难调，商品到底好不好用，您只有自己用了才知道。我们这款商品支持 7 天无理由退换货，您可以放心购买。 ④ 这款商品的评价绝大部分都是好评哦，对于那些给出差评的客户，我们也很抱歉没有给他们带来完美的使用体验。我们已经对这些客户进行了回访，帮助他们解决了相关问题，客户反馈都还不错哦，您完全可以放心购买

（3）应对客户询单后的不同行为

一个优质、完善的客户服务流程需要从客户的角度出发来设计，这要求售前客服人员能对客户询单后的不同行为做出不同的应对。电子商务企业可以事先罗列出售前客服人员在客户服务过程中可能会遇到的客户行为，并对售前客服人员提出相应的要求。表 8-3 列举了一些常见的客户行为及其应对方式。

表 8-3 常见的客户行为及其应对方式

客户行为	应对方式
售前客服人员询问需求后客户无回应	5 分钟后再次联系客户，询问其需求
对商品存在疑惑未下单	以专业的知识为客户介绍商品，让其全面、详细地了解商品

续表

客户行为	应对方式
迟疑不决，想再考虑考虑	将客户的相关信息记录下来，包括客户 ID、具体需求、未下单原因，30 分钟后继续跟进、再次询问。如果店铺有促销活动，告知客户活动期限，刺激客户尽快下单
觉得价格太高而未下单	向客户介绍多件优惠、包邮、送赠品等优惠政策
告知活动后客户仍未下单	10 分钟后询问客户是否对活动信息存在不明白之处，若有，再次向客户介绍活动详情；若没有，再次向客户说明活动期限，刺激客户尽快下单
由于缺货未下单	将客户的 ID、看中的商品的信息、未下单原因等详细信息记录下来，以备后续跟进，并向客户表达歉意
下单后未付款	10 ~ 15 分钟后跟进，询问客户未付款原因，并催付

（4）做好关联商品推荐

关联商品是指与主力商品搭配的商品，它能提升主力商品的客单价。售前客服人员可以通过向客户推荐配套商品、互补商品、促销商品的方式实现关联商品推荐。

① 推荐配套商品

有些商品必须要搭配其他商品才能使用，例如，打印机必须要有墨盒、打印纸等才能正常使用，画笔要搭配画纸来使用等。当客户只购买了其中一款商品时，售前客服人员就可以向客户推荐配套商品中的其他商品。

② 推荐互补商品

互补商品是指能实现功能互补的商品，如衬衣和领带、裙子和打底裤等。售前客服人员向客户推荐具有互补功能的商品，能让客户获得能够完美搭配的商品，享受更好的购物体验，从而给客户留下专业的印象。

③ 推荐促销商品

对于没有必要与其他商品配套使用或没有互补商品的商品，客服人员可以有选择性地向客户推荐店铺内的促销商品，通过价格优惠刺激客户的需求。

（5）有效催付

在售前环节，订单催付是影响商品成交转化率的重要因素之一。如果售前客服人员不能很好地完成订单催付，很容易导致本来可以成交的订单最终因为客户未付款而流失。

① 分析客户未付款的原因

客户下单后不付款的原因很多，如果售前客服人员能找准各类客户未付款的原因，然后对其进行有针对性的催付提醒，那么成功挽回订单的概率就会提升很多。

- 店铺新客户

新客户不付款的原因是十分复杂的，常见的有以下 5 种情况：

不会使用在线付款方式，不知道该如何付款；

账户余额不足；

对店铺和商品都不太信任，怀疑商品质量和售后服务；

还在对商品进行比价；

售前客服人员没有及时地响应。

除了以上原因，还有其他的一些原因。因此，对于新客户下单后未付款的情况，售前客服人员需要通过在线即时沟通工具与客户直接沟通，为客户解答相关疑问。通常情况下，如果售前客服人员能在这个环节耐心地回答客户的问题，并为他们提供有效帮助，往往会取得附加效果——客户会对店铺留下良好的印象，从而提高二次回购率。

● 二次回购的老客户

二次回购的老客户是非常敏感的，这类客户更需要得到商家的尊重。如果他们在回购的过程中感觉到一点儿不满意，而且店铺商品与同类竞品相比竞争优势并不明显，他们就很有可能会彻底放弃订单。但是，如果售前客服人员能通过有效的方式向他们直接表明店铺的态度，告知对方店铺对他们的关注与重视，就很容易促使二次回购的老客户以后多次回购。

因此，售前客服人员在对二次回购的老客户进行催付时需要谨慎一些，如果无法为他们提供促销优惠或老客户会员等级特权上的优势，就不要轻易对其做没有情感的催付。

● 多次购买的老客户

这类客户已经对店铺产生了很强的依赖性，他们需要的是商家的信任和更完善的推荐式服务。而商家和售前客服人员要做的就是让这些老客户体会到自己身份的“尊贵”，让他们感受到以往的累积消费带来的好处，要让他们有一种宾至如归的感觉，所以“会员等级特权 + 累积消费好处 + 更完善的推荐式服务”是比较适合这类客户的催付方法。

② 设计催付话术

在整个催付环节中，催付话术是非常关键的。针对不同的情况，售前客服人员应当采用不同的催付话术。表 8-4 列举了不同场景下的催付话术。

表 8-4 不同场景下的催付话术

催付场景	催付话术
客户咨询后未下单	① 您好，您选得怎么样了？您之前看中的这款商品销量非常高，如果您喜欢要趁早拍下哦！您越早支付，我们就能越早为您安排发货，您也就能越早收到商品。如果您对商品还有疑问，我还可以为您解答哦！ ② 您好，这款商品很受欢迎，同一时间很多人都在购买，您的眼光真好！不知道您在哪些方面还有疑问，有没有需要我帮助的呢？ ③ 您选好了吗？我这边还没有看到您的订单呢，看好了就别犹豫，这款商品的库存不多，所以如果您喜欢这款商品就快些拍下吧！商品的质量有保证，相信您不会失望的。 ④ 我这边还没有看见您的订单呢，不知道您有没有选择好呢？如果您还有什么疑问，麻烦耽误您一分钟，我们可以帮您解决。如果您选好了商品，就请尽快拍下付款吧！ ⑤ 店铺现在刚上架很多新款冬装，您有看中的可以直接拍下，今天购买还可以参加店铺的优惠活动呢！ ⑥ 您好，现在已经进入下午的发货高峰期，如果您有挑中的商品请尽快下单，我们今天就可以为您安排发货哦！ ⑦ 您好，您还在考虑之前咨询的款式吗？您有问题都可以问我，现在下单我们就可以帮您尽快发货，给您安排妥善的售后服务哦
客户咨询后下单但未付款	① 温馨提醒：大促活动期间，商品的销售速度比较快，为了避免自己喜欢的商品被别人拍完，建议您尽快拍下付款哦！ ② 您好，我这边看到您的订单还没有付款，您还有不清楚的地方吗？我很乐意为您解答哦！ ③ 您好，很高兴看到您拍下 ×× 商品，××××× 这个地址对吗？发 ×× 快递您能收到吗？为了您能尽快收到商品，请您尽快付款哦！ ④ 您好，折扣已经帮您改好啦，为您申请了好久呢，请您尽快付款吧，付款后马上安排为您发货哦！ ⑤ 建议您尽快付款，以免错失优惠哦！温馨提醒：付款后请第一时间与在线客服确认订单，以保证尽快为您发货哦！

续表

催付场景	催付话术
客户咨询后下单但未付款	⑥ 您好，我们已经在安排发货了，看到您的订单还没有支付，提醒您现在付款我们会优先发出，您可以很快收到包裹哦！ ⑦ 您好，看到您在活动中拍下了我们的商品，我们真的很高兴！您还没有付款，是遇到什么问题了吗？再过一会儿交易就要自动关闭了，一旦其他人在有货时完成支付，您就会失去这次机会，所以请您尽快付款带走商品哦！ ⑧ 亲爱的 ××（客户名称），您在我们店拍下的商品还没有付款，因为您是我们的老客户了，我特意向店长申请了超级会员价格，价格比您拍时还低了不少呢！请您尽快付款吧
客户静默下单但未付款	① 您好呀！看到您在我们店铺拍下了订单，我们仓库已为您预留了商品，如果您方便，请在 17:00 前及时付款，以免耽误为您发货。祝您购物愉快，天天好心情！ ② 您好，我们仓库是 17:00 统一发货，您在 17:00 之前方便付款吗？我们可以及时为您安排发货，这样您就能早一天收到我们的商品和礼物哦！ ③ 亲爱的 ××（客户姓名），您今天在我们店铺拍下的订单还没有付款哦，我们是 17:00 发货，晚了可能就要等到明天才能发货了哦！ ④ 您好，您在我们店铺拍下的订单还未付款。现在我们每天前 200 名付款的人都有精美礼品赠送，您现在付款还来得及哦！ ⑤ 您好，看到您还没有付款，是遇到什么问题了吗？我们支持 7 天无理由退换货，现在付款还可以帮您购买运费险，让您没有后顾之忧，请尽快付款吧

③ 备注催付结果

售前客服人员完成首次催付后，要及时地对催付结果进行备注；对催付后仍未完成付款的客户，要根据备注适时地再进行一次催付，以提高成功付款率。

（6）礼貌地与客户告别

交易完成后，售前客服人员要礼貌地与客户告别，为售前客服工作画上圆满的句号。售前客服人员可以采用以下告别话术。

① 感谢您的咨询，如果您有什么问题可以随时和我们联系，祝您购物愉快。

② 感谢您对本店的支持，如果您有任何疑问，欢迎随时联系您的专属客服 ××（客服人员昵称），我们将竭诚为您服务！

③ 感谢您选择 ××（店铺名称或品牌名称）的商品，我们会尽快安排为您寄出商品，后续您有任何疑问都可以随时联系我们。

④ 感谢您选择 ××（品牌名称）的商品，如果您收到商品后有任何疑问，请第一时间联系我们处理哦，我们非常重视您的感受。

⑤ 欢迎您继续浏览店内其他款式的包，您看到喜欢的可以随时与我联系哦！如果您有任何关于皮质包保养方面的疑问或需要其他帮助，欢迎咨询，我将竭尽全力为您服务。

⑥ 如果您有需要咨询的问题，请您随时联系我们，我们随时为您提供服务。您的满意是我们前行的动力，再次感谢您对我们的支持哦！

⑦ 感谢您选择我们的商品，请关注物流信息，及时验货签收哦！如果您不能及时验货，在使用商品之前，一定不要扔掉我们的原包装，因为如果没有包装，后续是无法进行退换货的。

⑧ 期待您再次光临！如果您对本次购买的商品或服务不满意，请不要急于申请退款，恳请您先联系客服人员，我们会为您提供服务，直到您满意为止。

⑨ 感谢您对 ××（店铺名称或品牌名称）的支持！记得收藏店铺，这样您就可以快速找到我们

啦！在商品使用过程中如果您有什么疑问，请随时咨询在线客服哦！

⑩ 感谢您对 ××（店铺名称或品牌名称）的支持，期待下次再为您提供优质的服务，祝您生活愉快。店铺定期有活动和上新，敬请收藏我们的店铺并多多关注。

3. 售前客服人员商品管理

商品是整个电子商务交易的核心，售前客服人员需要掌握一定的商品管理知识。

（1）商品入库管理

商品入库是网店日常运营工作中的一个环节，其基本要求是保证入库商品数量准确、质量符合要求、包装完好无损、手续完整清楚。具体来说，商品入库包括 4 个步骤。

① 接收商品

事先掌握入库商品的品种、性能、数量和到库日期等信息，安排入库商品的接收工作。入库商品的接收主要有 4 种方式，即车站码头接货、专用铁路线或码头接货、到供货方仓库提货和本库接货。

② 商品验收

商品验收是指对入库商品进行检查，主要包括商品数量检查、质量检查和包装检查 3 个方面。售前客服人员依照订货单和送货单核对商品的品名、等级、规格、数量、单价、总价和有效期等信息，检查商品外包装是否完好，商品外观有无破损和明显污渍等。商品在数量、品种准确无误，质量、包装完好，配件齐全的情况下方可入库。

③ 编写货号

在商品种类和商品数量较多的情况下，售前客服人员可以为商品编写货号，这样更便于对商品进行管理。最简单的编写货号的方法就是“商品名称的拼音首字母＋序号”，如“EH—001”，即代表耳环类的 001 号款式商品。

编写商品货号的具体操作方法如图 8-22 所示。

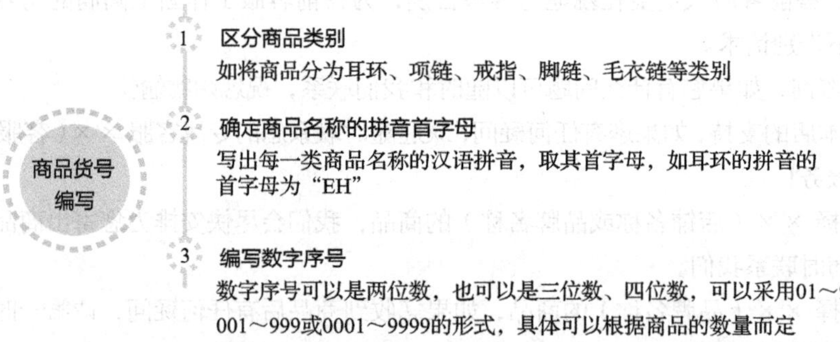
商品货号
编写
1
区分商品类别
如将商品分为耳环、项链、戒指、脚链、毛衣链等类别
2
确定商品名称的拼音首字母
写出每一类商品名称的汉语拼音，取其首字母，如耳环的拼音的首字母为“EH”
3
编写数字序号
数字序号可以是两位数，也可以是三位数、四位数，可以采用01～99、001～999或0001～9999的形式，具体可以根据商品的数量而定

图 8-22　编写商品货号的具体操作方法

④ 入库登记

入库登记是指按照商品的属性、材质、颜色、型号、规格、功能等，分别将商品放置到不同的货架上，并编写商品入库登记表的过程。

商品入库登记表需要详细记录商品的名称、规格、数量、价格等，如表 8-5 所示。

表 8-5　商品入库登记表

序号	商品名称	款号	尺码	颜色	数量	参考单价	备注
1							
2							

（2）商品盘点

为了掌握商品的流动情况（如商品入库、在库、出库的流动状况）和商品的库存数量，售前客服人员需要定期或临时对商品进行清查、清点，即进行所谓的商品盘点。

商品盘点通常有两种方式，即定期盘点和临时盘点，如表 8-6 所示。

表 8-6 商品盘点的方式

盘点方式	说明
定期盘点	在一定时间内，一般是每季度、每半年或在年终财务结算前对仓库进行一次全面的盘点。由货主派人会同仓库保管员、商品会计一起进行盘点对账
临时盘点	当仓库发生货物损失事故或保管员更换，或仓库方与货主认为有必要盘点对账时，货主可以组织一次局部或全面的盘点

商品盘点主要包括数量盘点、质量盘点、保管条件检查、库存安全状况检查等内容，具体如表 8-7 所示。

表 8-7 商品盘点的主要内容

盘点内容	说明
数量盘点	检查在库商品的实际数量，核对商品库存账面资料与实际库存数量是否一致
质量盘点	检查在库商品的质量有无变化，商品是否超过有效期或保质期，商品有无长期积压等现象，必要时还要对商品进行技术检验
保管条件检查	检查商品的保管条件是否与商品的保管要求相符，如堆码是否合理、稳固，库内温度是否符合要求，各类计量器具是否正常等
库存安全状况检查	检查各种安全措施和消防器材是否符合安全要求，建筑物和设备是否处于安全状态

（3）商品出库

商品出库是仓库根据业务部门或存货单位开出的商品出库凭证（提货单、调拨单），按其所列商品编号、名称、规格、型号、数量等项目组织商品出库等一系列工作的总称。商品出库的要求是发放商品必须准确、及时，商品包装必须完整、牢固，标记必须正确、清楚。

一般来说，商品出库分为 3 个步骤，如图 8-23 所示。

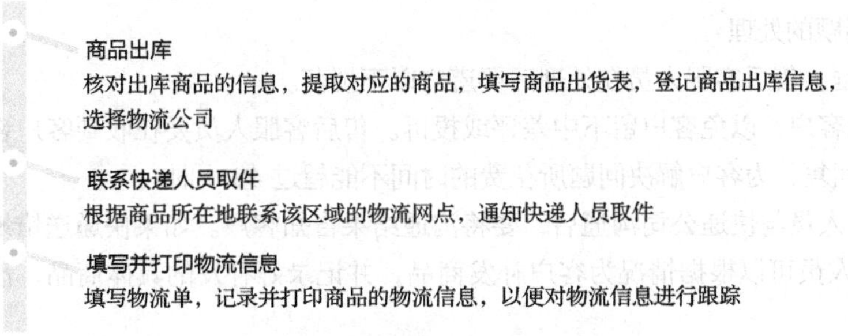
商品出库
核对出库商品的信息，提取对应的商品，填写商品出货表，登记商品出库信息，选择物流公司
联系快递人员取件
根据商品所在地联系该区域的物流网点，通知快递人员取件
填写并打印物流信息
填写物流单，记录并打印商品的物流信息，以便对物流信息进行跟踪

图 8-23 商品出库的基本步骤

8.4.2 售后客服人员

售后服务具备一定的营销属性，售后客服人员通过帮助客户解决关于商品、物流等的一系列售

后问题，给客户创造良好的购物体验，树立良好的品牌形象，从而达到让客户反复购买的目的。

1. 售后客服人员服务规范

在售后环节，在退换货问题的处理、物流问题的处理、图片的保存、沟通方式的选择、棘手客户的处理等方面，售后客服人员需要遵守相应的服务规范，具体如下。

（1）退换货问题的处理

对于客户提出的退换货问题，售后客服人员在处理时要遵守以下规范。

① 对于客户提出的退换货要求，售后客服人员要在收到信息后的5分钟内进行回复，并安抚客户。

② 以诚信为本，坚持“以客户为中心”的原则，对于自身原因导致的退换货问题不能推卸责任。售后客服人员向客户核实问题后，要根据实际情况进行灵活处理，具体处理规范如表8-8所示。

表8-8 商家自身原因导致的退换货问题的处理规范

问题描述		处理规范
发错货	错发、漏发、少发、多发	售后客服人员收到信息后，向客户核实商品照片，并核查商品的称重底单，确认后为客户进行相应处理： ①将错发、多发的商品下架，涉及退换货的，协助客户进行换货下单，或者引导客户退款； ②对于多发商品的订单，如果客户不予承认，售后客服人员可以将订单底单上传至电子商务平台（如淘宝平台、京东平台），由平台方协助处理；如果客户承认多发了货但拒绝退回多发的商品，售后客服人员可以联系物流公司上门取件，或者向电子商务平台方投诉
包裹破损	客户拒签	按照相应流程处理，涉及退换货的，协助客户换货下单，或者引导客户退款
	客户已签收	如果破损包裹中的商品丢失，售后客服人员核实底单后，可以与物流公司协商对客户进行赔偿，若与物流公司协商未果，售后客服人员可以为客户补发商品； 如果包裹内的商品破损，售后客服人员要让客户上传商品照片进行证明，与物流公司协商后再做相应处理。涉及退换货的，售后客服人员要协助客户换货下单，或者引导客户退款
质量问题	在售后处理时间范围内	商品签收后的3天内，商品如果未被使用，售后客服人员应尽量让客户提供商品照片。若客户配合，售后客服人员核实后按照店铺规定的正常流程进行处理（如果客户选择退换货或自行对商品进行修补，商家需要承担一定的费用，也可以对客户进行一定的折扣补偿）； 若客户不愿提供商品照片，售后客服人员可以让客户将商品退回，收到商品后对商品进行质检，若商品确实存在质量问题，要向客户表达歉意，并向其提出合理的解决方案；若商品不存在质量问题，要向客户解释清楚，避免客户留下差评
	超出售后处理时间	超出售后处理时间，或商品被使用后发现存在质量问题，售后客服人员应与客户协商。若客户不同意售后客服人员提出的解决方案，售后客服人员要请部门主管给出处理意见

③ 对于客户导致的问题，原则上不为客户提供退换货服务。但是，售后客服人员在处理时要把握好度，以真诚、友善的态度告知客户，避免客户留下中差评或客户流失。

（2）物流问题的处理

对于物流问题，售后客服人员在处理时要遵守以下规范。

① 及时安抚客户，以免客户留下中差评或投诉。售后客服人员要在收到客户咨询信息后的5分钟内对客户进行回复，为客户解决问题所花费的时间不能超过48小时。

② 售后客服人员与快递公司沟通后，要将沟通结果告知客户。如果快递送错地址或丢失、包裹破损，售后客服人员可以根据情况为客户补发商品，并记录好补发的具体商品、涉及金额等，以便后期核算。

（3）图片的保存

售后客服人员在收到客户发来的反映商品质量、生产问题的图片后，要妥善保存，以备后续查询。

（4）沟通方式的选择

凡是售后问题，以及通知客户下单的商品暂时无货，如果客户没有登录在线聊天工具，售后客服人员一般应通过电话、短信或微信联系客户，并主动解决问题。

（5）棘手客户的处理

售后客服人员在和个别棘手客户或存在“隐患”的客户沟通时，要养成保存关键聊天记录的习惯，懂得运用电子商务平台规则保护自己和店铺的合法权益。

2. 常见售后问题的处理

售后客户服务的工作主要集中在订单的处理上，售后客户服务环节中可能会出现查件、退换货、取消订单、问题包裹、发错货、少发货、商品存在质量问题等一系列问题，面对这些问题，售后客服人员要灵活应对，避免因处理不当给客户带来不良体验，从而导致客户留下差评或投诉。

（1）商品运输中查件、退换货、取消订单的处理

对于客户在商品运输中提出的查件、退换货、取消订单等要求，售后客服人员可参考图 8-24 所示的流程来处理。

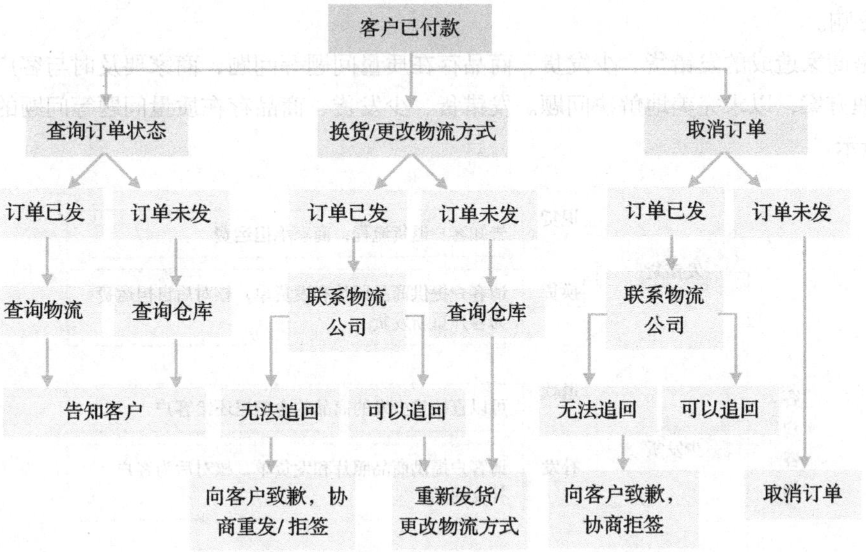

图 8-24　商品运输中查件、退换货、取消订单的处理流程

（2）问题包裹的处理

商家完成发货后，要及时跟踪物流公司所提供的物流信息，及时发现存在隐患的订单，并及时进行事发前处理，以防止问题进一步恶化。

通常来说，以下几种情况容易导致问题包裹出现。

- 出现超区件。
- 商品发出并超过常规送达时间，客户尚未签收。
- 系统显示已经确认收货，但客户表示尚未收到货。
- 系统显示马上到确认收货截止时间，客户尚未签收。

在物流跟踪过程中，商家要能对出现问题的订单进行有效的判定，并及时联系客户，为其提供有效的解决方案，令客户感受到商家一直在帮助其处理问题。这样做一方面能够减少客户的焦虑感，另一方面也能加深客户对店铺或品牌的良好印象。

问题包裹的处理需要遵循一定的流程，如图 8-25 所示。一般来说，店铺中每天出现的问题包裹的件数不会很多，商家可以安排一些售后客服人员每天抽出一定的时间对问题包裹按照标准流程进行统一的处理。

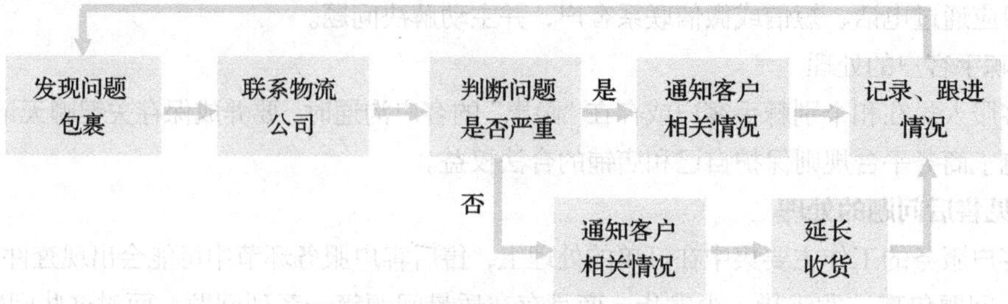

图 8-25 问题包裹的处理流程

（3）发错货、少发货、商品存在质量问题的处理

客户收到商品之后，可能会向商家反馈一些问题，如商品损坏，发错货，不知商品如何安装、使用，不知商品如何保养等。客户可能会向售后客服人员反馈这些问题，也可能直接在评论区进行描述。对于客户反馈的问题，售后客服人员要认真对待、及时处理，以免客户产生不满情绪，进而给店铺带来消极影响。

如果是商家造成的发错货、少发货、商品存在质量问题等问题，商家要及时与客户沟通，与客户协商处理方案，以求完美地解决问题。发错货、少发货、商品存在质量问题等问题的处理方式如图 8-26 所示。

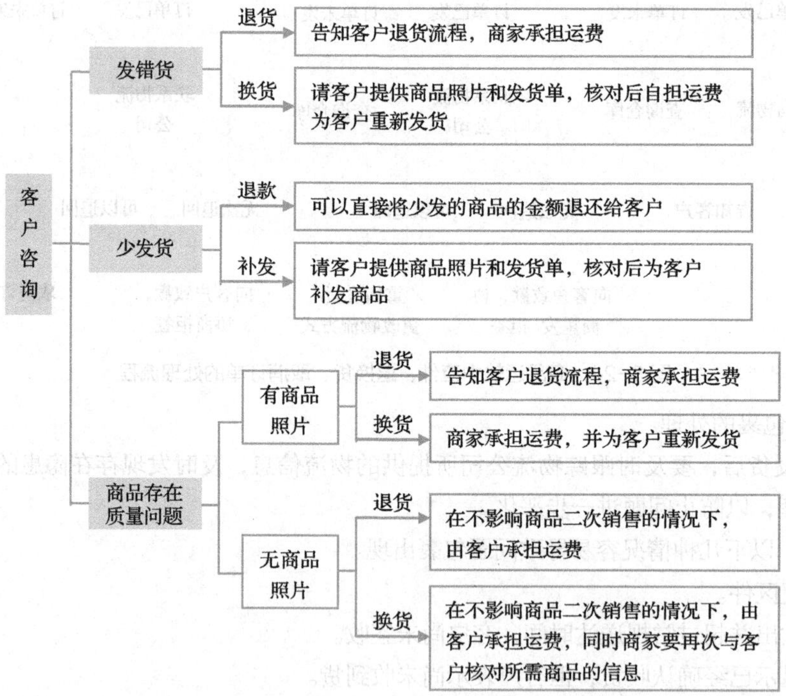

图 8-26 发错货、少发货、商品存在质量问题的处理方式

3. 客户差评或投诉的处理

在网店运营中，客户对商品做出的评价会直接影响商品的后续销售和店铺的信誉。如果客户对商品给出了差评，一旦售后客服人员处理不当，就会对店铺的运营造成极大的负面影响。

（1）客户差评或投诉的处理要点

当店铺出现差评或投诉时，售后客服人员要及时地与客户沟通。售后客服人员在处理差评或投诉的过程中，要特别注意以下几个要点。

① 查明原因

客户在收到商品并发现商品有问题时一般会比较着急，担心问题得不到解决会影响自己的使用。有瑕疵的商品必然会引起客户的不满，有的客户会对商品给出差评甚至投诉。这时售后客服人员要及时和客户联系，耐心地了解商品出现了什么问题并寻找原因，及时帮助客户解决问题。

② 热情回应

客户在收到商品后反映商品有问题时，售后客服人员要比交易时更热情，这样会让客户觉得商家的服务态度很好。如果售后客服人员在客户购买商品时表现得很热情，在商品出现问题时却不理睬客户，就会给客户留下一种极不负责的印象，最终很可能导致客户流失。

③ 安抚和解释

客户在收到有问题的商品时多会表现出烦恼、失望、愤怒等消极情绪，这时售后客服人员要站在客户的角度思考问题，做好安抚工作，然后针对问题给出让客户满意的回答。

④ 诚恳道歉

不管是什么原因引起客户的不满，售后客服人员都要诚恳地向客户道歉，减少客户的不愉快并弥补损失。

⑤ 提出补救措施

对于客户的差评或投诉，售后客服人员要主动提出补救措施，有时一个不错的补救措施可以帮店铺换回一个好评。遇到售后问题时，售后客服人员也要及时提出补救措施，并明确地传达给客户，让客户感受到商家的诚意。

⑥ 跟进处理

售后客服人员在采取补救措施时，无论进行到哪一步，都要明确地告诉客户，让其知道售后问题的解决进度，直到问题被妥善处理。不要在弥补过失之后就草草收场，那样会给客户一种应付了事的感觉，可能造成客户心理上的不平衡。

（2）差评回复话术

商品的差评在很大程度上决定了客户是否会下单购买该款商品，从而影响店铺的整体销量。面对差评，有些商家非常生气、恼怒，甚至表现出一些不当的言行举止，这样做只会加剧差评对店铺的负面影响，而有些商家因为对差评做出了恰当又巧妙的回复，反而提升了客户对店铺的好感度，提高了店铺商品的转化率。表 8-9 列举了一些差评回复话术。

表 8-9　差评回复话术

差评主要内容	回复话术
客服人员回复速度慢	您好，由于光顾本店的客户比较多，容易出现客服人员忙不过来的情况，非常抱歉没有对您的咨询做出及时回复。您的差评是提醒我们不断提高客户服务水平的警钟，我们会加强对客服人员的培训，避免以后再出现类似情况。感谢您对我们店铺的支持，希望下次带给您完美的购物体验
客户服务态度差	在此向您表示真诚的歉意。客服人员由于每天面对的客户很多，所以出现了心浮气躁的情况，我店已经对 ×× 客服做出了严厉批评和惩罚，并对本店的客服工作标准做了改进。期待您再次光顾本店，我们将竭力为你提供优质服务
商品错发、漏发	由于本店商品非常受欢迎，购买的人数较多，工作人员非常忙碌。对于工作人员因疏忽给您错发 / 漏发商品，我们深表歉意！为此我们进行了深刻检讨，并改进了订单发货机制，避免类似情况再次发生。希望下次能给您带来完美的购物体验，也谢谢您对本店的支持

续表

差评主要内容	回复话术
很长时间才收到货	您好，目的地偏远和天气原因导致发货有所延迟，我们已经和物流公司进行了沟通，物流公司负责人让我们向您转达他们的歉意！如果您再次光顾本店，我们会第一时间将您的包裹发出。拆包裹的时刻是幸福的，而物流原因让您的幸福时刻被延迟，在此再次向您表示歉意。您在使用商品的过程中发现任何问题都可以联系我们，我们会优先帮您处理哦
打开包裹后商品是坏的	您好，经过查证，我们发出的商品是完好无损的，是运输途中快递工作人员的疏忽导致了商品的损坏，对此物流公司深感抱歉！我们已经与物流公司负责人进行了沟通，下次如果再出现此类情况我们必将终止与其合作。对于此次损坏的商品，物流公司会向您做出一定的赔偿
商品有瑕疵	非常抱歉，我们已经和商品生产厂家反映了这个问题，我们保证下次绝对不会再出现类似情况。同时我们也会加强发货之前对商品的检验工作，以带给您更好的购物体验
商品有色差	在拍摄商品图片的过程中，不同的光线容易导致图片与实物的颜色有差异，给您带来不良的购物体验我们感到非常抱歉！今后我们在拍摄商品图片时会尽力将色差最小化，再次感谢您的光临
商品尺寸不对	在购买之前如果不知道选择哪个尺寸，建议您咨询客服人员或参照商品详情页的尺寸表来选择。衣服的尺寸存在误差是在所难免的，毕竟布料、测量方法等都会造成尺寸误差。我们的商品还是比较受欢迎的，质量有保证，售后也很完善。您可以将衣服寄回，我们可以帮您调换尺寸
商品性价比不高	坦诚来说，这个质量已经对得起这个价格了。我们虽然没有办法和大商家相比，但是我们也是诚信经营的。我们的商品都是先讲质量，再谈价格，大家有目共睹。我们的商品是非常受客户欢迎的，希望您是最后一个对商品不满意的
商品味道大	您好，我们的衣服都是经过生产质检后直接打包的，运输途中会在包装袋中密封几天，所以会有一点儿味道。不过请您放心，这种味道不会对身体造成伤害。就像您新装修的房间需要通风后才能入住一样，新衣服通通风也就不会有太大的味道了

8.4.3 客服人员的激励与考核

客户服务并不是一项轻松的工作，烦琐的工作容易使客服人员产生负面情绪，而有效的激励与考核机制是激发客服人员工作激情、提升客服人员工作能力的有效手段。因此，商家有必要建立针对客服人员的激励与考核机制。

1. 客服人员的激励

为了提升客服人员的工作积极性，使客户服务团队获得良性发展，商家在管理客服人员时可以采取一定的激励措施，如奖惩激励、监督激励、竞争激励和升职激励等。

（1）奖惩激励

奖惩激励是最常用的一种激励方法，即通过奖励或惩罚来刺激客服人员，以鞭策和鼓励客户服务团队向更好的方向发展。

① 奖励

商家通过设置奖励制度可以更好地调动客服人员的工作积极性，激发客服人员的荣誉感和进取心，让客户服务团队保持一种积极向上的状态。奖励可以分为物质奖励和精神奖励两种方式，如表8-10所示。

表8-10 奖励的方式

奖励方式	说明
物质奖励	主要表现为上调薪资、发福利、发奖金、带薪休假、安排旅游等
精神奖励	可以为客服人员评级，将客服人员分为见习客服、初级客服、一级客服、金牌客服、资深客服等不同的等级，并给予不同等级的客服人员相应的荣誉

② 惩罚

惩罚是指制订相应的惩罚标准，对表现不好、业绩不达标或在工作中违规、犯错的客服人员进行相应的惩罚，如警告、批评、扣除奖金等，情节严重的甚至可以予以辞退。

设置惩罚机制，既是对客服人员行为的一种规范，又能鞭策客服人员积极向上，让他们在工作中保持责任感和专业性。

（2）监督激励

监督激励是指通过向客户做问卷调查、管理者直接评价等方式，对客服人员的工作态度、业绩、客户满意度、客户认可度等方面进行跟踪检查，以评估客服人员的工作能力和效率。

（3）竞争激励

为客服人员营造积极、良性的竞争环境是一种科学的管理方法。良性的竞争不仅能够让客服人员发现并弥补自身的不足，形成互相学习的氛围，还可以让整个客户服务团队保持积极向上的状态。

科学、良性的竞争机制的建立可以以数据为支撑，如公布金牌客服、资深客服的工作业绩，让其他客服人员看到别人的优点，从而刺激他们做出更大的成绩。

（4）升职激励

升职激励是指在客户服务部门中划分不同等级的职位，如日常客服、客服组长、客服主管、客服经理等，表现优秀者可以获得升职的机会。

使用升职激励，商家需要设置相应的客服人员培训计划，对客服人员进行相关的培训，并制订相应的选拔晋升制度，这样才能保证升职激励机制的规范性，让其充分发挥作用。

2. 客服人员的考核

对客服人员进行考核一般以关键绩效指标（Key Performance Indicator，KPI）考核为主，即将客服人员需要完成的工作标准以指标的形式罗列出来，对客服人员进行量化考核。

商家在设置绩效考核表时，需要确定 3 项内容，如表 8-11 所示。

表 8-11 绩效考核表的内容

绩效考核表项目	说明
考核的指标	根据客服人员的工作质量、团队合作能力、工作态度等制订考核指标，如询单转化率、落实客单价、响应时间等指标
评分的标准	分别为不同的考核指标制订相应的评分标准，评分标准的制订要灵活，例如，销售旺季和淡季需要分别制订不同的评分标准
权重的分配	为考核指标分配相应的权重，一个指标的权重应能够直接体现出该指标在整个 KPI 考核中的重要程度，全部指标的权重之和为 100%

在电子商务客户服务中，常用的 KPI 如表 8-12 所示。

表 8-12 电子商务客户服务常用 KPI

KPI 名称	释义	计算公式
询单转化率	最终付款人数与询单人数的比值	询单转化率 = 最终付款人数 / 询单人数
订单支付率	成交总笔数与下单总笔数的比值	订单支付率 = 成交总笔数 / 下单总笔数
落实客单价	在一定周期内，客服人员个人的客单价与店铺客单价的比值	落实客单价 = 客服人员个人的客单价 / 店铺客单价
响应时间	客服人员回复客户的时间间隔，分为首次响应时间和平均响应时间	—
售后及日常工作	售后处理工作效果及日常工作态度	—

表 8-13 所示为某淘宝店铺客服人员绩效考核表。

表 8-13 某淘宝店铺客服人员绩效考核表

考核时间： 年 月		被考核人：	被考核人签字：			
序号	KPI 名称	权重	详细描述	标准	分值	得分
1	询单转化率（X）	30%	最终付款人数 / 询单人数	X ≥ 65%	100	
				60% ≤ X < 65%	90	
				55% ≤ X < 60%	80	
				45% ≤ X < 55%	75	
				X < 45%	65	
2	订单支付率（F）	25%	成交总笔数 / 下单总笔数	F ≥ 95%	100	
				90% ≤ F < 95%	90	
				85% ≤ F < 90%	80	
				80% ≤ F < 85%	60	
				F < 80%	0	
3	落实客单价（Y）	5%	客服人员个人的客单价 / 店铺客单价	Y ≥ 1.18	100	
				1.14 ≤ Y < 1.18	90	
				1.12 ≤ Y < 1.14	80	
				1.1 ≤ Y < 1.12	60	
				Y < 1.1	0	
4	首次响应时间（ST）	15%	首次响应时间 / 秒	ST ≤ 15	100	
				15 < ST ≤ 20	90	
				20 < ST ≤ 25	80	
				25 < ST ≤ 30	60	
				ST > 30	0	
5	平均响应时间（PT）	10%	平均响应时间 / 秒	PT ≤ 30	100	
				30 < PT ≤ 35	90	
				35 < PT ≤ 45	80	
				45 < PT ≤ 55	60	
				PT > 55	0	
6	售后处理工作效果	5%	退货次数在 5 次以内为满分，5 次及以上每次扣 1 分		100	
			换货次数在 10 次以内为满分，10 次及以上每次扣 1 分		100	
7	日常工作态度	10%	无迟到、早退现象等为满分，3 次以上每次扣 1 分		100	
8	总得分					
评 级			差评处理情况			
业绩奖金			好评奖金		奖金总额	

案例分析 亿健的客服管理策略

亿健是一个主营运动器材的品牌，该品牌跑步机的销量连续几年在天猫名列前茅。在亿健客服团队中，售前客服人员只有 20 多人，售后客服人员却有三四十人，这是由亿健所销售的产品品类决定的：运动器材的售后服务时间较长，待处理的问题也比较多，所以售后客服人员较多。

为了做好对新客服人员的培训，亿健客服管理团队制订了一套培训体系。新客服人员入职时需要先学习一些客服基础知识，随后需要学习产品相关知识。在学习产品相关知识的过程中，新客服人员需要使用产品，售后客服人员还要学习拆解、安装机器，学习给机器更换零部件，以便在客户提出产品安装、使用方面的问题时，能够为客户提供满意的解答。

每一个培训环节都会有考试，考试后会有认证，以评判新客服人员的成绩是否合格。合格的新客服人员可以上岗，如果新客服人员的成绩非常优秀，还可以获得直接晋升的机会。

亿健设置了专门的品牌部，主要负责品牌舆情监控、服务处理、危机处理等事宜，从品牌层面进行策划，形成品牌建设体系。

（1）阅读以上内容，说一说与服装、食品类商品的客服内容相比，亿健销售的运动器材的客服内容有什么特点。

（2）亿健客服培训方式是否合理？请说明理由。

【课后习题】

1. 简述如何开展客户体验的建设工作。

2. 简述如何为客户打造优质的客户体验。

3. 下面是某电子商务企业客服人员与客户的对话。

客户：“您好，这件 T 恤有白色的吗？”

客服：“不好意思，没有呢，您可以选黑色的。”

客户：“我想要白色的。”

客服：“这款 T 恤是我们店里的热销款，黑色的销量非常高，也很受欢迎呢！”

客户：“哦。”

客服：“这款黑色 T 恤和白色裤子搭配起来很好看的，您可以考虑一下。”

客户：“我不是很喜欢。”

客服：“好的，您可以再看一下我们家其他的 T 恤，店铺里的款式很多。”

客户：“这件还可以，有优惠券吗？”

客服：“不好意思，暂时没有呢。”

客户：……

在以上对话中，你觉得客服人员存在什么问题？假如让你接待该客户，你会如何与客户沟通？

4. 一位客户在京东上购买了一个盆栽，客户收到货后发现盆栽不是自己喜欢的款式，于是联系商家要求退货。在能否退货这个问题上，商家与客户各执一词：商家表示按照京东的平台规则，盆栽不支持退货；客户则表示商品详情页显示“支持 7 天无理由退货”。由此，纠纷产生，京东平台介入。试分析，在本次纠纷中商家是否应该为客户退货？

第 9 章

数据分析：用 CRM 实现数据式管理

学习目标

/ 了解 CRM 数据分析的必要性。
/ 掌握 CRM 数据分析指标的类型。
/ 了解 CRM 数据分析的思维方式。
/ 掌握 CRM 数据分析的分析方法。
/ 了解 RFM 模型的内涵及价值。
/ 掌握运用 RFM 模型开展客户细分的方法。
/ 掌握基于 RFM 模型制订营销策略的方法。

在大数据时代，CRM 逐渐被电商企业认同并成为其营销的重要工具。CRM 在客户营销和管理上有着无法比拟的优势，它借助大数据的发展潮流，让数据的智能分析成为可能。因此，CRM 无疑是一种有效的营销工具，它能帮助电商企业做出准确的客户数据分析，提升数据分析的水平，帮助电商企业提升销售业绩。

案例导入

薇诺娜：运用客户数据驱动品牌营销

薇诺娜是一个专注为敏感肌肤研发产品的护肤品牌。作为一个新兴护肤品牌，薇诺娜发展迅猛，成为 2020 年“双十一”唯一一个进入“天猫美妆”Top10 的国产品牌。薇诺娜能够获得如此令人瞩目的成绩，离不开品牌数据运营思维的支持。

薇诺娜在成立之初就创建了数据部门，建立了自己的数据库，通过分析数据背后的规律来了解客户特征，如客户的经济水平、客户感兴趣的内容等，以根据客户需求研发产品。除了自己创建数据部门，薇诺娜还会使用第三方数据分析工具来构建客户画像。例如，通过使用第三方数据分析工具，薇诺娜发现自己的客户有 94.22% 为女性，关注的焦点为彩妆、护肤，购买的产品价格集中在 100 ～ 300 元。通过分析这些数据，薇诺娜发现购买护肤品的客户追求的并不只是产品价格的优惠，他们更加注重产品的安全性和性价比。

依据数据分析，薇诺娜精准选择广告投放媒介，对客户实施精准营销。薇诺娜与楼宇电梯智慧屏投放品牌合作，通过分析不同客户的兴趣爱好、楼宇标签等，精准锁定目标客户群体，通过在楼宇电梯中投放广告让品牌渗透到客户的日常生活中，提高品牌在线下的曝光度，从而影响客户的购买决策。

在数据分析的支持下，薇诺娜通过多种线上渠道沉淀私域流量。薇诺娜投放了微信朋友圈广告，投放目标为 18 ～ 30 岁的敏感肌人群。在广告中，薇诺娜会以各种优惠活动吸引客户到小程序下单。此外，薇诺娜会在产品包裹中附上包裹卡，引导客户关注品牌微信公众号。微信公众号菜单栏会引导客户添加专业护肤顾问的企业微信号，企业微信号会向客户发放礼品券，吸引客户领取。完成私域客户流量沉淀后，薇诺娜会对客户进行分层运营，例如，通过包裹卡沉淀的客户更喜欢品牌促销活动，薇诺娜会重点向这类客户发送促销类信息；没有购买记录的客户更喜欢“种草”类内容，薇诺娜会向这类客户推送“种草”类内容，在内容中引导客户在小程序内完成产品购买。

薇诺娜与阿里巴巴开展合作共创计划，运用数据实施客户洞察，针对不同的客户群体提炼不同的创意，在“淘系”内实现多点触达，覆盖了客户从产生兴趣到购买的全路径。此外，薇诺娜借助大数据在“淘系”内实施精准“种草”，不断提升品牌影响力。

在品牌运营中，薇诺娜运用数据分析，为有不同兴趣、消费习惯的客户提供不同的产品信息获取渠道，向客户展示符合其需求的产品，很好地满足了客户个性化的需求，实现了精准营销。

9.1 CRM 数据分析

CRM 数据分析是指用适当的方法对收集的大量数据进行详细研究和概括总结，提取有用信息并形成结论的过程。数据是商业活动的基础，也是商业活动的结果。电商企业在与客户建立关系的过程中产生的大量数据，为电商企业今后的成功运营和赢得市场提供了有价值的参考依据。随着数据挖掘技术日益成熟、CRM 应用不断深入，数据挖掘技术逐渐成为用于获取有价值信息的重要技术和工具。

9.1.1 CRM 数据分析的必要性

从客户数据中得出市场行情的变化，让数据发挥最大价值，是 CRM 当前的主要研究方向。对于电商企业来说，可视化的 CRM 数据分析能够帮助其解决不少难题，图 9-1 所示为 CRM 数据分析的作用。

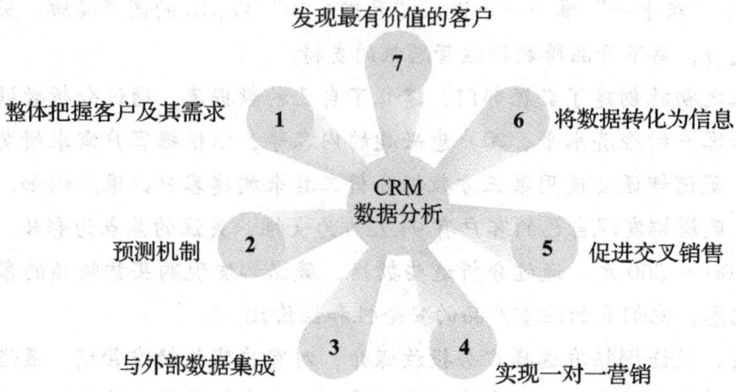

图 9-1 CRM 数据分析的作用

1. 整体把握客户及其需求

在某些情况下，数据能够揭示客户的需求及其接下来的购买计划。这正是 CRM 数据分析的卓越之处，商家可通过把握外部数据，如社交媒体数据、购买历史、商品流行趋势等，将其与内部数据结合起来以提升商家的洞察力。

2. 预测机制

随着大数据技术和数据分析技术的成熟，现在的 CRM 可以根据现有数据预测客户未来的需求。通过预测模型，商家可以更好地了解客户需求。CRM 的预测模型还能够帮助商家更深入地了解能充分满足客户需求的商品。

3. 与外部数据集成

互联网包含大量的数据，而许多客户信息就存在于互联网。商家需要广泛收集各种信息，如客户对品牌的反应、市场预测等，并将这些信息与内部 CRM 数据结合起来，从而了解客户需求以及客户对自己的商品和竞争者商品的印象如何。

4. 实现一对一营销

一对一营销是指对客户展开有针对性的营销，即了解每一个客户，并与其建立持久的关系。近年来，一对一营销被越来越多的商家所青睐。如果没有 CRM 数据分析的支持（除非客户数量很少），可能没有哪个商家能真正做好一对一营销工作。

5. 促进交叉销售

CRM 数据分析可以帮助商家分析最优、最合理的销售组合。例如，商家通过分析购买频率较高的商品组合，找出购买了组合中大部分商品的客户，并向他们推荐组合中“被遗漏的”商品；或者通过分析确定哪类客户经常购买哪些商品，把这类客户找出来，并向其推销这些商品。这就是所谓的交叉销售，能实现现有客户的价值最大化。

6. 将数据转化为信息

CRM 数据分析的目的是分析数据，找出问题，解决问题，最后为客户提供价值。CRM 数据分析能将商业数据转化为商业信息，有利于提升管理者的判断力和决策力。

7. 发现最有价值的客户

在商家的客户群中，不同客户的赢利能力是不同的。如果商家不能区分客户的赢利能力水平，就很难制订有效的营销策略，获取最有价值的客户。CRM 数据分析可以根据客户的历史数据来观察客户赢利能力的变化，从客户的交易历史记录中发现其行为模式，然后根据这些行为模式来预测客户赢利能力的强弱，帮助商家发现最有价值的客户。

9.1.2 CRM 数据分析指标

数据分析工作的顺利进行，离不开合理的数据处理方式和分析指标的支持，合理的数据分析指标有利于业务人员理解数据。因此，商家在开展数据分析之前需要建立科学、合理的数据分析指标。

CRM 常用的数据分析指标的统计口径如表 9-1 所示。

表 9-1　CRM 常用的数据分析指标的统计口径

统计口径	释义
成交订单	客户下单并成功付款的订单
未成交订单	客户下单却未付款的订单
关闭订单	下单后客户 / 商家主动关闭，或因超过支付时间被系统自动关闭的订单
有效成交订单	有效购买商品（非购买赠品、支付邮费或补差价）的订单
无效订单	非购买商品，而是购买赠品、支付邮费或补差价的订单
有效购买	客户一天内的一笔或多笔有效成交的订单
成交客户	产生过成交订单的客户
有效客户	产生过有效成交订单的客户
潜在客户	产生过未成交订单、关闭订单或无效订单的客户
新客户	一定时间内，有效客户中产生过 1 次有效购买的客户
回头客（重复购买客户）	在店铺内产生过 2 次（或 2 次以上）有效购买的客户
老客户	一定时间内，有效客户中产生过有效购买的客户

在电子商务领域，CRM 数据分析指标主要包括客户消费行为指标、商品购买指标及店铺购买指标 3 种类型，具体的 CRM 数据分析指标如表 9-2 所示。

表 9-2　CRM 数据分析指标

CRM 数据分析指标		释义
客户消费行为指标	客单价	在一定时间内，每位客户消费的平均金额
	最近一次消费	客户最近一次购买的时间
	购买次数	客户在一定时间内产生的有效成交订单的数量
	购买金额	一定时间内，客户产生的所有有效成交订单的有效购买金额
	累计购买次数	客户产生的所有有效购买的次数
	1 次回购周期	客户的第二次有效购买与第一次有效购买的时间间隔（以“天”为单位计算）
	N 次回购周期	客户的第 N+1 次有效购买与第 N 次有效购买的时间间隔（以“天”为单位计算）
	客户回购周期	客户重复购买的平均时间间隔，即采用“交易按天合并”的算法，计算客户每次重复购买与上一次购买的时间间隔

续表

CRM 数据分析指标		释义
商品购买指标	商品新客户	对某款商品产生过 1 次有效购买的客户
	商品回头客	对某款商品产生过 2 次及以上有效购买的客户
	商品重复购买率	商品重复购买率有两种计算方法：一种是所有购买过商品的客户，以每个人为独立单位重复购买商品的次数，例如，有 10 个客户购买了商品，其中 5 个产生了重复购买，则商品重复购买率为 50%；另一种是单位时间内重复购买的总次数占比，例如，10 个客户购买了商品，有 3 个产生二次购买，这 3 个客户中的 1 个客户又产生了三次购买，则重复购买次数为 4 次，商品重复购买率为 40%
	商品 1 次回购周期	客户第二次有效购买某商品与第一次购买该款商品的时间间隔（以“天”为单位计算）
	商品 *N* 次回购周期	客户第 *N*+1 次有效购买某商品与第 *N* 次有效购买该款商品的时间间隔（以“天”为单位计算）
	商品平均回购周期	所有重复购买某商品的客户回购周期的平均值
	品类新客户	对某品类商品产生过 1 次有效购买的客户
	品类回头客	对某品类商品产生过 2 次（或 2 次以上）有效购买的客户
	品类 1 次回购周期	客户第二次购买某品类商品与第一次购买该品类商品的时间间隔（以“天”为单位计算）
	品类 *N* 次回购周期	客户第 *N*+1 次购买某品类商品与第 *N* 次购买该品类商品的时间间隔（以“天”为单位计算）
店铺购买指标	店铺重复购买率	以一定时间内店铺产生的所有有效成交订单计算，店铺重复购买率 = 重复购买的客户数 /（重复购买的客户数 + 新客户数）
	有效客户比例	产生有效购买的客户数在店铺总客户数中的占比

下面对其中几个指标进行重点介绍。

1. 回头客

回头客是指在店铺的购买次数大于 1 次的客户，本身不受时间的限制。例如，我们要统计店铺今年的回头客的数量，有一个客户去年在店铺内产生第一次购买，今年在店铺内产生第二次购买，那么该客户应该被计入今年的回头客里。

判定回头客需要考虑一种特殊情况：如果一个客户在一天内产生多个订单，那么这个客户究竟算不算回头客呢？从购买场景的角度考虑，第一个订单之后的订单可能是补充购买第一个订单漏买的商品，也可能是为了凑“满减”活动而拆分成 2 个或多个订单进行下单，这种情况下，大部分商家将这种交易算作一次购买。

因此，判断回头客的标准，如图 9-2 所示。

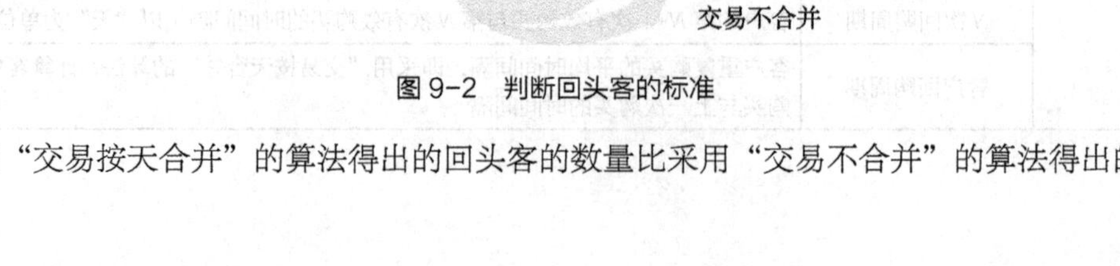
交易按天合并
一个客户一天内产生的多笔订单算作一次购买，客户仍然是新客户
回头客
一个客户一天内产生的多笔订单算作多次购买，客户为回头客
交易不合并

图 9-2　判断回头客的标准

采用“交易按天合并”的算法得出的回头客的数量比采用“交易不合并”的算法得出的回头客

的数量要少，但是更准确，因此一般推荐商家使用“交易按天合并”的算法来计算回头客。

某店铺的客户订单记录（见表 9-3）中共出现了 6 个客户的交易记录，如果采用“交易按天合并”的算法来计算回头客的数量，该店铺的回头客有“香蕉”“雪人”“诺诺”3 人。“小章”的两笔订单来自同一天，所以应该算作一次购买，“小章”为新客户；如果按照“交易不合并”的算法来计算回头客的数量，“小章”也应该属于回头客，则该店铺的回头客共有 4 人。

表 9-3　某店铺的客户订单记录

客户昵称	购买时间	订单金额 / 元
香蕉	2020 年 5 月 6 日	65.5
香蕉	2021 年 1 月 25 日	100.5
香蕉	2021 年 4 月 3 日	95
雪人	2020 年 6 月 7 日	65.45
雪人	2020 年 12 月 8 日	97.65
雪人	2021 年 1 月 5 日	155.45
诺诺	2019 年 8 月 12 日	131.95
诺诺	2019 年 12 月 24 日	211.55
诺诺	2020 年 10 月 6 日	56.7
诺诺	2020 年 12 月 4 日	29.9
诺诺	2021 年 3 月 13 日	45.8
追风少年	2020 年 6 月 5 日	36.9
小章	2021 年 1 月 4 日	139
小章	2021 年 1 月 4 日	21
小胖	2020 年 12 月 9 日	148.68

2. 重复购买率

重复购买率是指客户对某店铺、品牌、商品或服务的重复购买比例。重复购买率越高，客户对店铺、品牌、商品或服务的忠诚度越高，客户黏性越强。

常见的计算重复购买率的方式有两种。

（1）以客户为对象的重复购买率的计算

在一定的时间范围内，重复购买率 = 重复购买的客户数 / 购买客户数 ×100%。例如，某店铺 2020 年共有 10000 个客户在店铺内消费，其中 2000 个客户消费的次数大于 2 次（交易按天合并），那么该店铺 2020 年重复购买率的计算公式如下。

2020 年重复购买率 =2000/10000×100%=20%

同样的公式，如果去掉了时间范围的限制就变成了计算历史重复购买率，分子就变成了回头客，计算公式如下。

历史重复购买率 = 回头客 / 所有客户 ×100%

根据表 9-3 所示的订单记录，店铺的回头客为“香蕉”“雪人”“诺诺”3 个人（交易按天合并），而客户总数为 6 个人，所以该店铺以客户为对象的重复购买率为 50%。

（2）以订单为对象的重复购买率的计算

在一定的时间范围内，重复购买率 = 重复购买的订单数 / 订单总数 ×100%。例如，某店铺 2020 年共有 10000 个客户（交易不合并）在店铺内产生了 10000 个订单，其中 2000 个客户产生了第二笔订单，这2000人中有1000人产生了第三笔订单，那么该店铺2020年重复购买率的计算公式如下。

2020年重复购买率 =（购买2次的订单 + 购买3次的订单 +…+ 购买N次的订单）/ 订单总数 ×100%
=（2000+1000）/10000×100%=30%

同样，根据表9-3，“香蕉”回头购买2单，“雪人”回头购买2单，“诺诺”回头购买4单，而店铺按天合并计算一共有14个订单，那么该店铺以订单为对象的重复购买率的计算公式如下。

重复购买率 =（2+2+4）/14×100% ≈ 57.14%

与以客户为对象的重复购买率相比，以订单为对象的重复购买率的数值更大，因为它不仅包括了购买2次的订单，而且包括购买3次、4次……的订单，这是它的优势。但是，由于它以订单为计算对象，对一些重复购买率存在两极分化（新客户重复购买次数很少，老客户重复购买次数很多）现象的店铺来说，这个指标的数值往往很大，无法真实地反映店铺的重复购买情况。另外，分销商多次购买产生的异常数据也很容易导致这个指标失真。因此，在日常计算中更多地建议商家以客户为对象来计算重复购买率。

3. 客户回购周期

客户回购周期是指客户重复购买的平均时间间隔，即采用“交易按天合并”的算法，计算客户每次重复购买与上一次购买的时间间隔。如果每个客户有N次购买记录，意味着客户会有N-1个回购周期，取N-1个回购周期的平均值，就可以得到这个客户的客户回购周期，而店铺的平均回购周期就是所有回头客的客户回购周期的平均值。

表9-4所示为某店铺的客户订单记录。

表9-4 某店铺的客户订单记录

客户昵称	购买时间	订单金额 / 元	客户回购周期 / 天
阿平	2019年7月3日	26.5	—
阿平	2019年11月11日	102.65	131
阿平	2020年8月1日	45.65	264
草莓	2020年4月16日	85.9	—
草莓	2020年10月18日	121.5	185
草莓	2020年11月1日	132	14
草莓	2021年3月5日	211.54	124
草莓	2021年4月21日	156	47
Lucky	2020年11月11日	39.9	—
Lucky	2020年11月22日	125.3	11
Lucky	2020年12月24日	56.8	32

根据表9-4，“阿平”一共有2次重复购买记录，其中第二次购买发生在2019年11月11日，与第一次购买（2019年7月3日）间隔131天，第三次购买发生在2020年8月1日，与第二次购买间隔264天，由此可以计算“阿平”的客户回购周期，如下所示。

客户回购周期 =（131+264）/2=197.5（天）

用同样的方法可以计算“草莓”的回购周期为92.5天，客户“Lucky”的回购周期为21.5天。有了店铺中每个回头客的客户回购周期，就可以计算店铺平均回购周期，如下所示。

店铺平均回购周期 =（197.5+92.5+21.5）/3 ≈ 103.8（天）

4. 商品回购周期

商品回购周期是指客户重复购买同一件商品的平均时间间隔。在计算商品回购周期的过程中，商家需要注意以下两个细节。

（1）对于有不同容量（规格）SKU 的商品，商品回购周期应该按照 SKU 分开计算。例如，一款爽肤水有 50mL 和 100mL 两种规格，由于商品容量决定着商品的使用周期，会直接对商品回购周期产生影响，所以需要分开计算。

（2）商品回购周期区别于客户回购周期，需要根据购买商品的件数进行计算。例如，某客户第一次购买了两瓶 50mL（或者一瓶 100mL）的爽肤水，并且在 60 天后重复购买该款爽肤水，这意味着客户消耗 100mL 的爽肤水的周期为 60 天，则 50ml 的爽肤水的商品回购周期为 30 天。具体的计算公式如下。

商品回购周期 =（第 N+1 次购买时间 - 第 N 次购买时间）/ 第 N 次购买的件数

表 9-5 列举了某店铺的部分客户订单记录。

表 9-5　某店铺的部分客户订单记录

客户昵称	商品	购买时间	购买件数 / 件
阿平	B	2020 年 11 月 4 日	1
阿平	B	2021 年 2 月 13 日	2
阿平	B	2021 年 4 月 5 日	1
草莓	A	2020 年 8 月 16 日	2
草莓	A	2020 年 11 月 18 日	2
草莓	A	2020 年 12 月 8 日	2
草莓	A	2021 年 2 月 5 日	2
草莓	A	2021 年 4 月 19 日	1
Lucky	C	2020 年 5 月 11 日	1
Lucky	C	2020 年 10 月 22 日	1
Lucky	C	2020 年 11 月 24 日	1

根据表 9-5，“阿平”第一次购买了 1 件 B 产品，根据商品回购周期的计算公式可得“阿平”首次回购 B 商品的周期是 100 天，而“阿平”第二次回购 B 商品的周期计算如下。

51/2=25.5（天）

通过对 B 商品的所有客户的商品回购周期取平均值，商家可以计算该商品的平均回购周期。

9.1.3　CRM 数据分析的思维方式

科学的运营离不开数据的支持，将数据转化为信息的过程称为数据分析，而这一过程的具体操作需要以一定的思维方式作为支撑。

1. 对比思维

没有对比就没有优劣。单独分析一个数据并不能得到多少有效信息，将其与另一个数据进行比较更容易得到有用的信息。表 9-6 列举了某店铺的交易信息记录，将 2021 年 9 月 13 日和 2021 年 9 月 12 日的成交总金额进行比较，很明显可以看出 9 月 13 日的成交情况比 9 月 12 日的好。

表 9-6 某店铺的交易信息记录

时间	拍下总金额	拍下付款总金额	成交总金额	成交会员数	拍下订单数	拍下付款订单数	拍下支付率
2021 年 9 月 13 日	¥5915	¥3288	¥3288	2	6	2	55.59%
2021 年 9 月 12 日	¥4701	¥437	¥437	8	12	8	9.30%

将不同的数据进行对比是最基本的思路，也是最重要的思路，如监控店铺交易数据、对比两次营销活动效果等，这些过程就是在进行数据“对比”。分析人员拿到数据后，如果数据是孤立的，就无法判断数据背后的变化趋势，也就无法从数据中获取有用的信息。

2. 拆分思维

当一些数据在某个维度可以被进行对比时，分析人员可以选择用对比的方式对数据进行分析，对比后需要找出数据变动的原因。以表 9-6 中交易信息为例，为什么 2021 年 9 月 13 日的成交总金额会比 9 月 12 日的高，是当天购买的人数多，还是因为购买的人数少但会员购买的商品价格高呢？此时就需要用到拆分思维，将一些数据拆分为更“细”的数据，如将成交总金额拆分为成交客户数和客单价，将成交客户数再拆分为访客数和转化率。

拆分后的数据相对于拆分前会清晰许多，便于分析人员进行数据分析以及查找细节。由此可见，拆分思维是数据分析必备的思维之一。

3. 降维思维

当面对按照不同维度计算得出的数据时，由于数据繁多，分析人员往往会感觉无从下手。为了降低数据分析的复杂度，在进行数据分析时，分析人员只要从中筛选出代表维度，对与这些维度有关的指标进行分析即可。

当一个维度的数据可以通过其他两个维度的数据计算转化时，分析人员就可以“降维”处理。例如，分析表 9-6 中的数据，成交总金额 = 成交客户数 × 客单价，那么在分析数据时可以重点关注成交总金额、成交客户数和客单价 3 个维度。

另外，分析人员应重点关注对其有用的数据，当某些维度的数据与其分析无关时，就可以筛掉，从而达到“降维”的目的。

4. 增维思维

“增维”和“降维”是相对的，有降必有增。如果在当前的维度不能很好地解释数据，分析人员就可以增加一个维度的指标。

例如，分析某个热搜词的热度，可以发现对其进行数据分析有两个维度：一个是搜索指数，一个是商品数。这两个指标一个代表需求，一个代表竞争，很多人用倍数（搜索指数 / 商品数）来代表一个词的竞争度（仅供参考），这种做法就是在“增维”。增加的维度又称“辅助列”。

分析人员必须在对数据的意义有了充分的了解后，有目的地对数据进行“增维”和“降维”的转换运算。

5. 假设思维

当尚未得出结果或有几种选择时，分析人员可以使用假设思维，先假设有了结果，然后倒推。

从结果到原因，即探索由于哪些原因才能产生这种结果，这样就可以知道现在有了多少原因，还需要多少原因。如果是多选的情况，就可以通过这种方法找到最佳路径（决策）。除了可以假设结果，过程也是可以假设的。

总之，在数据分析过程中，只有明确了数据分析的问题和需求，才能选择合适的思维方式。

9.1.4　CRM 数据分析的分析方法

下面介绍 5 种常用的 CRM 数据分析方法。

1. 同比 / 环比分析

同比在一般情况下是将今年第 N 月与去年第 N 月的情况相比较。同比发展速度主要是为了消除季节变动的影响，用于说明本期发展水平与去年同期发展水平对比而达到的相对发展速度，如某电商企业 2021 年 2 月的销售额与 2020 年 2 月的销售额相比。

环比是报告期水平与前一时期水平的对比，表明现象逐期的发展速度，如某电商企业 2021 年 3 月的销售额与 2021 年 2 月的销售额相比。

同比分析和环比分析的核心是围绕时间周期的对比进行分析，同一个指标既能做同比分析，也能做环比分析。在实际操作中，是选择同比分析更合理，还是选择环比分析更合理，取决于指标本身。如果指标本身存在明显的周期性因素，如服装的季节性因素、店铺的节假日因素，此时采用环比分析的方法，其分析结果的有效性就会大打折扣。又如，由于春节的影响，每年的 2 月是电商企业的淡季，此时如果用 3 月的销售数据与 2 月的销售数据做环比分析，那么得出的结果超过 90% 都会是大幅增长，因此环比分析也就没有多大价值。而同比分析能有效消除周期性因素的影响，如今年 3 月与去年 3 月进行比较，今年 4 月与去年 4 月进行比较，两个对比的周期存在相似性，最终的分析结果也就更能说明问题。

2. 趋势分析

趋势分析法又称比较分析法、水平分析法，它是通过对财务报表中各类相关数字资料进行统计，将两期或多期连续的相同指标或比率进行定基对比和环比，得出它们的增减变动方向、数额和幅度，以揭示企业财务状况、经营情况和现金流量变化趋势的一种分析方法。

定基动态比率即用某一时期的数值作为固定基期数值，将其他的各期数值与其进行对比分析，其计算公式如下。

定基动态比率 = 分析期数值 ÷ 固定基期数值 ×100%

例如，以 2018 年为固定基期，分析 2019 年、2020 年的利润增长比率，假设某企业 2018 年的净利润为 100 万元，2019 年的净利润为 120 万元，2020 年的净利润为 150 万元，则计算得出该企业 2019 年的定基动态比率为 120%；2020 年的定基动态比率为 150%。

环比动态比率是以每一分析期的前期数值为基期数值而计算得出的动态比率，其计算公式如下。

环比动态比率 = 分析期数值 ÷ 前期数值 ×100%

仍以定基动态比率中的企业为例，计算得出该企业 2019 年的环比动态比率为 120%，2020 年的环比动态比率为 125%。

一般来说，趋势分析适用于商品核心指标的长期跟踪，如点击率、商品成交总额等。绘制简单的数据趋势图并不算是趋势分析，趋势分析更需要明确数据的变化，以及对变化原因进行分析。

趋势分析的核心目的之一是对趋势进行解释，对于趋势线中明显的拐点处发生了什么事情要给出合理的解释，无论是外部原因，还是内部原因。

3. 抽样调查

如果商家的发展规模较小，客户的人数不多，在进行 CRM 营销和客户调研时所面对的对象就是商家内的所有客户。因为即使面对所有的客户，其分析过程也不会太复杂。例如，要进行客户满意度调查，当商家的客户只有一两百人时，商家只要花费几天时间逐个给客户发短信或打电话就可以完成调查；但是随着商家规模的扩大，客户人数不断增多，达到上万人甚至几十万人时，商家很难再通过逐个给客户发短信或打电话的方式来进行满意度调查。在这种情况下，商家可以采用抽样的方法来开展客户满意度调查，即从所有客户中随机抽取一部分客户进行调查，将这部分客户的调查结果作为客户满意度调查的结果。

抽样调查是一种非全面调查，它是从全部调查研究对象中抽选一部分调查对象进行调查，并据此对全部调查研究对象进行估计和推断的一种调查方法。抽样调查虽然是非全面调查，但它的目的在于提取能反映总体情况的信息资料，因此这种分析方法也可以起到全面调查的作用。在抽样调查中，抽样的方法有以下几种。

（1）简单随机抽样

简单随机抽样也称单纯随机抽样，是指从总体 N 个单位中任意抽取 n 个单位作为样本，使每个可能的样本被抽中的概率相等的一种抽样方法。

简单随机抽样一般采用掷硬币、掷骰子、抽签和查随机数表等方法抽取样本。在统计调查中，由于总体单位较多，前三种方法较少采用，主要运用第四种方法。

简单随机抽样是其他抽样方法的基础，因为它在理论上最容易处理，而且当总体单位数 N 不太大时，实施起来并不困难。但在实际中，若 N 相当大，简单随机抽样就不容易实现。首先，它要求有一个包含全部 N 个单位的抽样框；其次，用这种抽样方法得到的样本较为分散，调查不容易实施。因此，在实际数据分析过程中，直接采用简单随机抽样的商家并不多。

（2）分层抽样

分层抽样又称分类抽样或类型抽样，它根据某些特定的特征，将总体分为同质、不相互重叠的若干层，再从各层中独立抽取样本，是一种不等概率抽样。

分层的目的主要有3个：一是出于工作的方便和研究目的的需要；二是提高抽样的精度；三是在一定精度的要求下减少样本的单位数以节约调查费用。因此，分层抽样是应用最为普遍的抽样方法之一。

分层抽样利用辅助信息分层，各层内应该同质，各层间差异应尽可能大。分层抽样的优点是能够提高样本的代表性、总体估计值的精度和抽样的效率；抽样的操作、管理比较方便。缺点是抽样框较复杂，费用较高，误差分析也较为复杂。此方法适用于总体复杂、个体之间差异较大、个体数量较多的情况。

（3）整群抽样

整群抽样是指先将总体中各单位归并成若干个互不交叉、互不重复的集合，称为群（如按需求分群、按消费风格分群），然后以群为抽样单位抽取样本的一种抽样方法。

应用整群抽样要求各群有较强的代表性，即群内各单位的差异要大，群间差异要小。

整群抽样的优点是实施方便、节省经费，缺点是不同群之间的差异较大，由此引起的抽样误差往往大于简单随机抽样。

（4）等距抽样

等距抽样也称系统抽样或机械抽样，它是指先将总体中各单位按一定的顺序排列，根据样本容量要求确定抽选间隔，然后随机确定起点，每隔一定的间隔抽取一个单位。

等距抽样的主要优点是简便易行，当对总体结构有一定的了解时，充分利用已有信息对总体单位进行排列后再进行抽样，可以提高抽样效率。

（5）多阶段抽样

多阶段抽样也称多级抽样，是指在抽取样本时，分为两个及两个以上的阶段从总体中抽取样本。其具体操作过程：第一阶段，将总体分为若干个一级抽样单位，从中抽选若干个一级抽样单位入样；

第二阶段，将入样的每个一级单位分成若干个二级抽样单位，从入样的每个一级单位中各抽选若干个二级抽样单位入样；以此类推，直到获得最终样本。

多阶段抽样区别于分层抽样，也区别于整群抽样，其优点在于适用的抽样调查的范围特别广，不要求有一个包括所有总体单位的抽样框，也没有总体范围太大，无法直接抽取样本等情况，相对节省调查费用，缺点是抽样较为麻烦，而且根据样本对总体的估计比较复杂。

（6）双重抽样

双重抽样也称二重抽样或复式抽样，是指在抽样时分两次抽取样本，具体操作过程：先抽取一个初步样本，并搜取一些简单项目以获得有关总体的信息，然后在此基础上进行深入抽样。在实际运用中，双重抽样可以推广为多重抽样。

双重抽样的主要作用是提高抽样效率、节省调查经费。

除了在客户调查中可以采用抽样调查的方法，在营销活动的测试上也可以采用抽样调查的方法。例如，某店铺要对店铺内 10000 名不活跃客户进行激活营销，为此 CRM 部门策划了“再次购买送现金红包”的活动，但不确定这次营销活动是否能达到预期效果，并且对 10000 名目标客户进行活动通知大概需要投入 5000 元的成本。为了避免营销效果不好导致资金及其他资源的浪费，CRM 部门可以先从 10000 名客户中选择一定数量的客户（如 500 名）作为样本，对其进行测试。这样可以以较少的营销投入了解活动可以达到的效果，并根据效果进行下一步决策。如果样本的测试效果能达到预期，则可以对其余的目标客户开展此营销活动；如果没有达到预期效果，则需要对活动方案进行调整。

4. 相关性分析

相关性分析是指对两个或多个具备相关性的变量元素进行分析，从而衡量两个变量元素的相关程度。变量元素之间需要存在一定的联系才可以用于相关性分析。

相关性不等于因果性，也不是简单的个性化。进行客户数据分析经常需要使用相关性分析来判断两个元素之间是否存在联系，以确定数据假设是否能被用于业务中。

商家可以使用 Excel 进行相关性分析。例如，要分析店铺促销投入与销售额之间是否存在联系，首先在 Excel 中输入各月促销投入和销售额的数值，如图 9-3 所示。单击“插入函数”按钮，如图 9-4 所示，在弹出的对话框中的“或选择类别”下拉列表框中选择“全部”选项，在“选择函数”列表框中选择“CORREL”函数，单击“确定”按钮，如图 9-5 所示。在弹出的对话框中设置“Array1”的数据范围为 B1:B13，如图 9-6 所示；设置“Array2”的数据范围为 C1:C13，如图 9-7 所示。单击“确定”按钮，得出计算结果 0.763188，如图 9-8 所示。

	A	B	C	D
1	月份	促销投入/万元	销售额/万元	
2	1	0.3	15	
3	2	0.4	18	
4	3	0.6	19	
5	4	0.7	20	
6	5	0.8	22	
7	6	0.9	23	
8	7	1	25	
9	8	0.8	24	
10	9	0.6	22	
11	10	0.5	20	
12	11	0.6	24	
13	12	0.5	23	

图 9-3　输入数据

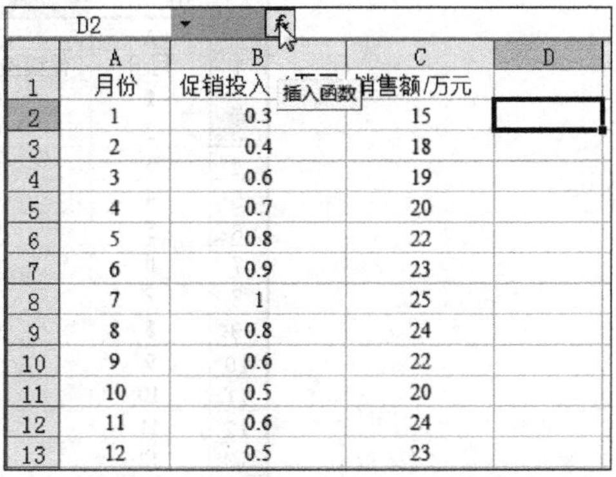

	A	B	C	D
1	月份	促销投入	销售额/万元	
2	1	0.3	15	
3	2	0.4	18	
4	3	0.6	19	
5	4	0.7	20	
6	5	0.8	22	
7	6	0.9	23	
8	7	1	25	
9	8	0.8	24	
10	9	0.6	22	
11	10	0.5	20	
12	11	0.6	24	
13	12	0.5	23	

图 9-4　单击“插入函数”按钮

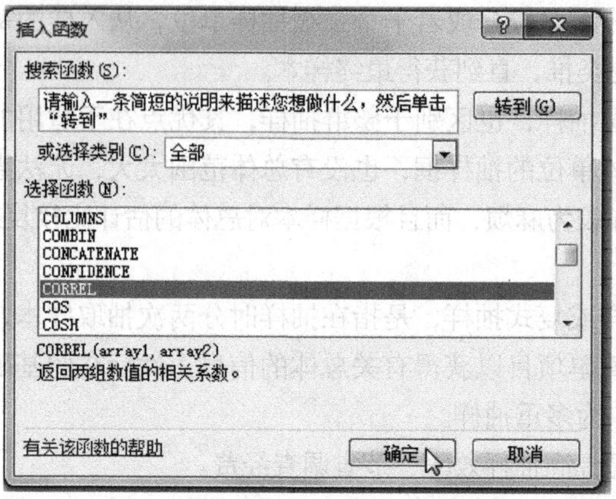

图 9-5 选择“CORREL”函数

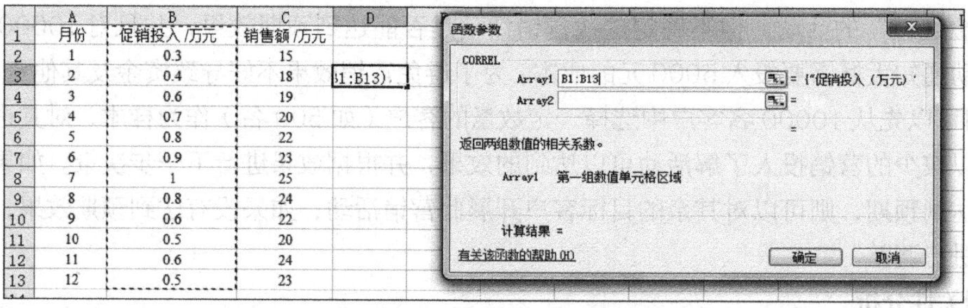

	A	B	C	D
1	月份	促销投入/万元	销售额/万元	
2	1	0.3	15	
3	2	0.4	18	1:B13)
4	3	0.6	19	
5	4	0.7	20	
6	5	0.8	22	
7	6	0.9	23	
8	7	1	25	
9	8	0.8	24	
10	9	0.6	22	
11	10	0.5	20	
12	11	0.6	24	
13	12	0.5	23	

图 9-6 设置“Array1”的数据范围

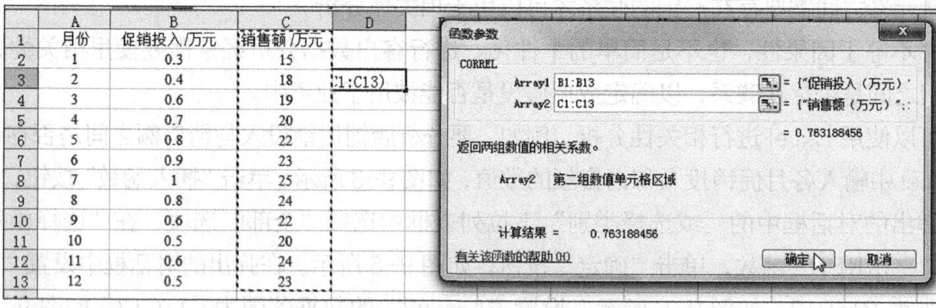

	A	B	C	D
1	月份	促销投入/万元	销售额/万元	
2	1	0.3	15	
3	2	0.4	18	C1:C13)
4	3	0.6	19	
5	4	0.7	20	
6	5	0.8	22	
7	6	0.9	23	
8	7	1	25	
9	8	0.8	24	
10	9	0.6	22	
11	10	0.5	20	
12	11	0.6	24	
13	12	0.5	23	

图 9-7 设置“Array2”的数据范围

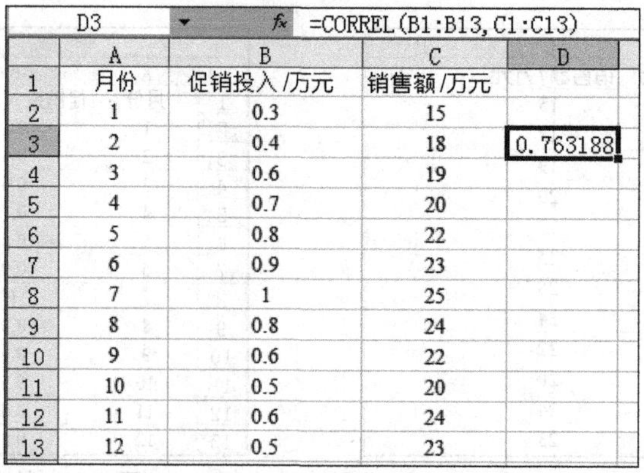

D3 =CORREL(B1:B13,C1:C13)

	A	B	C	D
1	月份	促销投入/万元	销售额/万元	
2	1	0.3	15	
3	2	0.4	18	0.763188
4	3	0.6	19	
5	4	0.7	20	
6	5	0.8	22	
7	6	0.9	23	
8	7	1	25	
9	8	0.8	24	
10	9	0.6	22	
11	10	0.5	20	
12	11	0.6	24	
13	12	0.5	23	

图 9-8 得出计算结果

Excel 中的相关性是通过相关系数来表示的，相关系数的取值为 -1 ~ 1，负数表示起到阻碍作用，正数表示起到促进作用，数值越大，相关性越强，数值为零则表示没有相关性。本实例中的计算结果为 0.763188，说明促销投入和销售额之间具有中度相关性。

5. A/B 测试

在营销过程中，商家经常会面临选择何种方案的问题，如活动通知渠道的选择、营销短信话术的选择、营销邮件主题的选择、优惠方式的选择、活动奖励方式的选择等。选择科学、合理的方案，一方面凭借的是 CRM 营销人员的专业知识和经验，另一方面也离不开数据分析的支持。A/B 测试，是专门用来进行效果对比、为营销提供决策支持的数据分析方法。A/B 测试的核心是确定两个版本（A 和 B）哪一个更好，在测试时需要同时试验两个版本，最后从中选择较好的版本。

越是大型的营销活动，越需要保证营销方案的科学性和准确性，一旦营销方案选择失误，将会给商家运营造成重大损失，因此大型营销活动方案的确定不能单纯地依靠营销人员的经验。

A/B 测试的具体操作包括 3 个步骤，如表 9-7 所示。

表 9-7　A/B 测试的操作步骤

操作步骤		具体操作方法
第一步	选择 A、B 对比组	可以采用抽样调查的方法，从所有客户中随机筛选两个不重复的样本 A 和 B，例如，从 10 万个“睡眠客户”中随机抽取 1000 个客户分为 A、B 两组，每组 500 个客户
第二步	A、B 两组同步执行不同方案	对 A、B 两组客户分别执行不同的测试方案，为了更好地区分不同方案的实施效果，两种测试方案在设计时应该坚持“大部分内容相同，小部分内容存在差异”的原则，例如，测试不同主题邮件的打开率，两个测试邮件只需要保证主题不同
第三步	对比执行结果	对 A、B 两组客户分别发送不同主题的邮件之后，观察并分析两组客户的邮件打开率，观察哪组客户的邮件打开率更高。邮件打开率越高，说明邮件的主题设计越好，越容易吸引客户打开邮件

得出测试结果后，CRM 营销人员就能确定哪种方案的实施效果更好，从而将这个方案用于针对全体客户的营销中。

9.2 RFM 模型解析及运用

在 CRM 的众多分析模式中，RFM 模型是被经常提到的。RFM 模型是衡量客户价值和客户赢利能力的重要工具和手段，该模型通过一个客户的近期购买行为、购买的总体频率及消费金额 3 个指标来描述该客户的价值状况。

9.2.1 RFM 模型解析

RFM 模型原用于传统营销、零售业等领域，适用于拥有多种消费品或快速消费品的行业。对于电子商务行业来说，商家数据库中记录的详细的交易信息，同样可以运用 RFM 模型进行数据分析，尤其是对已经建立客户关系管理系统的商家来说，其分析结果将更具意义。

1. R、F、M 概念解析

根据美国数据库营销研究所亚瑟 • 休斯的研究，客户数据库中有 3 个要素，这 3 个要素构成了数据分析的指标，即 R（Recency）、F（Frequency）和 M（Monetary）。

（1）R（Recency）

R是指最近一次消费，即客户最近一次交易时间和现在的间隔。R值越大，表示客户交易发生的时间越久远，反之则表示客户交易发生的时间越近。

理论上，上一次消费时间越近的客户应该是比较好的客户，对商家提供的即时的商品或服务也最有可能产生反应。由于最近一次消费指标定义的是一个时间段，并且与当前时间相关，因此它是一直在变动的。最近一次消费对商家来说是一个重要指标，涉及吸引客户、保持客户，并赢得客户的忠诚度。

营销人员若想业绩有所增长，可以靠获取竞争对手的市场占有率，而如果要密切地注意客户的购买行为，那么最近一次消费就是营销人员第一个要利用的工具。如果营销人员能让客户购买，他们就会持续购买，这也就是为什么R值小于6个月的客户收到营销人员的沟通信息多于R值大于2年的客户。

最近一次消费的过程是持续变动的。客户在距离上一次购买时间满1个月之后，在数据库里就成为R值为2个月的客户。反之，同一天，最近一次消费发生在3个月前的客户进行了又一次的购买，他就成为最近一次消费发生在1天前的客户，也就有可能在很短的时间内收到新的折扣信息。

优秀的营销人员会定期查看最近一次消费的数据分析，以掌握相关趋势。月报告如果显示上一次购买时间很近的客户（R值为1个月）数量增加，则表示该公司是一个稳健成长的公司；反之，如果R值为1个月的客户数量减少，则可能是该公司迈向不稳健之路的征兆。

（2）F（Frequency）

F是指消费频率，即客户在最近一段时间内交易的次数。F值越大，表示客户交易越频繁，反之则表示客户交易不够活跃。

经常购买的客户，其忠诚度也较高，而增加客户购买的次数意味着商家要从竞争对手处获取市场占有率，从别人的手中赚取营业额。

（3）M（Monetary）

M是指消费金额，即客户在最近一段时间内交易的金额。M值越大，表示客户价值越高，反之则表示客户价值越低。

消费金额是对商家盈利的最直接的衡量指标，也可以验证帕累托法则——公司80%的收入来自20%的客户。

2. R、F、M指标数据解析及分析

在从数据库中提取相关数据之前，首先需要确定数据的时间跨度，即根据商家销售的商品差异，确定合适的时间跨度。如果经营的是快消品，如日用品，可以将时间跨度确定为一个季度或一个月。如果销售的商品更替的时间相对较久，如电子产品，可以将时间跨度确定为一年、半年或一个季度。确定时间跨度之后就可以提取相应时间区间内的数据。

R：提取的数据是一个时间点，需要由当前时间点即最近一次消费时间点作为该度量的参考值。无论是以小时还是以天为单位，都要注意单位的统一。

F：将客户的消费次数作为计算对象，使用Excel中的COUNT函数即可得出。

M：将每位客户所有的消费金额相加（用Excel中的SUM函数）可得。

获取3个指标的数据后，需要计算每个指标的数据的均值，分别以AVG(R)、AVG(F)、AVG(M)来表示。通过将每位客户的3个指标与均值进行比较，商家可以将客户细分为8类，如表9-8所示。

表 9-8　RFM 客户类型划分

R	F	M	客户类型
↑	↑	↑	重要价值客户
↑	↓	↑	重要发展客户
↓	↑	↑	重要保持客户
↓	↓	↑	重要挽留客户
↑	↑	↓	一般价值客户
↑	↓	↓	一般发展客户
↓	↑	↓	一般保持客户
↓	↓	↓	一般挽留客户

注：“↑”表示大于均值，“↓”表示小于均值。

RFM 模型包括 3 个指标，无法用平面坐标系来展示，但可以使用三维坐标系进行展示，*X* 轴表示 R，*Y* 轴表示 F，*Z* 轴表示 M，坐标系的 8 个象限分别表示 8 类用户，根据表 9-8 中的分类可以用图 9-9 所示的坐标系进行描述。

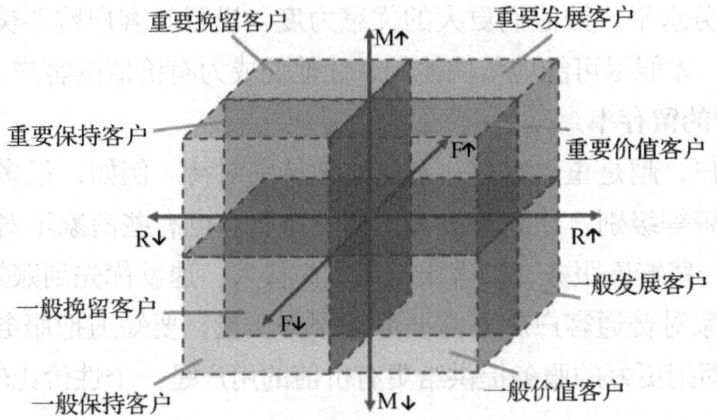

图 9-9　RFM 客户价值象限分类

9.2.2　RFM 模型的价值

RFM 模型较为动态地显示了一个客户的全部轮廓，这为商家向客户提供个性化的服务提供了依据。同时，如果商家与某客户打交道的时间足够长，也能较为精确地判断该客户的长期价值（甚至是终身价值），并通过改善 3 个指标的状况，从而为商家提供更多的营销决策支持。

RFM 模型适用于销售多种商品的商家，而且这些商品的单价相对不高，如消费品、化妆品、服装和零食等。它也适合只销售少数耐用商品的商家，但这些商品中有一部分属于消耗品，如面膜、尿不湿和零食等。

具体来说，RFM 模型在运营中的价值主要表现在以下方面，如图 9-10 所示。

图 9-10　RFM 模型的价值

1. 降低营销成本

在客户运营中，营销是非常重要的一部分。而对营销而言，成本至关重要。很多商家习惯于使用短信向客户推送营销活动，虽然发送单条短信的成本低，但当客户整体量级较大时，批量发送的成本会很高，整体的ROI可能会小于1。这时就要想办法缩小客户范围，向最容易转化且转化后能带来更高收益的客户进行精准营销，而最近消费过的、消费频次高的以及消费金额高的客户就是最好的选择。

2. 管理客户生命周期

从客户活跃度的角度来看，最近有过消费行为的客户后续转化为活跃客户的可能性最大。而客户如果在一段时间内没有消费，就会变成沉默客户。如果沉默客户的体量在逐渐增大，这是一个危险的信号。如果不想办法转化这部分沉默客户，他们很有可能会变成流失客户，而未来再想挽回这部分客户的成本将会变得非常高。所以，对于近期没有消费的客户，商家要想办法找出这部分客户遇到的问题，或者有针对性地开展营销活动，促使他们再次产生消费行为。

3. 促进新客户的再次转化

其实很多电商数据都能证明，想把一个新客户转化为活跃客户，至少需要客户完成3～5次消费。客户对品牌的信任度会随着使用商品或服务次数的增加而提高，所以对于辛辛苦苦花费了很高的市场营销费用拉过来的新客户，商家要想方设法地促使他们完成多次消费。方法有很多，如可以专门针对这部分客户提高服务水平，给他们更大的优惠力度，设置新客户购买奖励等。商家只有想办法提高新客户的消费频次，才能尽可能地留住他们，让他们成为有价值的客户。

4. 提高高价值客户的留存率

消费金额越高的客户，越是重点客户，越应该被特别对待。例如，很多商家都有VIP客户，或者把客户分为金牌、银牌等级别，让高等级客户享受特权。也有些商家不对外开放VIP体系，但也会针对高价值客户提供一些特殊服务，如客服电话优先接入、退款优先到账等。

当然，并不是说商家对普通客户就不需要考虑服务质量，要知道把服务水平从标准提升到优质的成本会成倍地增加，而把更好的服务提供给更有价值的用户是一个性价比较高的选择。

9.2.3 运用RFM模型开展客户细分

在CRM中，商家可以运用RFM模型开展客户细分，以更快地发现目标客户，具体的方法包括两种：一种是单维度RFM指标客户细分，一种是多维度RFM指标客户细分。

1. 单维度RFM指标客户细分

RFM模型的3个指标可以单独作为客户细分维度，如表9-9至表9-11所示。商家可以根据R值按客户所处的生命周期阶段对其进行分组，可以根据F值按客户忠诚度对客户进行分组，也可以根据M值按客户贡献价值对客户进行分组。

表9-9 根据R值分组

客户组别	R值范围/（天/小时）	客户类型
1	R < 30	活跃客户
2	30 ≤ R < 90	沉默客户
3	90 ≤ R < 180	长期沉默客户
4	180 ≤ R < 270	睡眠客户
5	270 ≤ R < 360	深度睡眠客户
6	360 ≤ R < 540	预流失客户
7	540 ≤ R < 720	流失客户
8	R ≥ 720	死亡客户

表 9-10　根据 F 值分组

客户组别	F 值范围 / 次	客户类型
1	F=1	新客户
2	F=2	回头客
3	F=3	成熟客户
4	F=4	黏性客户
5	F=5	粉丝客户
6	F > 5	忠诚客户

表 9-11　根据 M 值分组

客户组别	M 值范围 / 元	客户类型
1	M < 100	低贡献客户
2	100 ≤ M < 200	中低贡献客户
3	200 ≤ M < 500	中等贡献客户
4	500 ≤ M < 2000	中高贡献客户
5	M ≥ 2000	高贡献客户

按照单个 RFM 指标对客户进行分组，不同的商家设置的分组的数量和分组的标准有所不同。

（1）根据实际业务需要设计分组的数量

对于客户基数较大的商家来说，划分的客户组别要多一些，对于客户基数较小的店铺来说，客户组别可以少一些；对于 CRM 成熟的商家来说，划分的客户组别要多一些，对于 CRM 处于起步阶段的商家来说，划分的客户组别可以少一些。以根据 F 值分组为例，对于新商家来说，在店内购买多次的客户较少，则可以只将客户分为“购买 1 次（F=1）”和“购买多次（F > 1）”两组即可；而对成熟商家来说，客户较多，应该多划分几个组别。

（2）根据客户行为特征设计分组的标准

不同类目的商品，其重复购买周期有所不同，所以生命周期的划分标准也有所不同。例如，耐用品和快消品的重复购买周期不同，生命周期的划分也应该有所区别；同样是男装类目，商家销售的商品档次不同，客单价也不同，所以在 M 值的细分上也应该有所不同。因此，在设置分组的标准时，商家应该结合自己的实际情况。

2. 多维度 RFM 指标客户细分

随着商家规模逐渐扩大，单维度 RFM 指标客户细分往往无法满足其精准营销的需要，这时商家就需要使用两个以上的 RFM 维度来进行客户细分。

中大型商家经常使用 F 值、R 值的组合划分具有明确生命周期与忠诚度特征的客户组别，详见表 9-12。此外，F 值、M 值的组合适用于高客单价、高重复购买率的商家进行客户分组，如表 9-13 所示。

表 9-12　使用 F 值和 R 值的划分组别

客户组别	F 值范围 / 次	R 值范围 /（天 / 小时）	客户类型
1		R < 90	活跃新客户
2	F=1	90 ≤ R < 180	沉默新客户
3		R ≥ 180	流失新客户
4		R < 90	活跃回头客
5	F=2	90 ≤ R < 180	沉默回头客
6		R ≥ 180	流失回头客

续表

客户组别	F 值范围 / 次	R 值范围 /（天 / 小时）	客户类型
7	F > 2	R < 90	活跃忠诚客户
8		90 ≤ R < 180	沉默忠诚客户
9		R ≥ 180	流失忠诚客户

表 9-13　使用 F 值和 M 值的划分组别

客户组别	F 值范围 / 次	M 值范围 / 元	客户类型
1	F=1	M < 100	低价值新客户
2		100 ≤ M < 200	中价值新客户
3		M ≥ 200	高价值新客户
4	F=2	M < 200	低价值回头客
5		200 ≤ M < 500	中价值回头客
6		M ≥ 500	高价值回头客
7	F > 2	M < 1000	低价值忠诚客户
8		1000 ≤ M < 2000	中价值忠诚客户
9		M ≥ 2000	高价值忠诚客户

9.2.4　基于 RFM 模型的营销策略的制订

下面将通过一个具体案例来解析 RFM 模型在制订具有针对性的营销策略过程中的应用。

1. RFM 模型客户细分

首先对客户数据进行处理，具体步骤如图 9-11 所示。

1　将所有客户按照R值由小到大排列，前50%的客户给予2分，后50%的客户给予1分

2　将所有客户按照F值由大到小排列，前50%的客户给予2分，后50%的客户给予1分

3　将所有客户按照M值由大到小排列，前50%的客户给予2分，后50%的客户给予1分

图 9-11　RFM 模型客户数据处理的步骤

然后根据 R 值、F 值、M 值的得分情况进行整合，得到 8 种组合，即 2-2-2、2-1-1、2-1-2、2-2-1、1-1-2、1-2-1、1-2-2、1-1-1，其中 2-2-2 为最好的客户（活跃客户），1-1-1 为商家要放弃的客户；2-1-1 为商家可能需要重点突破的客户，1-1-2 为商家要重点维护的客户。其余 4 种组合（2-2-1、1-2-2、2-1-2、1-2-1）均属于一般客户。

从所有客户中随机抽取 20 名，其数据分析结果如表 9-14 所示。

表 9-14　20 名客户的数据分析结果

客户 ID	R 值得分	F 值得分	M 值得分	RFM 得分
1	2	2	2	2-2-2
2	1	1	2	1-1-2
3	1	1	2	1-1-2
4	1	1	1	1-1-1
5	2	2	2	2-2-2

续表

客户 ID	R 值得分	F 值得分	M 值得分	RFM 得分
6	1	1	1	1-1-1
7	1	2	1	1-2-1
8	2	1	2	2-1-2
9	2	2	2	2-2-2
10	1	2	1	1-2-1
11	2	1	1	2-1-1
12	2	2	1	2-2-1
13	2	2	2	2-2-2
14	1	1	1	1-1-1
15	1	1	2	1-1-2
16	2	1	1	2-1-1
17	1	2	2	1-2-2
18	1	1	1	1-1-1
19	2	1	1	2-1-1
20	1	1	2	1-1-2

最后根据表 9-14 的分析结果进行 RFM 整合，可以得出活跃客户、重点维护客户、重点突破客户、一般客户和流失放弃客户。客户细分结果如表 9-15 所示。

表 9-15　客户细分结果

客户类型	活跃客户（2-2-2）	重点维护客户（1-1-2）	重点突破客户（2-1-1）	一般客户（2-2-1、1-2-2、2-1-2、1-2-1）	流失放弃客户（1-1-1）
客户 ID	1、5、9、13	2、3、15、20	11、16、19	7、8、10、12、17	4、6、14、18

2. 制订营销策略

针对不同类型的客户，商家应该制订不同的营销策略，如表 9-16 所示。

表 9-16　针对不同类型的客户制订不同的营销策略

客户类型	特征	营销策略
活跃客户	活跃客户是潜在价值和当前价值都很高的客户，是店铺的核心客户，这类客户的特征是与店铺之间的关系非常持久且稳定	实施战略联盟策略，与客户形成战略伙伴关系。商家在制订经营战略时，要时刻把活跃客户考虑在内，要关注活跃客户的价值、利益
		实施客户专案管理策略。成立专门的客户专案小组，处理并管理活跃客户在交易中发生的问题，为这些客户及时提供符合其要求的商品或优质的服务
		建立优良的客户数据库系统，加强客户文化研究
		实施客户信息保密策略，维护客户利益
重点维护客户	重点维护客户也是商家营利的一个主要来源，虽然当前价值很低，但是潜在价值很高	实施以提高客户份额为中心的客户忠诚度计划。充分利用商家已有的客户信息数据库进行有效的数据挖掘工作，找出客户的深层次需求，以此来扩大此类客户在商家客户总数中所占的份额
		实施频繁营销策略，提高客户的当前价值
		实施客户维系策略，降低客户成本，为客户提供更大的让渡价值

续表

客户类型	特征	营销策略
重点突破客户	重点突破客户的当前价值很高，但是潜在价值很低，是值得商家深度挖掘的一类客户	实施客户培养计划，促进客户的成长。针对已经区分出的有较高潜在价值的重点突破客户制订营销策略，将客户的潜在价值转化为当前价值，拓展对客户销售的宽度（购买的种类）和深度（购买的数量），使客户产生重复购买行为
		实施客户亲近策略，强化与客户的情感联系。商家通过各种途径保持与客户的密切接触，与其建立一种亲善的关系
		定期进行客户分析，提高重点突破客户向重点维护客户的转化率。商家需要定期对这些客户的价值进行分析，通过对重点突破客户的培养，与之慢慢建立一种持续、稳定的关系，使客户的潜在价值逐渐转化为当前价值
一般客户	当前价值和潜在价值都不明显的一类客户	可以采取“坚决保留”的做法。商家要仔细研究客户的当前价值和潜在价值，运用适当的策略去对待这类客户，争取将其转化为重点突破客户、重点维护客户甚至是活跃客户
流失放弃客户	当前价值和潜在价值都很低的一类客户	此类客户虽然不会给商家带来价值和利益，但也不会消耗商家的资源，商家可以不对其采取任何策略

案例分析　惠买在线：运用数据实现以客户为中心的精细化运营

北京惠买在线网络科技有限公司（以下简称“惠买在线”）成立于2010年，现在已成长为一家集电视购物、惠买App、第三方电商平台于一体的多渠道新型零售集团。惠买在线针对旗下不同业务场景，充分运用数据分析，提高新客户的留存率和老客户的活跃度。

（1）运用数据分析优化客户留存策略

惠买在线实施“新人21天运营计划”，通过对新注册惠买在线账号的客户推送福利包，引导客户在注册后的21天内持续保持活跃，以提高新客户的留存率。为了更好地推进“新人21天运营计划”，惠买在线借助第三方数据分析工具提升自身的数据分析与应用能力。

惠买在线使用第三方数据分析工具开展客户留存分析，发现随着时间的推移，新客户的留存率逐渐降低，在21天后呈现平稳状态。基于这一发现，惠买在线决定将运营重心放在新客户来到平台后的前21天内，并随着时间的推移逐渐降低对新客户的运营密度：在新客户到来后的不同时间分别向其推送优惠券、短信等内容。该策略实施一段时间后，惠买在线的新客户留存率比之前提高了5%。

（2）分析客户行为与偏好，提高客户活跃度

惠买App上的商品分为惠买在线自营商品和第三方商品。为了对访问自营商品的客户实施精细化运营，惠买在线使用第三方数据分析工具对目标客户进行分析，发现某些客户在统计时间段内有相同或相似的行为。于是，惠买在线开始划分客户类型，然后向不同类型的客户发放不同面额的优惠券，刺激客户的购买欲。

针对已经流失的客户，惠买在线认真分析了客户的流失时间、流失前的关键行为，并根据流失时间对流失客户进行分类，随后对不同类型的流失客户实施不同的挽回策略。例如，向流失时间不同的客户发放不同面额的优惠券，向流失前访问过某款商品的客户发放该商品的优惠券等。通过实施差异化的流失客户挽回策略，惠买在线的流失客户召回率提高了6%，客户留存率提高了8%。

阅读以上内容，说一说品牌为什么要实施CRM数据分析，以及惠买在线实施的精细化客户运营策略有哪些值得借鉴的地方。

【课后习题】

1. 某商家想要对自己店铺内的所有会员进行数据分析，其应该根据哪些指标展开数据分析？

2. 某店铺针对今年的“双十一”活动设计了两套活动方案，但是店铺负责人无法确定哪套方案的效果更好。其运用何种 CRM 数据分析方法做出选择？这种方法应该如何操作？

3. 简述 RFM 模型的概念，并说明如何运用 RFM 模型开展客户细分。

第 10 章

部门组建：完善组织架构，由内而外推进 CRM

学习目标

/ 了解 CRM 实施模式的类型。
/ 掌握 CRM 的 KPI 的内容。
/ 了解 CRM 专员的能力要求及职责设置。
/ 掌握 CRM 专员的能力要求。
/ 掌握 CRM 实施计划的设计方法。

很多电商企业已经认识到 CRM 的重要性，但部分电商企业在 CRM 上取得的效果并不明显，这主要有两种表现：一是电商企业没有弄清 CRM 由谁负责，没有为 CRM 维系人员找到合适的位置，最终导致实施 CRM 的计划搁浅；二是电商企业认为 CRM 就是营销，将 CRM 用作短信营销，使其成为推广营销活动的工具。出现以上两种 CRM 推进受阻情况的根本原因在于电商企业的内部管理存在问题，即电商企业内部的组织架构及运作模式无法匹配 CRM 的推进。因此，要想顺利推进 CRM 的实施，电商企业需要组建合理的 CRM 部门。

案例导入

客户专员打造优质客户体验

李 ×× 旗舰店是美食短视频达人李 ×× 创建的店铺，目前店铺拥有 600 多万粉丝。在这些成绩的背后，是客服团队的努力。

李 ×× 旗舰店客服团队分为 5 个部门，分别为售前、售后、呼叫中心、质检部门和客户关系部门。每个部门设置相应的主管和专员，各部门职责明确、配合默契。

李 ×× 是一个关键意见领袖 KOL，她的店铺也具有 KOL 属性，在店铺中购买商品的客户很多是因为“李 ××”这个人而来的。基于李 ×× 旗舰店所具有的 KOL 属性，店铺设置了“客户关系专员”这一岗位。在李 ×× 旗舰店，客户关系专员又叫社交媒体客户专员，主要负责解决微博、抖音等平台上出现的一些客服问题。客户可能会在微博、抖音等平台的评论区留言，社交媒体客户专员就会在这些平台上与客户进行沟通，尽可能地帮助客户解决问题。

在客服团队的绩效考核上，李 ×× 旗舰店客服团队的管理者会明确每个岗位的业务重点和考核方向，针对每项业务的特点设置考核指标和考核权重。对于“社交媒体”客户专员李 ×× 旗舰店客服团队的管理者会重点考察其处理微博、抖音等平台上的投诉的能力。

10.1 CRM 实施模式的设计

电商企业要想有效地推进 CRM 的实施，首先需要转变对 CRM 的态度，其次需要选择适合自己的 CRM 实施模式，并建立合理的 CRM 实施组织架构。

10.1.1 建设以 CRM 为中心的组织架构所面临的障碍

在 CRM 的运作中，企业面临的最大障碍之一就是电商企业运营者的运营思维错误。电子商务是一种快速发展的商业形态，而电商企业运营者往往将 CRM 视为一种辅助运营的工具，他们关注的焦点是商品与供应的管理。电商企业运营者的这种运营思维，在一定程度上反映了当前电子商务以活动和商品为运营中心的现状。当然，对新电商企业来说，这种运营思维是正确的，但是如果电商企业已经颇具规模，拥有了十几万甚至上百万的客户，仍然保持这种运营思维，电商企业在今后的运营中就有可能出现很多问题。

电子商务发展到当前规模，电商企业在流量获取上的花费大幅度上升，当电商企业需要为一个新客流量支付上百元的费用时，电商企业运营者已经意识到不得不重视当前自己拥有的客户资源。在以前企业的运作模式中，很多企业所拥有的资源是对等的，这种对等就要求企业紧紧抓住每个环节的运营，以谋求发展。但是，在现代企业的运作中，客户资源成为企业获得竞争优势的有利条件，因此企业内部的资源由原本的平行结构变成“金字塔”结构，而客户资源就处于“金字塔”的顶端。随着资源的倾斜，企业逐渐转变为“以客户为中心”的运营模式。当前发展火热的 O2O、移动端营销都源于客户体验的需求，即客户需求驱动市场发展，而市场的发展驱动着企业运营模式的转变。

电商企业目前正处于一个向以 CRM 为中心的运营模式转变的关键时期，实现这种转变要求电商企业构建以 CRM 为中心的组织架构。当然，构建以 CRM 为中心的组织架构并不是要求电商企业推翻原有的电商业务部门设置，如美工、推广、客服、运营、仓储等，而是要在原有各部门或职能的基础上添加新的组织架构。

例如，电商企业在评估推广活动的 ROI 时，不仅要将活动的流量和转化率作为评估标准，同时也要将老客户的回头率、流失客户的激活率等作为评估标准。但仅仅做到这些是不够的，由于 CRM 是一个系统工程，在这个系统工程中，如果每个部门只是松散地、分散地实施各自有关 CRM 的操作，那么 CRM 的运作将会陷入无目标和无产出的境地。

10.1.2 CRM 的实施模式

对于电商企业运营者来说，以 CRM 为中心的组织架构有 4 种实施模式，如图 10-1 所示。这 4 种实施模式与电商企业的发展阶段和规模是相匹配的，即电商企业可以根据自身的发展规模选择合适的 CRM 组织架构。

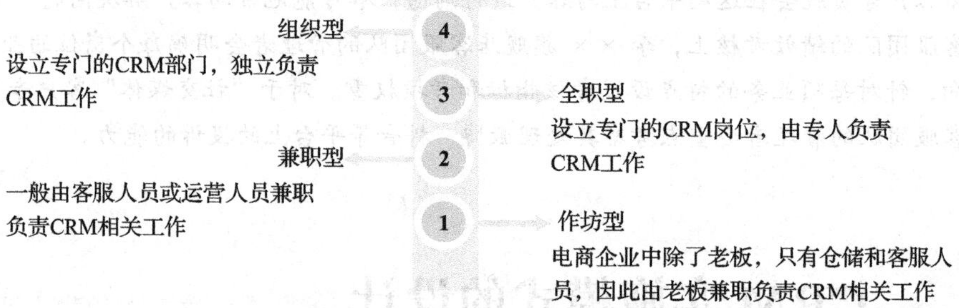
组织型
设立专门的CRM部门，独立负责CRM工作
4
3
2
1
全职型
设立专门的CRM岗位，由专人负责CRM工作
兼职型
一般由客服人员或运营人员兼职负责CRM相关工作
作坊型
电商企业中除了老板，只有仓储和客服人员，因此由老板兼职负责CRM相关工作

图 10-1 CRM 的实施模式

1. 作坊型和兼职型 CRM 实施模式

通常来说，作坊型和兼职型 CRM 实施模式是比较原始的。电商企业在发展初期，一般采取的是作坊型 CRM 实施模式。由于电商企业规模较小，部门设置不完善，老板往往身兼数职，因此并没有太多的时间和精力开展 CRM 工作。而在兼职型 CRM 实施模式中，CRM 相关工作是由客服人员或运营人员来兼职负责，容易出现 CRM 的长期价值与客服或运营人员本职能的考核指标相冲突的情况。

因此，在兼职状态下，客服人员或运营人员很可能无法全身心地做好 CRM 工作。所以说，作坊型和兼职型 CRM 实施模式的实施比较困难，难以取得良好的成效。处于这两个阶段的电商企业，CRM 的实施效果完全取决于负责 CRM 工作的人员的 CRM 意识，换句话说，就是取决于执行 CRM 的人员是否具有“以客户为中心”的意识。

2. 全职型 CRM 实施模式

当电商企业发展到一定的规模，拥有小团队时，团队中除了客服人员与仓储人员，基本上会有一个运营人员负责电商企业总体运营的策划、推广等工作。在这种情况下，电商企业就需要设立与运营人员平行的 CRM 专员负责 CRM 相关工作。在工作中，CRM 专员负责老客户的互动规划工作，运营人员主要负责新客户引流导入、营销活动的跟进等。

当然，在某些大型活动中，CRM 专员与运营人员需要协同合作。例如，大促活动除了需要运营人员负责营销策划、引流导入的工作，还需要 CRM 专员通过刺激老客户参与驱动大促活动初期流量的导入，而大促活动的内容也可以成为 CRM 专员挽回和激活流失客户的有效方式。因此，在全职型 CRM 实施模式中，运营人员与 CRM 专员的同心协力是推动 CRM 顺利实施的关键动力。

在全职型 CRM 实施模式中，CRM 专员需要与运营部门进行捆绑，即 CRM 专员是运营部门的一员，如图 10-2 所示。因为在电子商务的运营结构中，电商企业运营的中心模块是运营部门，将 CRM 的职能加入运营部门中，就相当于在电商企业的中心模块中加入了 CRM 的职能，而在 CRM 的运作初期，CRM 的大部分工作都是以营销活动为指导的，因此让 CRM 专员加入运营部门更有利于 CRM 的运作。同时，运营部门与客服部门存在协作关系，这也有利于 CRM 专员与客服人员等客户体验执行端进行有效沟通。

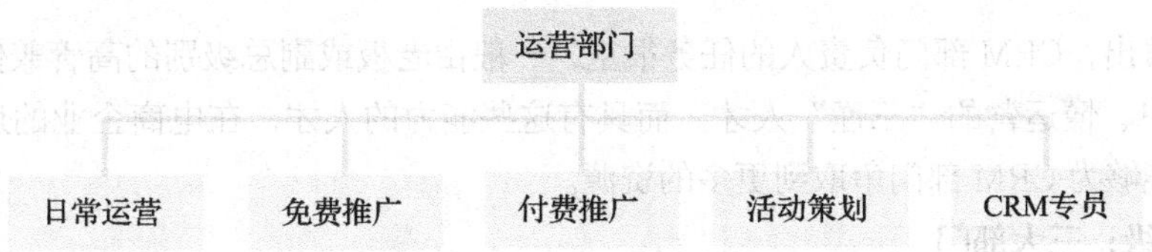

图 10-2　CRM 专员在运营部门中的位置

3. 组织型 CRM 实施模式

规模更大的电商企业通常拥有上百人的团队，此时 CRM 的工作更加复杂，一个单独的 CRM 专员根本无法完成企业的 CRM 工作。因此，电商企业到了此阶段就需要设立专门的 CRM 部门来独立负责 CRM 工作。

10.1.3　CRM 部门组织架构设计

CRM 体系是一个包括主动营销、互动营销、被动营销的闭环体系。

CRM 专员日常的工作，往往集中在主动营销环节，因为主动营销是通过短信、邮件等可跟踪到客户 ID 的方式进行的主动联络，通过线上交易，电商企业完全可以锁定客户的回购响应率等数据，并进行量化操作，因此主动营销就成为 CRM 的基础工作。

互动营销一般由电商企业的社会性网络服务（Social Networking Services，SNS）营销组来负责。互动营销的主要目的是建立客户圈子，为客户向电商企业发声寻求存在感创造环境，同时建立客户和客户之间的互动交流，进而为电商企业的品牌传播服务。

被动营销一般是由电商企业的线上广告部门来负责，主要包括定向推广工作，推广的目标就是潜在客户和老客户。同时，视觉识别体系、商品包装、事件营销、服务体验等凡是客户可以接触的电商企业信息，都会通过这个端口让客户接触到、感受到。对潜在客户来说，被动营销有助于潜在客户对电商企业建立第一印象；对老客户来说，被动营销创造的满意服务或品牌传播能让其更肯定老客户之前的购买选择，从而认可品牌。

由此，CRM 工作似乎被拆分至三大部门，各部门又是各自为政，做不到沟通呼应，很难认同自己是 CRM 体系中的一环。实际上，这 3 个部门应该是既互相牵制又互相补充的完整体系。如果这三大部门被融为一个部门，将会形成一个完美的 CRM 部门。理想的 CRM 部门结构如图 10-3 所示。

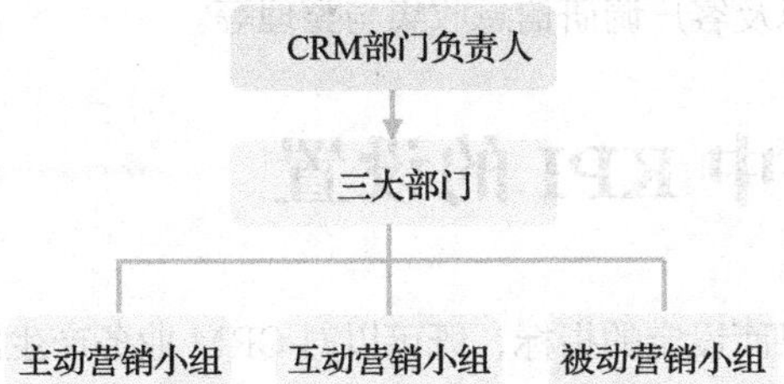

图 10-3　理想的 CRM 部门结构

1. 第一层级：CRM 部门负责人

CRM 部门负责人除了负责监管分配三大部门的正常工作外，还需要负责其他工作：对内，需要设计企业 / 品牌的老客户发展方案，通过优化客户整体购物体验、客户互动品牌活动及客户接触点设计来创造客户对企业 / 品牌的惊喜感；对外，需要以 CRM 部门的名义联合发起多部门协作，为其他部门提供相应数据及资料，同时争取其他部门的资源，用于支持本部门活动的顺利开展及完成。

由此可以看出，CRM 部门负责人的任务很重，一般由老板或副总级别的高管兼任，而且需要是懂产品、懂客户、懂运营的“三懂”人才。而具有这些能力的人才，在电商企业的运营中势必有一定的话语权，能够为 CRM 部门争取到更多的资源。

2. 第二层级：三大部门

（1）主动营销小组

主动营销小组可由一人负责，也可由多人负责。此部门主要是借助 CRM 软件进行客户分析、客户管理和客户营销，并通过客户订单数据及其他多维度数据进行客户需求深度挖掘，在营销的同时为其他部门提供参考数据。主动营销小组的工作内容主要有单次活动设计与分析、多次活动设计与分析对比、大型活动多波段设计与分阶段效果分析、客户订单分析、客户人群分析、客户购买习惯分析，以及客户激励体系（会员体系、积分体系）研发设计与优化等。

（2）互动营销小组

互动营销小组的工作可由一人负责，也可由多人负责。电商企业常将此部门定义为 SNS 部门，该部门的重点是建立忠诚客户的社区或社群，并且引领客户以意见领袖的身份为品牌背书，因此说它是管理客户的“声音”部门也不为过。

由于互联网化带来的“地球村”概念，电商企业如果想有所发展必须寻找并塑造忠于自己的客户群，而电商企业以官方身份去主动接触客户、回应客户，则有利于电商企业找到目标客户并借此进行对外的品牌形象塑造。因此，这个部门的人员更像是各个传播渠道中外部忠诚客户的管理员与组织者。互动营销小组的主要工作内容是社群的建立与管理、新媒体渠道的建立与管理、借用新媒体形式去推广品牌形象，以及借用新媒体渠道的客户传播力和影响力来提高电商企业的品牌认知度。

（3）被动营销小组

被动营销小组的工作可由一人负责，也可由多人负责。通常很少有电商企业会专门设置这个岗位，但被动营销小组的人员在客户体验环节中占据着非常重要的地位，类似于传统行业中的试睡员、试吃员等。他们以客户的身份参与商品或服务的交易，并在体验过程中不断寻找可优化的问题点进行迭代升级，然后回到企业的角度去思考如何为客户创造惊喜感。

这个岗位的工作需要非常细心的人来负责，负责人要能就细节问题提出需求和优化方案。被动营销小组的主要工作内容有商品使用体验优化、包装材质样式的挑选及优化、购物体验优化、包裹体验优化、服务体验优化，以及客户调研信息收集与整理等。

10.2 CRM 中 KPI 的设置

KPI 是为了达到预期结果而设定的指标，既可以对 CRM 业务产生影响，也可以用于督导相关业务策略的执行。

10.2.1　CRM 中 KPI 设置存在的误区

很多电商企业在为 CRM 设置 KPI 时会陷入一个误区，它们将客户回购率和 ROI 设置为 CRM 的 KPI，这往往导致 CRM 实施以失败告终。那么，为什么不能将客户回购率和 ROI 设置为 CRM 的 KPI 呢？

首先，客户回购率是一个综合性的指标，它会受到多种因素的影响，对其影响最明显的一个因素就是新客户的导入率。假设一个商家参加了淘宝的聚划算活动，虽然活动中的客户回购率高达 98%，但新客户的导入率却只有 0.6%，这样意味着该商家实施的 CRM 是不健康、不合理的。因此，电商企业不能简单地将客户回购率作为衡量一个电商企业成长能力的标准，而应该将客户回购率拆解成更详细的标准，如老客户的重复购买率、新客户的二次回购率等。

其次，ROI 也不能作为 CRM 的 KPI，因为电商企业开展所有营销活动的基础是客户分层。换句话说，ROI 的基础是客户分层，而不同的客户分层有不同的回购表现。因此，当客户分层的维度没有在同一水平线上时，ROI 就没有可比性。例如，将流失客户的 ROI 与活跃客户的 ROI 做对比，其结果肯定是活跃客户的 ROI 高于流失客户的 ROI。ROI 只是一个数据表现，科学的营销策略决定了 ROI 的意义，电商企业要做的是对同一概念范畴下的不同行为的 ROI 进行分析。总而言之，ROI 是用来对客户群体之间的行为进行比对分析的，单看一个孤立的数据是没有意义的。

10.2.2　CRM 的 KPI 的内容

CRM的KPI设置主要包括3个方面，即客户回购率、客户满意度和订单运行效率，如图10-4所示。

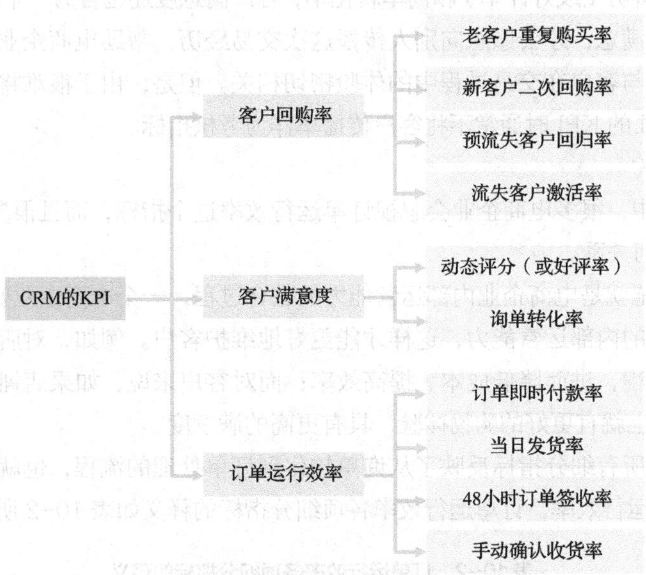

图 10-4　CRM 的 KPI 设置

1. 客户回购率

客户回购率各项细分指标的释义如表 10-1 所示。

表 10-1　客户回购率各项细分指标的释义

指标名称	指标说明
老客户重复购买率	多次在电商企业中消费的老客户在客户总数中所占比例
新客户二次回购率	在电商企业有过一次交易记录的客户有多少人会再次来电商企业购买商品

续表

指标名称	指标说明
预流失客户回归率	即将从电商企业流失的客户有多少人被唤回再次来到电商企业购买
流失客户激活率	电商企业流失的客户有多少人又被唤回再次来到电商企业购买

在客户回购率的各项细分指标中，电商企业要注意分清主次，因为在电商企业策划的针对老客户的多种活动中，电商企业是无法做到兼顾所有指标的。一般来说，电商企业要针对不同的老客户营销活动设置不同的数据目标。对大多数电商企业来说，由于只交易过一次的客户和流失客户的数量较多，所以电商企业在设置 CRM 的 KPI 时应该主要集中在新客户二次回购率上。

2. 客户满意度

客户满意度评估的是电商企业内部的服务能力，其主要考核两个指标：动态评分（或好评率）和询单转化率。动态评分（或好评率）体现了电商企业的整个服务过程能否让客户满意，询单转化率体现了电商企业在服务起点能否让客户满意，这两个指标的变动能很好地反映电商企业的服务能力。如果电商企业将询单转化率进一步拆解，就可以得到询单响应时间、询单响应率、客服专业知识能力等细分标准。

在 CRM 的实际操作中，很多电商企业经常运用动态评分（或好评率）。例如，有的电商企业要求 CRM 专员对发表的评价内容比较长的客户进行人工识别，判断此客户对这次购物经历是否满意，以此评估客户满意度。

其实，除了动态评分（或好评率）和询单转化率，客户满意度还包含另一个指标，即客户传播率。一个客户只有对交易满意，才会愿意向别人传播这次交易经历，帮助电商企业进行口碑营销，因此口碑营销的形成过程与客户在交易过程中的体验密切相关。但是，由于很难将传播效果量化，所以电商企业在设置 CRM 的 KPI 时通常不将客户传播率作为考核指标。

3. 订单运行效率

在 CRM 的操作中，很多电商企业会忽视订单运行效率这个指标，而且很多 CRM 负责人不明白这个指标与 CRM 有何关系。

其实 CRM 的实施就是电商企业内部运营能力的整合过程，一个电商企业要想在 CRM 上取得好成绩，就需要有良好的内部运营能力，这样才能更好地维护客户。例如，对店铺来说，加快发货速度能缩短订单运作流程，进而降低成本、提高效率；而对客户来说，如果店铺更快地发货，他们就能更早地收到商品，也就有更好的购物体验，具有更高的满意度。

订单运行效率的所有细分指标反映了从询单转化到订单处理的流程，也就是说，缩短订单处理时间，就能提高订单运行效率。订单运行效率各项细分指标的释义如表 10-2 所示。

表 10-2 订单运行效率各项细分指标的释义

指标名称	指标说明	指标意义
订单即时付款率	在系统规定的时间内付款的客户在所有付款客户中所占的比例	反映了客户对电商企业的信任度，该数值越大，说明客户对电商企业的信任度越高，付款时越不犹豫
当日发货率	当日付款、当日完成发货的订单在所有发货订单中所占的比例	该数值越大，表明电商企业内部的订单处理能力、收发件能力越强，但这个指标容易受到快递等外部因素的影响

续表

指标名称	指标说明	指标意义
48 小时订单签收率	在 48 小时内完成签收的订单在所有签收订单中所占的比例	该数值越大，表明快递的效率越高，客户越能尽快收到商品。该指标直接受到快递的影响，电商企业一般可以通过与多家物流公司协作来提高 48 小时订单签收率
手动确认收货率	客户手动确认收货的订单在所有确认收货的订单中所占的比例	该数值越大，表明客户与电商企业的互动程度越深，客户的好评率越高

在实际的操作中，电商企业需要根据所经营的商品品类及运营情况设置 CRM 的 KPI。例如，快消品和时尚品本身就具有很强的重复购买率，所以电商企业在设置 KPI 时可以将客户回购率作为关键指标；而耐用品自身没有较高的重复购买率，电商企业进行 CRM 运营的重心应放在提高转化率和进行口碑营销上，那么在设置 KPI 时可以将客户满意度和订单运行效率作为重点指标。

10.3 CRM 部门人员的设置及职责

由于 CRM 在近几年才逐渐被越来越多的电商企业重视，其各方面的发展有待成熟，CRM 专员也较为稀缺。在电子商务人才招聘中，电商企业也许很难招聘到一个具有专业 CRM 运营能力的人才，因此多数电商企业在开展 CRM 时是通过内部培养 CRM 专员，外部依靠 CRM 运营服务商的协助来组建自己的 CRM 团队的。

10.3.1 CRM 部门人员的能力要求

一个好的 CRM 专员，应该符合这些要求：知道客户想什么，知道自己卖什么，知道应该怎么做。对应到能力要求上，就是懂客户、懂商品、懂营销，如图 10-5 所示。

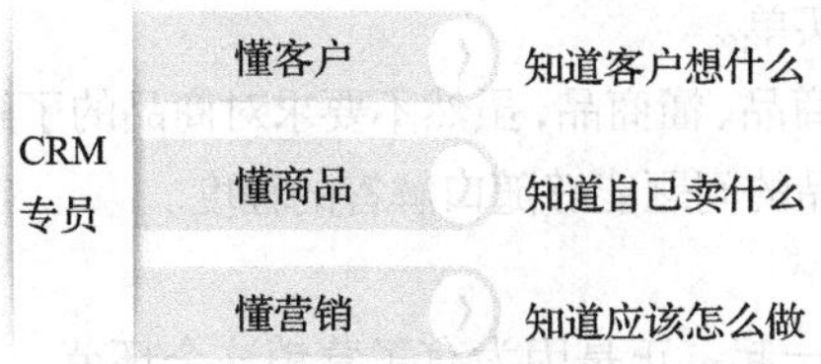

图 10-5　CRM 专员的能力要求

1. 懂客户

CRM 是一种针对电商企业老客户开展的关系维系与管理工作，我们平常所说的 CRM 服务商提供的 CRM 营销，其实是一种 CRM 主动营销工具，范围较窄，只能算是 CRM 营销体系的一部分。从电商企业或品牌生命力来看，CRM 营销的主要目的是拥有长期忠诚客户并依据客户需求不断进行商品研发以促成客户对品牌的认可。这种基于客户对商品的认可程度而不断跟进、满足、管理客户需求的 CRM 营销，才是真正意义上的 CRM 营销。因此，CRM 必然需要研究客户、分析客户、想象客户，是要以客户的想法为出发点采取行动的营销。

客户的行为、客户的数据等都是开展 CRM 的基础，从事电子商务行业首先要对购买自己商品的客户有充分的了解，知道他们是什么样的人，这些能为电商企业带来效益、能提升电商企业价值的客户才是电商企业应重点关注的客户。因此，CRM 专员必须要了解自己的客户。

正是因为这个理由，大多数电商企业都会在客服部门安排员工来专门负责 CRM 的相关工作，但这么做有利有弊。首先，一个客服人员即便非常努力地接待客户，按一天接待 50 个客户（与客户之间有沟通）计算，一年之内接待的客户总数也不超过 20000，而在店铺产生真实交易行为的客户数量肯定要远远超过这个数字。在数万客户量的基础上，电商企业仅凭借“和客户聊过天”就认定这个员工是了解全店客户的，未免失之偏颇。而作为 CRM 专员，需要通过对数据进行细分来了解所有客户中的某个群体具有什么特征，另一群体又具有何种特征，各个不同的群体有什么购物习惯等。因此，CRM 专员面对的不再是单个的客户，而是数字化的客户群体。

此外，客服岗位的员工需要具备的一般技能是能熟练使用电子商务在线聊天工具，能快速解决单个客户的需求。但是，作为 CRM 专员，需要熟悉电商企业所有客户的购物特点，要对在不同购物时间下单的客户人群及其购买偏好都了如指掌，而这些需要 CRM 专员拥有数据分析能力才能做到的。

因此，CRM 专员对客户进行的分析是有方向和依据的，这就要求 CRM 专员具有数据分析能力，需要掌握数据挖掘技能，具备数据算法及数据对比等能力。而这些又恰恰是从客服转岗过来的 CRM 专员需要迅速学习和掌握的。

2. 懂商品

商品是电商企业销售的成品，是客户的购买需求，也是电商企业的利润源泉。对于 CRM 营销，一种最简单的理解就是，CRM 的主要作用就是让电商企业将合适的商品推荐给合适的客户。CRM 专员作为桥梁，势必需要熟悉桥梁两端的资源，即客户和商品。只有对两端都熟悉，CRM 专员才能牵对线、连对人，将商品销售出去。CRM 专员要清楚地知道什么样的客户喜欢什么样的商品，什么样的商品适合推荐给什么样的人群。

因此，CRM 的本质决定了 CRM 专员需要熟知电商企业内商品的品类、卖点、原料、风格、使用说明、搭配和特色等信息，还需要掌握大部分热销商品的销售增长率、老客户之间的连带购买能力、商品的利润空间、可让利多少给老客户以建立客户对商品的认同感，以及客户在对应等级享有的福利等。不同的商品有不同的客户群，CRM 专员只有清楚地掌握各类商品的信息，为客户提供其喜欢的商品，客户才更愿意为商品买单。

因此，CRM 专员需要研究商品、懂商品，虽然不要求对商品的了解程度达到商品经理具有的水平，但要达到对客户提出的关于商品的问题能够随口解答的程度。

3. 懂营销

营销将客户和产品连到了一起，正是因为有了营销这个环节，“客户—购买—产品”这个行为才能真正地成立，交易的完成则代表着营销的胜利。

人们通常认为“营销”是一种非常专业的活动，觉得非专业人士不能完成这项工作。但其实只要“用心”，普通人也能将它做好。用心找出产品的某一个亮点，不断吸引容易被这个亮点打动的人来关注产品并购买，这样就完成了交易。

CRM 专员应让客户看到、听到或感受到产品的某个特点，并强烈突出这个特点，给客户创造一种非它不可的感觉。而要想达到这样的效果，拥有前两项能力尤为重要。知道客户的喜好，了解产品的优势，也就为设计产品亮点奠定了基础。因此，CRM 专员在 CRM 主导的短信营销中如何设计合理的短信话术就显得尤其重要。因为在短信营销中，CRM 专员需要做到仅用几十个字就表达出产品或活动的最大特点，吸引客户的注意力。

10.3.2 CRM 专员的职责设置

在 CRM 部门中，CRM 专员是直接与客户接触的人员，其工作直接影响电商企业 CRM 的实施效果。表 10-3 和表 10-4 列举了两个电商企业的 CRM 专员招聘启事，招聘启事对 CRM 专员能力的要求比较明确，比较匹配现代电商企业对 CRM 专员岗位的要求。

表 10-3　某电商企业的 CRM 专员招聘启事（一）

项目	内容
岗位职责	维护好 CRM 大客户客情关系，及时解决日常客户对接问题并完成计划性拜访工作
	观察大客户的日常情况，针对性地给予运营指导建议
	数据分析：负责企业电商等渠道商品方面的零售数据分析，为企业提供全面的数据分析结果，提出合理化建议，让销售取得更好的经营效益
	会员管理：负责会员管理体系的建立、维护和完善，优化会员的消费体验，增加有效会员数量及销售额
	活动策划：制订并完善会员权益与政策，丰富会员积分兑换等活动，策划针对会员的主题营销活动或营销方案，提高老客户销售额占比，促进老客户多次消费
	会员维护：通过 CRM 软件、短信、微博、微信等工具与会员互动，提高会员活跃度，培养优质会员
任职资格	大专及以上学历，专业不限
	形象好，气质佳，具有较强的学习能力与适应能力
	热爱服务行业，具有良好的客户服务意识，具有以服务提升自我价值的理念
	熟悉 CRM 工作系统的运作，有管理会员体系经验者优先
	具有较强的数据分析能力，具备一定的会员营销方面的知识，熟悉各种会员营销手段
	熟悉网购人群的消费心理，对网购人群的消费行为及周期特点有深入理解
	具有良好的沟通、表达能力，具备团队合作精神和高度的责任感，能够承受较大的工作压力

表 10-4　某电商企业的 CRM 专员招聘启事（二）

项目	内容
岗位职责	CRM 会员数据管理，如会员数据的采集与整理，建立会员信息和档案资料库
	根据会员的消费行为与习惯制订营销计划，负责会员活动的策划与执行
	分析会员属性并对会员进行分类，对各项数据进行整理分析，定期提供数据报告及分析结果，对较为突出的数据变化提供具体分析
	建立、跟进及完善营销效果跟踪评测体系，分析营销过程和结果数据，优化营销方案和计划
	负责基于移动互联网的自媒体平台（微信、微博、微淘等）的日常运营及推广工作，提高粉丝的关注度和粉丝的活跃度，并及时与粉丝互动
	负责策划并执行微信营销的日常活动及跟踪维护，根据项目推送各种微信内容
	挖掘和分析客户的使用习惯、情感及体验感受，分析客户的行为及需求，及时掌握新闻热点，有效完成专题策划活动
	积极探索各类线上媒体的运营模式，充分了解客户需求，收集客户反馈，分析客户的行为及需求
任职要求	计算机及电子商务相关专业，大专及以上学历，具有两年以上 CRM 营销或电子商务营销相关工作经验
	数据敏感性强，具备良好的分析能力，能熟练使用 Office 办公软件
	熟悉会员规划、营销、活动策划，并有成功案例
	思维活跃，创新能力强，具备良好的沟通技巧及团队协作的能力，富有责任心，学习能力强

通过分析以上两个比较匹配现代电商企业的 CRM 专员岗位要求的招聘启事，我们可以简单梳理出 CRM 专员的职能范围，即数据分析、营销活动管理、体验建设及其他 CRM 日常工作。具体来说，CRM 专员的核心工作内容如表 10-5 所示。

表 10-5　CRM 专员的核心工作内容

核心工作内容	具体内容
数据分析	跟踪管理电商企业内的 CRM 基础数据，如新老客户分布、客户生命周期、客户关联度、客户所处地区、客户特征等，同时跟踪 CRM 考核指标覆盖的客户满意度指标、回购指标、流程能力指标等各项数据，以指导电商企业 CRM 优化方向
营销活动管理	根据数据分析的结果以及电商企业的运营规划和策略策划相应的活动，激励客户参与，为电商企业创造老客户收益
体验建设	挖掘体验项目，规划体验项目的实施内容，有效实施体验项目并对实施结果进行跟踪，对成功实施的体验项目进行包装，以推进品牌传播
其他 CRM 日常工作	客户询单分析，客户评价分析，对客户进行节假日关怀、生日关怀等

10.3.3　CRM 专员的能力要求

CRM 专员应该具备以下 5 个方面的职业能力。

1. 懂得选择最合适的客户

目标客户是营销活动的核心，开展营销活动是为了有效地向目标客户传达营销诉求和利益点，以达到预期的收益目标，营销方案与目标客户的匹配程度决定了营销活动的响应率和 ROI。因此，懂得分析客户特性，选择最合适的客户实施营销方案是 CRM 专员必备的一种能力。

在进行客户筛选时，很多 CRM 专员容易陷入一种误区：选择最优质的客户做营销活动，活动的效果会更好。但实际上最优质的客户并非都适合参与所有的营销活动。例如，电商企业准备针对几款滞销的连衣裙开展清仓打折活动，需要筛选一批目标客户进行短信营销。

对电商企业的最优质客户来说，他们已经持续地进店浏览过商品并进行了购买，对店铺的商品早已了如指掌，而且往往已经买过畅销款连衣裙。如果 CRM 专员简单地将这些优质的客户作为目标客户，向其推荐打折商品，很明显不符合其需求，还可能会让之前以正价购买的优质客户对店铺产生负面印象。

如果 CRM 专员将从入夏以来浏览过这几款连衣裙，但最终没有付款且没有购买其他连衣裙的客户作为目标客户，可能就会取得不错的营销效果。因为这些客户曾经浏览过这些商品，说明客户对这几款连衣裙有兴趣。另外，未购买其他连衣裙说明客户对连衣裙可能还存在需求，价格是一个影响购买的重要因素。此时 CRM 专员让他们知道连衣裙有促销活动，较低的价格往往能刺激他们产生购买的欲望。

因此，CRM 专员需要时刻提醒自己：“选择最合适的客户，而不是最优质的客户。”

2. 懂得应该先设计营销方案还是先选择目标客户

有的人可能对是“先设计营销方案，再选择目标客户”，还是“先选择目标客户，再根据目标客户特征设计营销方案”存在疑问，其实这两种做法都是合理的，它们本质的区别是营销观念不同。

在当前电子商务的发展中，许多电商企业为了赢得更多的客户、提升店铺销量，会通过广告、打折促销等活动让客户成为自己的会员，而客户不断地在店铺内消费则成为店铺的主要收入来源。这就导致目前部分电商企业的 CRM 是以营销活动驱动客户筛选来展开的，而这也是由当前电商行业的发展趋势决定的。

此外，以细分客户为主导的营销活动策划需要建立在拥有大量客户并对客户数据挖掘有深刻理解的基础上。显然，处于发展中的电商企业尚不具备大量的客户和较强的客户数据挖掘能力，目前只有部分大型的线下快消品企业有能力以客户为导向制订商品策略和营销计划。

因此，以营销活动为导向的客户筛选能够更好地适应当前电商行业快速发展的时代背景。当线上电商发展得更加成熟，市场上应该就会逐渐出现以客户为导向的营销策划的变化。

3. 坚持以客户为中心的营销

通常来说，客户筛选的方法决定了营销的方式，如图 10-6 所示。“眉毛胡子一把抓”，只懂群发和随机筛选的营销方式叫作撒网式营销；根据 R 值将客户分为 3 组，取出其中一组客户对其进行针对性营销的营销方式叫作差异化营销；根据 RFM 模型的 3 个维度并结合客户对商品的偏好设计精准营销活动的营销方式才是以客户为中心的营销。

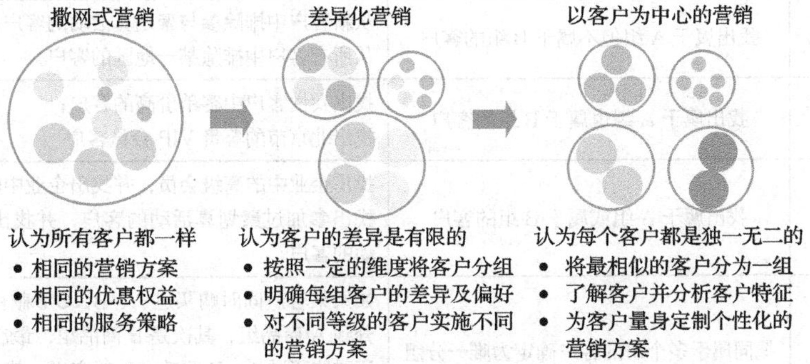

图 10-6　营销方式的转变

CRM 专员常常会面对“营销成本有限，营销目标不变”的挑战，在这种情况下，提高 ROI 是必然的选择。毫无疑问，实现以客户为中心的营销是提高 ROI 的最有效方式之一。

4. 懂得筛选维度的组合

CRM 专员要实现以客户为中心的营销，显然需要有丰富的筛选维度，最常使用的筛选维度主要有客户属性、消费信息和活动信息 3 类。根据这 3 类筛选维度，CRM 专员可以整理出比较完整的客户筛选维度，因为每一类维度下都有许多细分维度可以用来进行客户筛选。例如，客户属性可以细分为基础属性、平台属性、会员属性和自定义属性等，其中基础属性又可以分为姓名、性别、生日、城市、职业、手机号、收货地址和邮编等。

CRM 专员通过消费信息可以筛选具有不同消费特征的客户，而通过客户属性则可以区分客户属性的差异。为了找到“最合适的目标客户”，CRM 专员通常需要将多种筛选维度组合起来，以提高客户筛选的精准度。图 10-7 所示为组合筛选维度的示例。

5. 懂得运用复合筛选

在营销活动的客户查询过程中，CRM 专员经常会遇到一些无法通过组合筛选维度来完成客户筛选的特殊情况，此时 CRM 专员可以运用复合筛选的方法，常规的复合筛选有排除、交集、合并、排重、拆分和抽样，如表 10-6 所示。

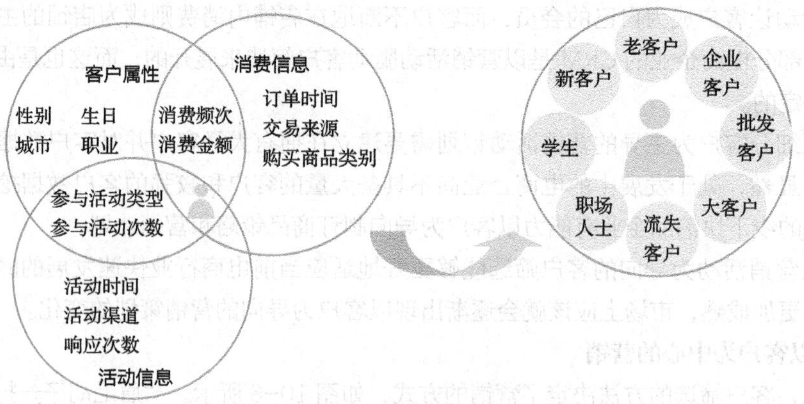

图 10-7 组合筛选维度的示例

表 10-6 复合筛选客户的方法

复合筛选方法	操作方法	示例
排除	找出属于 A 组但不属于 B 组的客户	从新客户中排除参与聚划算活动的客户； 从所有客户中排除某一地区的客户
交集	找出属于 A 组也属于 B 组的客户	找出女性客户中客单价高的客户； 找出北京市的尊贵 VIP 会员客户
合并	找出属于 A 组或属于 B 组的客户	找出企业中的高级会员，并找出企业中的 VIP 会员； 找出参加过聚划算活动的客户，并找出参加过百亿补贴活动的客户
排重	把同属于多个组的客户确定为唯一分组	如果某客户同时购买过 A、B、C 3 款商品，优先将该客户分到 A 商品组，其次是 B 商品组，最后是 C 商品组。这样同时购买过 A、B 两款商品的客户，就会因为优先级而被划分到 A 商品组
拆分	按照不同的维度将客户分组	将客户按照普通会员、高级会员、VIP 会员、尊贵 VIP 会员 4 个会员等级分为 4 组； 将客户按照累计消费金额分为累计消费 500 元、累计消费 1000 元、累计消费 1500 元 3 个组别
抽样	从不同维度中抽取一定数量的客户	从新客户中随机抽取 200 人； 从高级会员中抽取 50% 的客户

10.4 CRM 实施计划的设计

在电子商务 CRM 的具体实施过程中，电商企业除了要构建符合自身发展需求的 CRM 组织架构外，还需要制订合理的 CRM 规划，即 CRM 实施计划。由于 CRM 是一项系统工程，每一项考核指标的优化都需要一定的时间才能取得成果，因此电商企业需要制订有效的计划来实现 CRM 的目标。

通常来说，按照时间段来划分，CRM 实施计划可以分为月度计划、季度计划和年度计划 3 类，分别执行企业每月、每季度、每年所制订的 CRM 策略。简单来说，电商企业制订一个 CRM 实施计划首先要明确“为什么做？怎么做？做得怎么样？”三大问题，即明确实施目标、实施策略、效果评估标准分别是什么。其次，要明确“对谁做？什么时候做？通过何种方式做？做什么？”4 个问题，即明确目标人群、实施时间、触发渠道和实施内容，如图 10-8 所示。

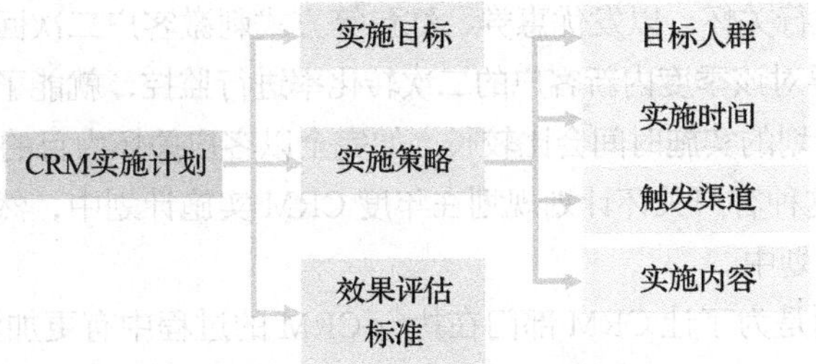

图 10-8　CRM 实施计划应具备的内容

此外，目标设计通常会与效果评估标准中的一项或几项相对应，因为这样的设计有利于电商企业在计划实施之后更好地对 CRM 专员的执行效果进行评估。表 10-7 列举了某商家的 CRM 实施计划。

表 10-7　某商家的 CRM 实施计划

实施时间		目标人群	CRM 目标	触发渠道	实施内容
付款后	当天	付款的客户	订单确认	短信、聊天工具	您好，请核对订单信息哦，以便我们将商品准确无误地送到您手中
未付款	当天	拍下后未付款的客户	付款提醒	短信、聊天工具	亲爱的 ××（客户姓名），您在本店拍下的商品还未付款哦，商品已经迫不及待想要您将它带走啦！有疑问请您咨询我们的客服哦
发货后	当天	待收货的客户	发货提醒	短信	您好，您购买的商品已经被 ××（快递名称）带走啦！快递单号为 ××××。商品 2 ~ 3 天即可送到您手中，请注意当面验收，以免缺损。有问题请联系我们的客服哦
验收	快递送达	验收的客户	验收提醒	短信、聊天工具	您好，您的快递正在派件中，收货时请检查快递外包装是否完整，确认无误再签收哦！有任何问题请联系我们的在线客服，他们将会为您服务
确认收货	快递签收后 7 天内	确认收货的客户	客户关怀	会员升级、优惠券、红包	您好，您的商品已显示签收，有问题请加微信 ××××，让店主亲自为您服务，还能领现金红包哦
签收后	交易结束后 7 天	完成交易的新客户	二次回购	短信	关东煮 9.9 元，拍 1 桶再送 1 桶新品尝鲜
	交易结束后 30 天	完成交易的新客户	营销	短信	亲爱的，您使用商品已有一个月，使用中有任何问题都可以联系我们的客服哦。相识是缘，本店为您送上 30 元店铺优惠券
					亲爱的，您是本店会员客户，加店长微信 ××× 可领优惠券和红包
	交易结束后 60 天	完成交易的新客户	客户关怀	短信	亲爱的，商品使用完记得及时补货哦！与您相知 60 天，我们一直陪在您身边！今日购买新品可享 6 折优惠，再送您 30 元红包，可叠加使用哦

该商家制订的 CRM 实施计划是一个季度计划，其阶段性目标是实现店铺新客户的二次转化，即通过 CRM 相关策略让初次在店铺购买商品的客户产生回购。为了实现目标，商家除了选择在付款后、未付款、发货后、验收、确认收货等关键环节进行常规的客户关怀外，还特别在客户交易结束后 7 天、

30 天、60 天对新客户进行关怀，以发优惠券、红包等方式刺激客户二次回购。整个 CRM 实施计划持续一个季度，商家只要对该季度内新客户的二次转化率进行监控，就能了解该计划的实施效果。

而有的 CRM 实施计划的实施时间会比较长，如完全以客户关怀为目的的节假日关怀计划。通常来说，电商企业需要将这种客户关怀计划规划在年度 CRM 实施计划中，然后落实到月度 CRM 实施计划或季度 CRM 实施计划中。

制订 CRM 实施计划是为了让 CRM 部门在执行 CRM 的过程中有更加清晰的目标，以便优化实施效果。在具体的实施过程中，电商企业通常需要将 CRM 实施计划与店铺的运营策略结合，因为在许多节点上，运营和 CRM 存在资源互补的情况，将两者结合可以有效地优化 CRM 的实施效果。

案例分析　宝家洁的运营和客服管理策略

宝家洁于 2009 年入驻淘宝平台，是淘宝平台上家居清洁类目中的重点品牌，店铺产品包括收纳用品、清洁卫生用品等。

宝家洁店铺的整体评分高于同行业其他店铺，首先，因为店铺产品的质量过硬，值得买家信赖；其次，品牌运营方采取了邀请评价的策略，运营方使用智能客服，为即将派送和已经签收的买家设置触达和评价提醒，提醒买家派送信息、及时签收订单以及为订单进行评论。店铺在关注买家购后体验的同时，也为店铺积累了更多好评，有效提高店铺的整体评分。

宝家洁的客服团队大约有 70 人，分为售前客服、售后客服、后台客服的数据挖掘团队、AI 训练师团队、质检培训部门，其中售前客服和售后客服的人员比例为 6 ：4。由于店铺中的产品通常是由 3 ~ 4 个配件组装的，所以品牌运营方就会要求每个客服人员能熟练掌握主卖产品的功能、结构配件。为了提高客服人员的响应速度，品牌运营方会整理一些规律性和常规性问题的问答库，供客服人员培训与学习。

为了激励客服人员的工作积极性，宝家洁品牌运营方设置了顺畅的晋升通道。在纵向上，将客服人员分为初级、中级和高级 3 个级别，客服人员可以凭借工作能力逐级向上晋升；在横向上，客服人员可以转岗为质检人员、人工智能培训师或管理人员。

阅读以上内容，说一说宝家洁品牌运营方的 CRM 实施计划中采取了哪些策略？在客服人员培养与管理上，宝家洁品牌运营方采取的措施有哪些值得借鉴的地方？

【课后习题】

1. CRM 有哪几种实施模式？
2. CRM 的 KPI 主要包括哪些内容？
3. CRM 专员应该具备哪些能力？要想成为一名优秀的 CRM 专员，应该从哪些方面提升自己的能力？

第 11 章

案例解析：揭秘成功品牌CRM 实施策略

学习目标

✓了解并学习沃隆实施 CRM 的策略。

✓了解并学习完美日记实施 CRM 的策略。

越来越多的品牌认识到 CRM 的重要性，并在不断探索实施 CRM 的方法。“他山之石可以攻玉”，下面遴选了两个具有代表性的品牌，通过分析它们的运营策略来探讨品牌实施 CRM 的方法和策略。

案例导入

玖姿坚持“态度”为服务的第一关键词

玖姿是安正时尚集团旗下的一个女装品牌，多年来，该品牌业绩保持持续增长，依赖于客服团队的优质服务与高效管理。

玖姿的目标消费群体比较看重客服人员的服务态度，所以玖姿将“服务态度”作为考察客服人员工作的第一关键词。在客服人员业绩的考核中，客服人员的转化率和响应时间为主要考核指标。正是因为对客户服务提出了高质量的要求，玖姿的品牌影响力也在不断扩大。

11.1 沃隆CRM实施策略解析

沃隆坚果创立于2016年，公司产品以坚果类食品为主，主要产品包含混合坚果、单品坚果及含坚果烘焙食品等，致力于为消费者提供味美质优、营养健康的坚果产品。

11.1.1 客户信息管理

沃隆会通过品牌官方网站、电商平台网店、微信公众号、微博、线下卖场等渠道收集客户的消费信息，包括客户的基本信息、客户购买的产品、客户购买单价、客户二次购买频率、客户对产品的评论等信息。沃隆通过分析客户对产品的评价，来了解哪种口味的产品在哪个地方销量高，哪种产品更受客户的欢迎，为优化产品和研发新品提供参考。

11.1.2 客户满意度管理

在客户满意度的管理上，沃隆主要采取了以下措施。

1. 客户期望管理

在客户期望管理上，沃隆运用多种方式为客户营造价值感，彰显沃隆品牌的与众不同及其给客户带来的超值体验。

（1）产品包装设计

沃隆的很多坚果类产品包装有防潮设计，有利于保持产品的新鲜度。有些产品的包装带有拉链，包装打开后也可通过拉链密封，从而避免未食用完的产品受潮。

沃隆的代表性产品每日坚果系列产品，每个独立的小包装中含有6种坚果，此款产品的包装上用6种坚果摆出了数字“6”的形态，直观地展示了此款商品中坚果的种类和数量。此外，每日坚果系列产品又分为多种不同的款式，不同款式产品的包装颜色有所区别。图11-1所示为沃隆每日坚果类产品包装。

（2）网店首页店招设计

天猫平台沃隆旗舰店、京东平台沃隆官方旗舰店在店铺页面装修上重点体现品牌注重产品品质的特点。图11-2所示为天猫平台沃隆旗舰店首页店招，在店铺首页店招位置重点突出产品原材料的高品质，这样做能彰显品牌选材严格、对客户认真负责的态度，有利于提高客户对品牌的信任度。

图 11-1 沃隆每日坚果类产品包装

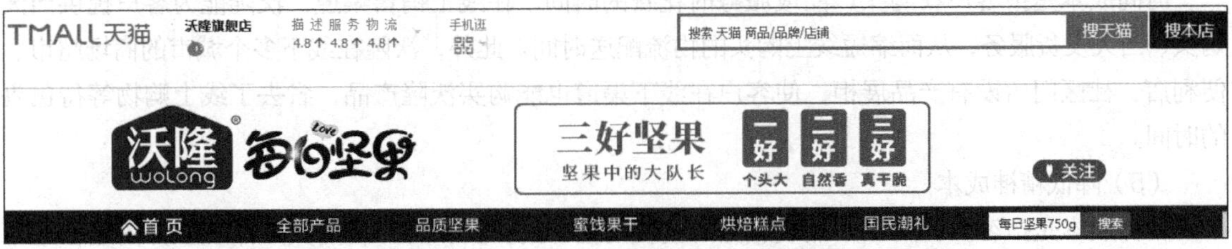

图 11-2 天猫平台沃隆旗舰店首页店招

2. 客户感知价值管理

在客户感知价值管理上，沃隆采取了以下策略。

（1）丰富产品种类

沃隆产品种类丰富，产品包括每日坚果系列、坚果果干系列、烘焙系列等多个品类，能够满足客户多样化的需求。

2015 年，沃隆在国内率先推出了由 6 种坚果果干搭配的爆款“沃隆每日坚果”系列产品，促使坚果行业从单一大包装到混合小包装的变革。2017 年，天猫网站页面设立了“混合坚果”的全新类目，坚果行业掀起“混合风”，每日坚果类产品不仅开创了混合坚果这个新的品类，甚至开启了食品品牌“每日”系列的序幕。

经过多年的发展，沃隆逐渐拓展了单品坚果、坚果礼盒、含坚果烘焙食品等新的产品品类，为客户提供了更多的选择。

（2）提升产品价值

沃隆致力于为客户提供新鲜、健康、性价比较高的美食，食品选材强调从原产地精选，严苛把控原材料质量，食材加工讲究健康工艺，最终的产品强调新鲜度，产品生产凸显品质和价值感。

每日坚果系列产品强调产品营养的科学配比，让客户可以每日食用一袋，科学摄取营养，为客户提供了极大的便利性。

（3）降低货币成本

货币成本是指客户在购买产品或服务时所支付的金额。沃隆从全球直采产品材料，去除中间商环节，让产品更低价。此外，沃隆会为客户设置优惠券（见图 11-3），或者设置“聚划算”活动，让客户能够以合理的价格买到产品。沃隆还会为会员设置专享优惠，让会员享受更多福利，并吸引客户入会，如图 11-4 所示。

图 11-3 优惠券

图 11-4 会员专享优惠

（4）降低时间成本

时间成本是指客户在购买产品或服务时花费的时间。在线上销售渠道，沃隆能为客户提供当天购买、当天发货服务，从而缩短线上购买的物流配送时间。此外，沃隆在线下多个城市的商场超市、便利店、社区门店设有产品展柜，使客户在线下渠道也能购买沃隆产品，省去了线上购物等待包裹的时间。

（5）降低精神成本

精神成本是指客户在购买产品或服务时消耗的精神的多少。客户在购买产品或服务的过程中可能会面临一些风险，如产品与期望不符、产品价格波动、产品存在安全隐患等，这些风险会让客户产生精神压力。如果企业不能降低客户的精神成本，客户的感知价值就会较低。

沃隆会对客户做出承诺，产品存在质量问题可为客户提供无限期退换服务，客户在食用产品时，如果因为产品品质存在瑕疵而产生任何不满，沃隆都会为客户提供退换服务。

11.1.3 客户忠诚度管理

在培养和提高客户忠诚度方面，沃隆主要是通过设置会员制度奖励忠诚客户。

沃隆为店铺会员设置了多种优惠，如新会员专享优惠券、5 折换购、会员积分换好礼等，如图 11-5 所示，此外，会员还可以享受特权服务，如图 11-6 所示。

图 11-5 会员优惠

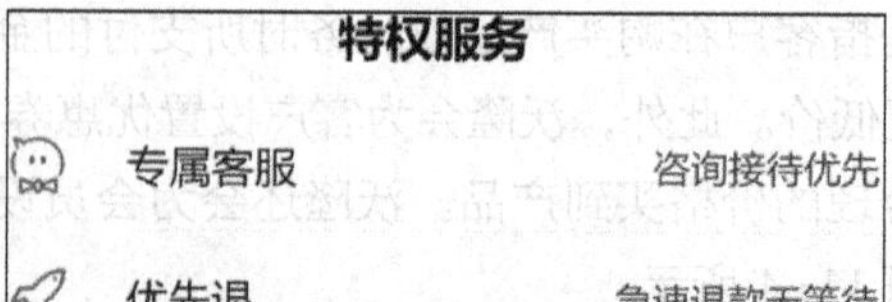

图 11-6 会员特权服务

11.1.4　CRM 营销策略

营销是提高品牌知名度、提升品牌影响力的有效手段之一。在 CRM 营销方面，沃隆主要采取了以下策略。

1. 广告宣传

沃隆与影视作品和综艺节目合作，在多部热播剧、综艺节目中进行品牌植入，大大提高了沃隆品牌的知名度。

2. 短视频、直播宣传

在抖音、快手等短视频平台上，沃隆坚持通过短视频宣传推广产品和品牌，并在抖音、快手上坚持高频率的直播，提高产品销量。在坚持品牌自播的同时，沃隆还会邀请达人主播，让达人主播带货，借助达人主播的影响力提升品牌影响力，提高产品销量和打造品牌爆款。

3. 多渠道销售

沃隆构建了“线上 + 线下”一体化销售场景。在线上，沃隆在天猫、京东、拼多多、唯品会、抖音、快手以及其他电商平台，搭建了完备的电商销售网络；在线下，沃隆进驻了全国多个传统卖场、便利店、社区门店，为客户提供了多种购买渠道，图 11-7 所示为线下传统卖场展柜。

图 11-7　线下传统卖场展柜

11.2　完美日记 CRM 实施策略解析

在竞争激烈的彩妆市场中，完美日记以黑马姿态冲出重围，在国内彩妆品牌中占据了一席之地。在完美日记成功的背后，CRM 策略的实施功不可没。

11.2.1　客户定位

完美日记瞄准的是“年轻化”市场，首先选择 18 ~ 29 岁的年轻女性为主要客户群体。这个年龄段的人群多是大学生、职场新人，她们拥有更加广阔的视野，开放自信，喜欢创意，对新品牌的接受度较高。同时，这个年龄段的部分人群正处于刚开始接触彩妆品牌的阶段，更容易接受价格较低、更具创意的产品。因此，根据市场情况，完美日记最终将 18 ~ 29 岁女性中的“中低端”彩妆消费人群确定为精准目标客户群体，锁定了精准客户。

11.2.2 客户满意度管理

在客户满意度管理上，完美日记更加注重对客户感知价值的管理与提升，这主要表现在以下几个方面。

1. 具有辨识度的品牌视觉标志

完美日记的 Logo 为“Perfect Diary”的首字母“P”和“D”交叉的形象，如图 11-9 所示。“P”和“D”除了分别代表“Perfect”“Diary”外，还具有更深层次的含义。竖直站立的“P”代表不懈的追求，代表“Perfection”（完美），45° 倾斜的“D”代表追求完美的自由，代表“Discovery”（发现）——探索想象、“Difference”（差别）——表达自我、“Diversity”——（差异）拥抱多元。“P”和“D”交叉代表碰撞与创新。

图 11-9 完美日记的 Logo

2. 根据客户需求设计产品

完美日记的目标客户群体是 18 ~ 29 岁女性中的“中低端”彩妆消费人群，以大学生、职场新人为主，她们追求价格低但有创意的产品。因此在完美日记的产品线中，很多产品的单价在 100 元以内，客户在购买某些产品时还能领取优惠券或享受第二件半价的优惠。也就是说，完美日记的产品价位能够被目标客户群体所接受。

完美日记的产品更新升级速度较快，每个月都会研发 3 ~ 5 款新品，通过加快产品上新速度来提高客户的复购率。

完美日记注重产品设计创意，力求产品设计和包装与产品定位和特性一致。例如，完美日记的动物主题眼影系列产品，根据主题虎、大熊猫、小 等不同动物的特点设计产品色系，突出主题风格。老虎主题眼影盘以黄暖色调为主，大熊猫主题眼影盘以绿色调为主，小 主题眼影盘则主打红绿色系，分别如图 11-10 ~图 11-12 所示。这样的产品设计无论是在眼影的配色方案上还是产品包装上都与其他品牌的同类产品有明显的差异，突出了完美日记的创意和个性化。

在产品设计细节上，完美日记也追求极致，例如，动物系列眼影盘内部第一个格子几乎都压印了动物的脚印来契合主题。

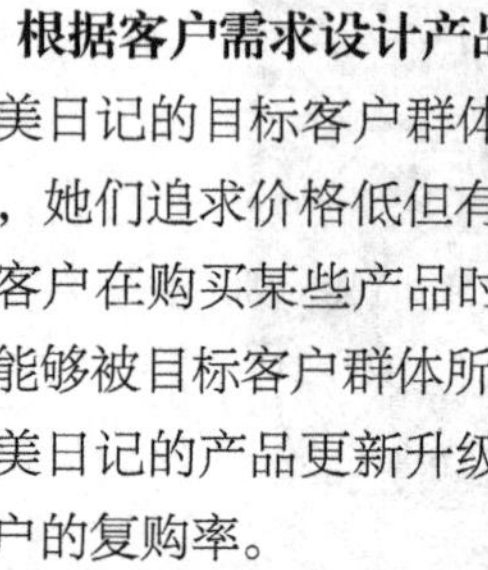

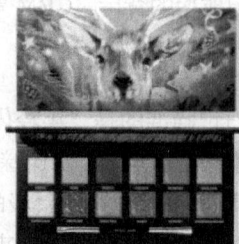

图 11-10 老虎主题眼影盘

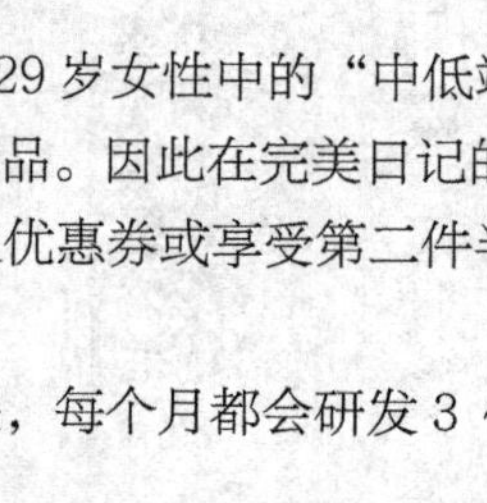

图 11-11 大熊猫主题眼影盘

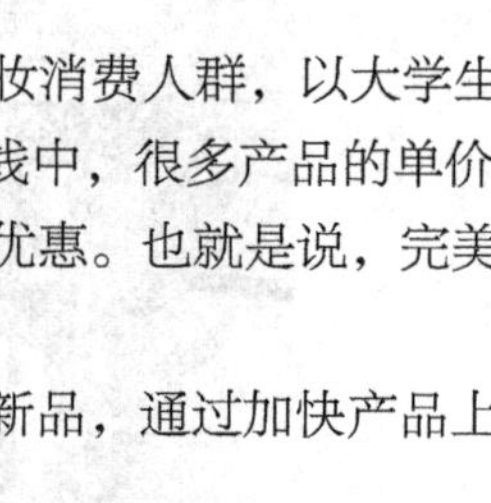

图 11-12 小鹿主题眼影盘

3. 丰富产品种类

完美日记产品种类丰富，涉及底妆产品、眼妆产品、唇妆产品、卸妆产品和化妆工具等品类，实现了对美妆护肤产业链的完美覆盖，使客户可以一站式购齐化妆所需的各种产品。除了各类单品，完美日记还为客户设计了套装类产品和礼盒类产品，以满足客户的多样化需求。

4. 布局线下体验店

在布局线上销售渠道的同时，完美日记没有忽视对线下渠道的布局，在多个城市开设了线下体验店，供客户在线下咨询、体验产品。线下体验店会展示品牌的各种在售产品，导购会积极为客户介绍产品，并协助客户试妆，为客户提供更多购物渠道，创造更好的购物体验。

11.2.3　客户忠诚度管理

完美日记采取了有效的会员管理策略来培养和维持客户忠诚。以天猫 Perfect Diary 旗舰店为例，其会员管理策略如下。

1. 会员体系设置

完美日记的会员分为 4 个等级，即“银卡美粉”“金卡美粉”“铂金美粉”“黑钻美粉”，会员体系如图 11-13 所示。随着累计消费金额或消费次数的增长，低级别的会员可以升级为高级别的会员。

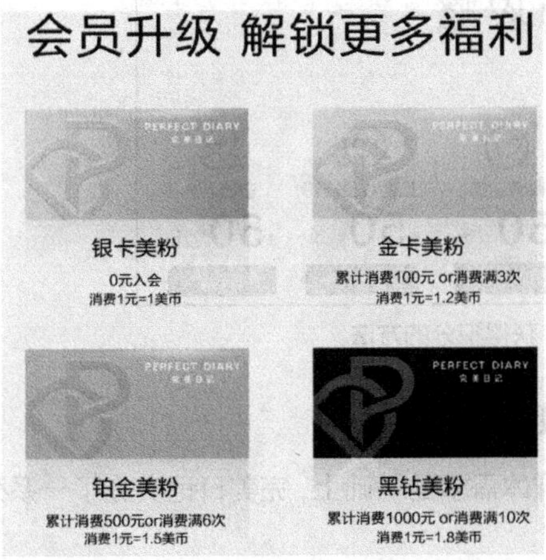

图 11-13　完美日记的会员体系

整体来看，完美日记的会员体系有以下优点。

（1）入会门槛很低，客户无须消费即可成为“银卡美粉”，这降低了客户入会成本，有利于吸引客户入会。

（2）会员成长路径清晰，等级晋升比较容易。

（3）会员等级越高，同等消费金额可兑换的“美币”越多。

2. 会员权益设置

完美日记的会员权益主要有以下 4 种。

（1）优惠券奖励：新会员入会可以领取优惠券，会员每月也可领取不同金额的优惠券。

（2）会员专享：会员可以以较低的价格购买专属产品或试用新品。

（3）购物、生日礼品：会员购物或生日当天可获得相应的礼品。

（4）服务权益：会员享受 15 天无理由退换货服务。

完美日记的会员权益多样化，充分彰显了会员的优越性，体现了品牌对忠诚客户的认可和看重。

3. 会员积分管理

客户成为会员后可以通过多种方法获得积分，即美币，会员获得美币的方法包括每日签到、完善信息、收藏店铺、邀请收藏店铺、邀请入会等，如图 11-14 所示。

完美日记设置的获得积分的方法不仅有利于提高会员的活跃度、收集客户信息，还有利于利用现有客户资源增强品牌影响力，帮助品牌吸引更多新客户。

会员获得的积分可抵扣消费金额，用于购买产品，如图 11-15 所示，这种抵扣方式有利于让会员更具实惠感。

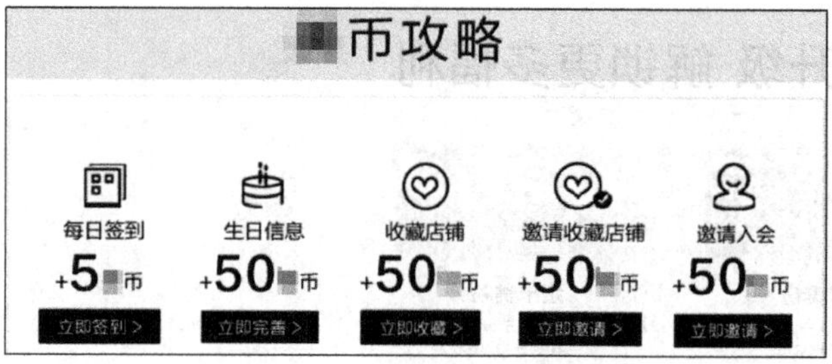

图 11-14　获得积分的方法

图 11-15　积分抵扣消费金额

11.2.4　CRM 营销策略

在保证产品符合目标客户群体需求的基础上，完美日记实施了一系列营销策略来增强品牌影响力。

1. 签约代言人

完美日记邀请名人成为品牌代言人，依靠代言人的影响力提升品牌形象，提高品牌知名度。完美日记有多个代言人，品牌会根据产品的格调、气质来选择不同的代言人。

2. 线上多平台营销

小红书、微博、抖音、哔哩哔哩等平台的主要用户群体与完美日记的目标客户群体存在重合，完美日记充分利用这些平台实施品牌营销推广。

在小红书上，完美日记进行分层投放，首先通过名人“种草”引起小红书用户的讨论和关注；其次，通过美妆 KOL 创作笔记，分享产品使用心得，引导用户购买产品；最后，通过众多 KOL 的带动，小红书上越来越多的用户开始自发购买产品、分享笔记，并通过分享产品使用心得对产品进行二次传播。

在微博上，完美日记拥有 50 多万名粉丝，通过及时更新微博、发布新品信息和品牌活动等，增加与粉丝的互动，提高品牌的知名度和美誉度。

在抖音上，完美日记与多位短视频达人合作，由短视频达人创作并发布有产品信息植入的短视频，在具体的场景中展现产品的价值，激发用户的购买欲。此外，完美日记创建了官方抖音账号，并发布短视频。完美日记官方抖音账号发布的短视频多以新品宣传预热、产品使用妆容展示、剧情小视频为主，在短视频中添加产品链接，打通了产品销售渠道。

在哔哩哔哩上，完美日记的投稿以产品试色、测评、化妆教程为主。完美日记在哔哩哔哩上的推广有效提高了品牌的曝光度，为新品发布进行了有效造势。

3. 社群运营提高复购率

客户购买完美日记的产品后可以通过扫描包裹中随带的红包卡上的二维码关注品牌微信公众号，或者被一名叫作“小完子”的客服人员邀请进入品牌微信群。在这个微信群中，客服人员每天都会发布化妆教程、抽奖活动、直播活动等信息，引发客户持续关注和讨论。完美日记通过这种方式有效积累了私域流量，加强了品牌与客户之间的联系。

案例分析　ITIB，合理调配资源，坚持服务至上

ITIB 是一个年轻的服装品牌，该品牌成立于 2020 年 9 月。ITIB 大多通过直播的形式进行商品销售，成交量非常大，客服人员面临的压力也非常大。首先，为了缓解商品上新期间客服人员的压力，品牌运营方会在商品上新前详细地更新商品知识库，针对买家经常提问的一些问题，对客服人员进行统一培训。其次，品牌运营方会根据实际情况协调各个客服部门的资源，使客服资源得到合理配置，提高客服人员的服务效率。此外，品牌运营方还使用智能客服机器人，在流量高峰期分担客服流量，帮助客服人员减轻负担。为了实现客服部门资源的快速调配，ITIB 品牌运营方建立了统一的培训标准，对商品知识库的更新要求也非常严格，不仅内容全面清晰，而且要让客服人员一看就明白。最后，品牌运营方比较看重“人效核算”的问题。在“人效核算”上，品牌运营方会综合考虑店铺特色、客户群体性质、上新数量等因素来确定一名客服人员的接待量，从而预估客服人员的配置数量。

在售后服务中，ITIB 品牌运营方更加看重售后服务的服务质量，其次是服务效率，强调帮助客户快速解决问题。为此，品牌运营方给予客服人员充分的权力来决定赔偿额度。同时，ITIB 品牌运营方也非常看重客户的售后满意度，对于因客服人员言语不当、处理不当等原因导致的客户体验差等问题，品牌运营方会对客服人员予以严肃处理。

阅读以上内容，说一说 ITIB 品牌采取的客户服务策略有什么特点，有哪些值得借鉴的地方。

【课后习题】

请从各大电子商务平台上搜集一些运营比较成功的品牌（如花西子、茵曼等），并分析这些品牌是如何实施 CRM 的。